Saour

◆

SAVEURS BRETONNES

30 produits / 90 recettes

Domitille Langot
Photographies Michel Langot

Éditions **OUEST-FRANCE**

Sommaire

Introduction..................8

Avant-propos 11

LÉGUMES

L'artichaut...................12

Le chou-fleur 20

La mâche nantaise............28

Le poireau de Nantes..........36

Le chou 44

La carotte des sables 52

L'oignon de Roscoff...........60

Le coco de Paimpol 68

Le lentin de Saint-Pol 76

PRODUITS DE LA MER

Le bar de ligne 84

La langoustine 92

La moule de bouchot.........100

Le homard 108

La sardine à l'huile 116

La coquille Saint-Jacques.....124

Les algues 132

Le lieu 140

Les huîtres 148

FRUITS

La fraise de Plougastel 156

La pomme reinette d'Armorique . 164

La châtaigne de Redon 172

VIANDES

Les volailles de Janzé..........180

Le porc fermier 188

L'andouille...................196

L'agneau de prés-salés.........204

REMARQUABLES

Le lait ribot et le gwell 212

Les fromages trappistes 226

Le sel et le beurre.............234

Le sarrasin 242

Table des recettes 250

Introduction

Évoquer la Bretagne et d'emblée, le Triskel, *terre, mer, ciel*, s'impose à l'esprit.

Puis comme le ventre n'est jamais très loin, galettes, kig-ha-farz, fruits de mer, kouign-amann, far aux pruneaux, cidre et caramel salé s'énoncent aussitôt dans la foulée. Un patrimoine gastronomique de cette terre de légendes bien ancré ici et qui s'apprécie partout dans le monde.

Mais il est depuis quelques années bousculé par des chefs, des artisans de bouche, des producteurs, des sourceurs qui dynamisent une nouvelle gourmandise, élargissent la palette des produits, des combinaisons et des créations.
Prenons le cas du fromage et de l'hésitation à citer quelques spécialités de cette région pourtant réputée laitière. Un paradoxe qui ne devrait plus durer depuis que les éleveurs, pour ne plus dépendre des cours, transforment leur lait en nouvelles pépites fromagères.

Il en va ainsi de nombreux produits : le chou-fleur, prince de Bretagne, prend des couleurs, les algues font enfin une apparition remarquée, le sarrasin revient de loin, tout comme le coco de Paimpol. Les exemples sont nombreux et c'est là tout l'intérêt du livre.

Redécouvrir l'entité gastronomique bretonne au travers de trente produits emblématiques et la cuisiner sans complexe.
Je vous invite en quatre-vingt-dix recettes, des incontournables traditionnelles aux plus contemporaines, à savourer ce terroir d'avenir. Au plus proche de trois attentes majeures des lecteurs : *simples, saines et de saison*.

De nouveau le Triskel… mais celui-ci est résolument *SAOUR** !

Domitille Langot

* *Saour* : saveur en breton.

Avant-propos

Faire un tour d'horizon de la cuisine bretonne avec « seulement » trente produits et quatre-vingt-dix recettes pourrait sembler réducteur. Mais il faut bien réserver une poire pour la soif et se dire qu'un autre livre est possible avec tous les savoureux oubliés : l'endive de Kerlouan, la poule coucou de Rennes ou son melon petit-gris, le cidre Royal Guillevic, le pâté de Vallet, l'ail de Cherrueix et tous les autres, légumes, viandes, volailles, poissons, fruits de mer et produits laitiers, qui ne s'ancrent pas dans une localité mais dans l'authenticité, la générosité d'un terroir et de ses producteurs.

Nul besoin d'habiter en Bretagne pour réaliser les recettes. Les produits typiques comme les graines de sarrasin, le lait ribot sont largement distribués en grande surface ou boutique bio. Pour d'autres, il suffit de les remplacer : le gwell par du fromage blanc, le coco de Paimpol par des haricots blancs, le miel de sarrasin par un miel de forêt.

Le temps de cuisson est donné à titre indicatif. Un certain nombre de facteurs peut le faire varier : épaisseur du poisson ou de la viande, qualité et taille de la poêle ou du plat, calibre et taillage des produits, teneur en eau des aliments. Contrôlez-le en réduisant ou en prolongeant de quelques minutes.
Certaines recettes sont peu ou pas salées, en raison de l'utilisation de beurre salé ou d'algues. Vérifiez toujours l'assaisonnement.

La saveur des recettes dépend de la qualité, de la fraîcheur des produits. Assurez-vous de leur provenance, privilégiez ceux de saison pour ne pas être déçu. Une tomate de serre en hiver est loin du goût d'une tomate d'été et de plein champ. Prenez un beurre fermier bio, une bonne huile d'olive de première pression à froid, un poivre de qualité fraîchement moulu… Sur des recettes simples, cela fait toute la différence.

N'hésitez pas à être créatif, à vous approprier des recettes, à y apporter votre touche finale. Que ce livre soit une source d'inspiration et de partage.

L'artichaut

ARTICHOÏADE À LA GRENADE
ARTICHAUTS MOZZARELLA
PIZZA BREIZH

Avant de devenir l'un des fleurons emblématiques de la Bretagne, l'artichaut a parcouru des milliers de kilomètres depuis le pourtour méditerranéen, son point de départ, traversé quelques siècles et subi nombre d'améliorations culturales. Chardon sauvage à l'origine, il a fallu du temps et la persévérance des jardiniers pour accorder à cette fleur épineuse, le cœur tendre et charnu, légèrement sucré que nous aimons aujourd'hui.
Cette saveur douce a donné lieu à des hésitations pour sa classification en fruit ou en légume. Rabelais, au menu des Gastrolâtres dans le livre *Pantagruel*, le cite au dessert entre le beurre d'amande, les figues et les pruneaux. C'est à partir du XVIIe siècle qu'il rejoindra définitivement le clan des plantes potagères pour devenir l'un des légumes verts préférés de Louis XIV et, par voie de fait, très populaire. Pourtant, sa culture reste essentiellement concentrée sur le bassin méditerranéen.

Alors comment l'artichaut à l'accent du Sud passe-t-il à l'Ouest ? Avec l'arrivée du chemin de fer, en 1833 ! Saint-Pol-de-Léon, ancienne cité épiscopale du Finistère, déchue sous la Révolution, y trouve une occasion de couper court à son déclin. Son renouveau économique passera par le développement des cultures maraîchères qui prendront le train pour alimenter les grandes villes de l'Hexagone. Les terres aux alentours sont fertiles, le climat d'une douceur constante, sous l'influence du Gulf Stream. Une terre de prédilection pour l'artichaut, car malgré son allure robuste avec ses bractées, c'est un vrai climato sensible, qui craint le froid et le gel en hiver, les fortes chaleurs en été. Depuis, la variété « gros camus de Bretagne » est une des fiertés du terroir, suivi de près par le castel.

Mais une popularité n'est jamais définitive. Le « petit violet de Provence » fait une percée auprès des consommateurs. Il faudra près de quinze années pour que l'OBS, l'Organisation Bretonne de Sélection, conçoive sa riposte avec une innovation variétale : le « cardinal », bien nommé avec sa magnifique robe pourpre. Son rendement et sa conservation post-récolte sont bien meilleurs. Des atouts non négligeables pour les producteurs. Mais surtout, la générosité de son fond charnu s'est davantage adoucie. Un avantage gustatif qui inspire de nouveau les grands chefs pour le cuisiner en dessert. Rabelais pourrait l'annoncer maintenant en compagnie du chocolat blanc ou en crème brûlée. Pour changer de la traditionnelle, néanmoins délicieuse vinaigrette…

Artichoïade à la grenade

Pour 6 personnes
Temps de préparation : 20 min
Temps de cuisson : 30 min
Réfrigération : 30 min

Ingrédients
10 fonds d'artichauts cuits
1 tête d'ail nouveau
10 brins de persil
5 cuillerées à soupe d'huile d'olive
½ jus de citron jaune
Fleur de sel, poivre

Sauce grenade
½ grenade
2 oignons nouveaux
5 brins de persil
5 cuillerées à soupe d'huile d'olive
Fleur de sel, poivre

Détacher les gousses d'ail de la tête.
Les blanchir 5 min dans une casserole
d'eau bouillante salée. Égoutter.

Porter de nouveau de l'eau à ébullition.
Verser les gousses d'ail.
Cuire à petits frémissements pendant 25 min.
Égoutter. Détacher la peau de la pulpe.

Dans le bol d'un mixeur, verser la pulpe d'ail,
les fonds d'artichauts, le persil,
le jus de citron et l'huile d'olive.
Saler, poivrer. Mixer.
Réserver au frais 30 min.

Préparer la sauce grenade
Détacher les grains de grenade.
Ciseler le persil et les oignons.
Mélanger tous les ingrédients.
Saler, poivrer.
Verser la sauce grenade sur l'artichoïade.

Savourer à l'apéritif avec des feuilles d'endive,
d'artichaut, des bâtonnets de céleri et du pain grillé.

Artichauts mozzarella

Pour 4 personnes
Temps de préparation : 25 min
Temps de cuisson : 30 min

Ingrédients
4 artichauts
2 boules de mozzarella
2 tomates green zebra
2 tomates cœur-de-bœuf
2 oignons nouveaux
1 poignée de roquette
12 tranches fines de jambon sec
6 cuillerées à soupe d'huile d'olive
Fleur de sel, poivre

Cuire les artichauts dans une grande casserole d'eau salée pendant 30 min après l'ébullition. Égoutter. Laisser refroidir.

Détacher les feuilles. Les réserver pour une autre entrée (avec une vinaigrette, par exemple).

Retirer le foin des fonds d'artichauts.
Les couper ensuite à la base de la queue pour leur donner une assise.
Tourner avec la lame d'un couteau le pourtour pour éliminer la base des feuilles.

Préchauffer le four sur position gril.
Placer les 4 fonds d'artichauts sur une plaque couverte d'un tapis de cuisson.
Couper en deux les boules de mozzarella.
Les placer sur les fonds d'artichauts.
Passer 3 min sous le gril.

Laver, couper les tomates en rondelles.
Ciseler les oignons.
Laver la roquette.
Rouler les tranches de jambon.

Disposer harmonieusement tous les ingrédients dans les assiettes. Arroser d'huile d'olive.
Parsemer de fleur de sel. Poivrer.

Savourer aussitôt.

Pizza Breizh

Pour 3 personnes
Temps de préparation : 45 min
Temps de cuisson : 50 min
Repos et levée de la pâte : 3 h 15

Ingrédients
Pâte
200 g de farine de blé
50 g de farine de sarrasin
12 g de levure fraîche de boulanger
5 cl de lait ribot
5 cl d'huile d'olive
8 cl d'eau
5 g de sel

Garniture
3 artichauts
1 petit brocoli de 300 g
8 cl de lait ribot
3 cuillerées à soupe d'huile d'olive
150 g de saucisse aux algues
3 palets de chèvre
6 cébettes
50 g de fromage râpé
Sel, poivre

Préparer la pâte
Délayer la levure dans le lait ribot.
Laisser reposer 15 min.
Mélanger tous les ingrédients de la pâte.
Pétrir pendant 5 min. Former une boule.
La fariner légèrement.
Laisser lever à température ambiante couverte d'un linge pendant 2 h. Étaler la pâte dans un plat à tarte huilé ou sur un tapis de cuisson.
Laisser reposer de nouveau 1 h à température ambiante couverte d'un linge.

Préparer la garniture
Cuire les artichauts dans une grande casserole d'eau salée, pendant 30 min après l'ébullition. Laisser refroidir dans l'eau de cuisson. Égoutter. Retirer les feuilles (les utiliser pour une entrée avec une vinaigrette, par exemple).

Préparer les fonds d'artichauts
Retirer le foin.
Les couper ensuite à la base des queues.
Tourner avec la lame d'un couteau le pourtour pour éliminer la base des feuilles.
Les couper en lamelles. Réserver.

Prélever une fleurette du brocoli.
La réserver pour le dressage. Cuire les fleurettes 4 min dans une casserole d'eau bouillante salée. Égoutter. Mixer avec le lait ribot et l'huile d'olive.

Couper la saucisse en fines rondelles.
Émincer les cébettes.

Étaler le coulis de brocoli sur la pâte jusqu'à 1 cm du bord. Disposer les rondelles de saucisses, les lamelles d'artichaut, les palets de chèvre. Parsemer des cébettes et du fromage râpé. Cuire dans un four préchauffé à 200 °C (th. 6-7) pendant 15 min environ.

Au moment de servir, râper sur la pizza la fleurette de brocoli réservée.
Arroser d'un filet d'huile d'olive. Poivrer.

Savourer aussitôt accompagné d'une salade de mesclun.

Le chou-fleur

VELOUTÉ DE CHOU-FLEUR
CHOU-FLEUR RÉMOULADE
CHOU-FLEUR EN CROÛTE

Le chou-fleur est une diva entourée de près par ses gardes du corps : une couronne de feuilles très « collet monté » qui protègent son inflorescence de la lumière pour garantir sa blancheur. Une coquetterie qui s'apparente à celle des femmes de la Renaissance. Lorsque le sommet de la beauté était de s'ombrager des ardeurs du soleil pour préserver une peau laiteuse.

Une diva avec un nom de scène aussi. Car pour ce chou, on cherche encore la fleur. D'un point de vue botanique, ce que nous consommons est le méristème. Un tissu végétal indifférencié qui, si on le laissait évoluer, donnerait des tiges à fleurs jaunes ou blanches typiques de la grande famille des crucifères dont il est issu. Une petite substitution lexicale pour lui donner un peu de glamour sur les étals de France, et que l'on retrouve ailleurs avec le *cauliflower* anglais ou le *coliflore* espagnol.

Mais en Bretagne, c'est un Prince ! Un prince de l'hiver. Sa culture s'est imposée dans le Finistère, les Côtes-d'Armor et l'Ille-et-Vilaine. Grâce à l'OBS, Organisation Bretonne de Sélection, des variétés ont été créées pour répondre aux besoins spécifiques du terroir et permettre d'élargir le calendrier de production. Des innovations culturales dont les noms ne laissent aucun doute sur leur origine : Madig, Merwen, Maëlig, Morgan, Malo ou Festnoz pour n'en citer que quelques-uns.

Avec une stratégie remarquable des agriculteurs de planification des terres, la mauvaise saison est devenue une perspective de ressource importante lorsque la concurrence ne produit plus à ce moment. Les chiffres sont à la hauteur de son rang : premier légume exporté par la France. 80 % de la production hexagonale est assurée par la région Bretagne. Cela représente près de quelque 150 millions de têtes !

Mais le Prince ne s'endort pas sur sa couronne pour autant. Les consommateurs sont versatiles et s'intéressent à un autre chou plus tendance, le kale. Alors pour les séduire, il prend des couleurs. Une révolution ? Plutôt un retour aux sources.
Avant les croisements successifs des jardiniers pour blanchir son méristème, il poussait naturellement ainsi sous l'action des pigments naturels synthétisés par la plante. Le carotène lui offrait une belle couleur orangée, les anthocyanes un joli mauve et la chlorophylle la douceur d'un vert clair. De quoi réinventer la traditionnelle recette du potage à la Du Barry, ce velouté de chou-fleur éponyme créé pour la favorite du roi Louis XV.

Avec ses nouvelles nuances doublées d'atouts santé, il ne se cuisine plus *mod kozh** !

* À l'ancienne.

Velouté de chou-fleur

Pour 4 personnes
Temps de préparation : 25 min
Temps de cuisson : 40 min

Ingrédients
1 chou-fleur
40 cl de lait ribot ou de crème fluide
400 g de crevettes grises cuites
Sel, poivre

Sauce
Les carcasses des crevettes grises
1 tomate
1 petite branche de céleri
5 cl de vin blanc
5 cl de crème
Sel, poivre, paprika

Décortiquer les crevettes. Réserver les corps. Verser les carcasses et les têtes dans une casserole. Ajouter la tomate coupée en dés, le céleri émincé, le vin blanc. Saler, poivrer. Ajouter une pointe de paprika.

Mouiller d'eau à hauteur. Porter à ébullition. Faire réduire à feu vif pendant environ 20 min. Passer au chinois en pressant les ingrédients au maximum. Ajouter la crème à la réduction. Réserver au chaud.

Détailler le chou-fleur en fleurettes. En prélever une pour la décoration. L'émincer. Réserver.

Plonger les fleurettes dans une casserole d'eau bouillante salée. Les cuire pendant environ 20 min. Elles doivent être tendres. Égoutter. Mixer avec le lait ribot.

Répartir la soupe dans les bols. Ajouter les crevettes et la fleurette émincée. Verser la sauce. Poivrer. Saupoudrer de paprika.

Savourer aussitôt.

Chou-fleur rémoulade

Pour 6 personnes
Temps de préparation : 15 min

Ingrédients
1 chou-fleur
50 g de cerneaux de noix
50 g de cranberries
Quelques brins d'aneth
2 cébettes

Sauce
1 œuf
1 cuillerée à soupe de moutarde
1 gousse d'ail hachée
1 cuillerée à café de curry
10 cl d'huile d'olive
3 cuillerées à soupe de fromage blanc
Sel, poivre

Préparer la sauce
Verser dans le verre doseur d'un mixeur plongeant et dans cet ordre : l'œuf, la moutarde, l'ail, le curry et l'huile d'olive. Saler, poivrer.

Positionner le mixeur dans le fond du verre. Mixer en le maintenant au fond jusqu'à complète émulsion. Incorporer délicatement le fromage blanc à l'aide d'une cuillère. Réserver au frais.

Détacher les fleurettes du chou-fleur.
Les râper à la grosse grille d'une râpe à fromage.
Verser dans un bol. Ajouter les cerneaux de noix concassés, les cranberries, les cébettes et les brins d'aneth ciselés.
Mélanger l'ensemble avec la sauce.

Savourer aussitôt.

Chou-fleur en croûte

Pour 4 personnes
Temps de préparation : 15 min
Temps de cuisson : 55 min

Ingrédients
1 petit chou-fleur de 600 g
1 rouleau de pâte feuilletée
50 g de graines de sarrasin grillé
50 g de beurre demi-sel mou
Sel, poivre
1 jaune d'œuf

Détacher les feuilles du chou-fleur. Couper son trognon. Porter à ébullition une grande casserole d'eau salée. Cuire le chou-fleur en entier pendant 15 min. Vérifier la cuisson avec la pointe d'un couteau. Il doit être juste tendre. Égoutter. Laisser refroidir.

Faire tremper le sarrasin grillé dans un bol d'eau froide pendant 15 min. Égoutter. Rincer. Sécher.

Mélanger le beurre et le sarrasin grillé. Poivrer. Répartir le beurre au sarrasin dans les interstices des fleurettes de chou-fleur et sur sa surface.

Poser le chou-fleur sur la pâte feuilletée. Rabattre les bords pour l'envelopper. Badigeonner avec le jaune d'œuf détendu avec une cuillerée à soupe d'eau.

Cuire dans un four préchauffé à 170 °C (th. 5-6) pendant 40 min.

Savourer avec une salade verte ou en accompagnement d'un poisson ou d'une volaille.

La mâche nantaise

SALADE NANTAISE À L'AIGRE-DOUX
VELOUTÉ DE MÂCHE, CHAUD-FROID AU LAIT RIBOT
KOUIGN PATATES

Tu t'en iras,
Jamyn, d'une autre part,
Chercher, soigneux, la boursette touffue,
La pâquerette à la feuille menue…

Dans « L'ode à la salade », le poète Pierre de Ronsard témoigne de la nature sauvage de la mâche, qu'il fallait cueillir dans les fossés ou les champs en paresse. Ici appelée boursette, ailleurs, elle revêt nombre de dénominations : blanchette, doucette, oreille de lièvre, herbe des chanoines et même galinette attestant que les volailles des cours de ferme aussi s'en nourrissaient… Des noms évocateurs pour n'en énumérer que quelques-uns qui attestent de son usage en légume indigène. C'est une plante bienvenue pour combler la frugalité des repas, reconnue comme essentielle pour que le calendrier républicain lui accorde le sixième jour du mois de frimaire, notre 26 novembre. Puis elle devient au cours du temps une plante potagère qui s'épanouit en nombreuses variétés régionales.

Mais comment ce petit pompon de verdure sort-il de la sphère privée des jardins pour devenir la mâche de Nantes assurant plus de 80 % de la production hexagonale et acquérir avec son IGP, Indication Géographique Protégée, une réputation internationale ? Au XIXe siècle, le bassin naturel de l'estuaire de la Loire donne à la terre une texture sablonneuse particulièrement favorable à la culture maraîchère. Un terroir de prédilection pour la carotte qui peut pousser bien droit. C'est un impératif pour la vente. Mais au début des années 1990, une redoutable concurrente landaise, cultivée sur de plus grandes parcelles, provoque l'effondrement de la production nantaise. Il faut trouver au plus vite une culture de remplacement. Et pourquoi pas la mâche qui poussait à l'état sauvage entre les rangs de vignes ? Le rendement s'avère excellent avec deux à trois récoltes par an, et les Français se prennent d'amour pour cette salade. Deux arguments pour que les maraîchers passent en monoculture. Cette spécialisation dans un contexte de modernisation agricole, avec une promotion collective de grande ampleur et surtout, trait de génie, son conditionnement prêt à l'emploi, connaît un essor fulgurant. La mâche est devenue en quelques années le nouveau fleuron indissociable de la région. Une culture et une réputation qui semblent, dans notre conscience collective, remonter à la nuit des temps. Une réussite !

On est bien loin du mépris de La Quintinie, jardinier du roi Louis XIV qui la considérait comme un met vulgaire : « Mâche, salade sauvage et rustique, aussi la fait-on rarement paroître en bonne compagnie », aimait-il dire. Elle a aujourd'hui les honneurs de toutes les tables et Ronsard pourrait réécrire son poème :

Tu t'en délecteras,
Gourmet, d'une bonne part,
Associer avec des pommes et du lard
La mâche à la feuille menue…

Salade nantaise à l'aigre-doux

Pour 4 personnes
Temps de préparation : 20 min
Temps de cuisson : 10 min

Ingrédients
200 g de mâche
4 tranches de lard
1 pomme reinette d'Armorique
20 g de beurre
100 g de tomme des Monts d'Arrée
Fleur de sel, poivre

Sauce à l'aigre-doux
1 citron jaune
1 cuillerée à soupe de miel de châtaignier
2 cuillerées à soupe de sauce soja
5 cuillerées à soupe d'huile d'olive
Poivre

Préparer la sauce
Prélever le zeste du citron. Réserver.
Presser le jus. Le verser dans une casserole avec le miel. Faire réduire à feu vif pendant 3 min.
Verser dans un petit bol. Laisser tiédir.
Ajouter la sauce soja, l'huile d'olive. Poivrer.
Émulsionner.
Réserver.

Rincer la mâche deux fois à l'eau claire.
Essorer.

Détailler la tomme en copeaux.
Passer les tranches de lard sous le gril pendant environ 3 min.
Elles doivent être bien dorées.

Couper la pomme en fins quartiers.
Faire fondre le beurre dans une poêle.
Ajouter les quartiers de pomme.
Les dorer de chaque côté pendant environ 3 min à feu moyen.
Parsemer de fleur de sel. Poivrer.

Dresser harmonieusement tous les éléments de la salade dans les assiettes.
Parsemer du zeste de citron.
Arroser de sauce à l'aigre-doux.

Savourer aussitôt.

Velouté de mâche, chaud-froid au lait ribot

Pour 4 personnes
Temps de préparation : 15 min
Temps de cuisson : 25 min
Congélation : 2 h

Ingrédients
180 g de mâche
2 pommes de terre
1 courgette
1 oignon
1 gousse d'ail
30 g de beurre demi-sel
1 bouillon cube de poule
Sel, poivre

Glaçons au lait ribot
6 cuillerées à soupe de lait ribot
1 cuillerée à soupe de myrtilles surgelées

Préparer les glaçons
Répartir les myrtilles dans 4 cavités d'un bac à glaçons.
Verser le lait ribot.
Placer 2 h au congélateur.

Préparer le velouté
Éplucher, ciseler l'oignon et la gousse d'ail.
Laver, détailler la courgette en petits cubes.
Éplucher, détailler les pommes de terre en petits cubes.
Rincer la mâche deux fois dans de l'eau claire. Égoutter.

Faire fondre le beurre dans une casserole.
Verser l'oignon et l'ail ciselés.
Faire revenir à feu moyen pendant 2 min.
Ajouter les cubes de courgette et de pommes de terre. Faire revenir pendant 3 min.
Ajouter le cube de bouillon de poule et 70 cl d'eau.
Saler légèrement.

Cuire à petits bouillons et à couvert pendant 20 min. Vérifier la cuisson.
Les pommes de terre doivent être tendres.

Hors du feu, ajouter la mâche. La faire fondre dans la soupe pendant 2 min en remuant.
Mixer.

Verser dans les bols.
Ajouter 1 glaçon au lait ribot.

Savourer aussitôt.

▶ *Le petit plus pour le décor :*
graines de sésame, fleurs comestibles.

Kouign patates

Pour 6 personnes
Temps de préparation : 30 min
Temps de cuisson : 40 min

Ingrédients
120 g de mâche
600 g de pommes de terre
120 g de beurre demi-sel
100 g de farine de sarrasin
20 g de graines de sarrasin
4 radis roses
1 petit oignon rouge

Sauce
2 cuillerées à soupe de vinaigre de cidre
6 cuillerées à soupe d'huile d'olive
Sel, poivre

Torréfier les graines de sarrasin dans une poêle chaude pendant environ 2 min en les remuant souvent. Réserver.

Éplucher, couper en cubes les pommes de terre. Les placer dans une casserole. Couvrir d'eau froide. Saler. Cuire environ 20 min à feu moyen. Lorsqu'elles sont tendres, égoutter.

Les écraser à la fourchette avec 100 g de beurre. Ajouter petit à petit la farine de sarrasin, puis les graines torréfiées. Mélanger bien. Une pâte non collante doit être obtenue.

Façonner 6 boules, puis les aplatir avec la paume pour former les kouign patates.

Faire fondre les 20 g de beurre restants dans une poêle. Ajouter les kouign patates. Cuire 10 min de chaque côté à feu moyen. Ils doivent être bien dorés.

Rincer la mâche deux fois à l'eau claire. Essorer. Détailler les radis et l'oignon rouge en rondelles. Émulsionner les ingrédients de la sauce.

Placer un kouign patates au centre de chaque assiette. Déposer dessus un petit pompon de mâche. Répartir les rondelles de radis et d'oignon. Arroser de sauce.

Savourer aussitôt.

Le poireau de Nantes

POIREAUX PRIMA VERDE
TARTE POIRE POIREAUX
GALETTE NANTAISE

Poireauter : attendre longuement… – c'est peu de le dire – parmi toutes les variétés de poireaux, pour que l'un se distingue en devenant celui de Nantes : primeur, authentique et exquis. Un petit retour sur cette légende urbaine s'impose. Au Moyen Âge, la nécessité de nourrir une population citadine croissante est une préoccupation majeure. S'imposent alors les cultures vivrières aux alentours immédiats des grandes villes de France pour approvisionner les habitants en fruits et légumes. Ainsi apparaissent les maraîchers, les jardiniers des marais, puisque bon nombre d'entre elles se développent sur des bras de fleuve ou des zones marécageuses.

Mais à Nantes, le maraîchage va se confondre historiquement avec son déploiement à partir du XIXe siècle. Les parcelles clos de murs qu'on appelle les tenues offrent une polyculture vivrière traditionnelle pour satisfaire les besoins de la population. Mais petit à petit, les « villagers » des campagnes avoisinantes tentent à leur tour de vendre leur production. Les plaintes des maraîchers affluent pour concurrence déloyale. La mairie ébauche un circuit de redistribution régionale vers des villes secondaires et même au-delà de Rennes pour écouler le surplus. Et cela marche ! La demande de légumes verts dépasse dorénavant le strict périmètre du marché local pour s'étendre à la France, mais aussi à l'Angleterre et à la Belgique. Elle va s'intensifier surtout à partir de la mise au point du procédé des conserves appertisées, entraînant la spécialisation des cultures, son extension bien au-delà de la ceinture urbaine, tout au long du fleuve qui donne, grâce à ses alluvions, une qualité exceptionnelle à la terre.

La dynamique agricole nantaise va se caractériser dans les années 1990 par une nouvelle initiative dont va bénéficier le poireau : la culture des primeurs. Une culture que l'on appelait autrefois la culture forcée ou intercalaire, pour combler la césure entre les productions d'hiver et de printemps. Du fumier chaud de cheval était répandu sur les sols pour avancer la germination des récoltes, aidée aussi par le climat océanique et un bon ensoleillement. Les producteurs s'organisent, se regroupent, fixent un territoire, élaborent un cahier des charges pour authentifier tous les critères du poireau primeur : quasi-symétrie de la partie blanche et verte, finesse du fût. La Loire-Atlantique devient rapidement première région française pour sa production.

« Rien, dans la cuisine française, ne rejoint la simplicité, la nécessité de la soupe aux poireaux », écrivait la romancière Marguerite Duras. Mais le primeur de Nantes s'émancipe de cette délicieuse tradition. Récolté avant maturité, il est plus tendre, plus savoureux jusqu'à la pointe que son homologue d'hiver, et inspire autant les chefs que les amateurs. Il y a de quoi écrire, vert sur blanc, de nouvelles recettes. Pour accorder sa douceur à celle du joli mois de mai…

Poireaux prima verde

Pour 4 personnes
Temps de préparation : 20 min
Temps de cuisson : 10 min

Ingrédients
12 petits poireaux primeurs
100 g de petits pois écossés
4 radis roses
20 g de pousses de cresson
12 tranches de jambon sec
en chiffonnade
80 g de feta
5 cuillerées à soupe d'huile d'olive
Sel, fleur de sel, poivre, baies roses

Couper les extrémités des poireaux.
Les plonger dans une casserole d'eau
bouillante salée. Cuire environ 7 min
à feu moyen. Vérifier la cuisson avec la pointe
d'un couteau, ils doivent être tendres. Égoutter.
Laisser tiédir.

Cuire les petits pois 3 min dans une casserole
d'eau bouillante salée. Égoutter.
Détailler les radis en fines lamelles.

Rouler les tranches de jambon
pour former des roses.
Émietter la feta.

Dresser harmonieusement tous
les ingrédients dans les assiettes.
Arroser d'huile d'olive.
Parsemer de fleur de sel et de baies roses.
Ajouter les pousses de cresson.
Poivrer.

Savourer aussitôt.

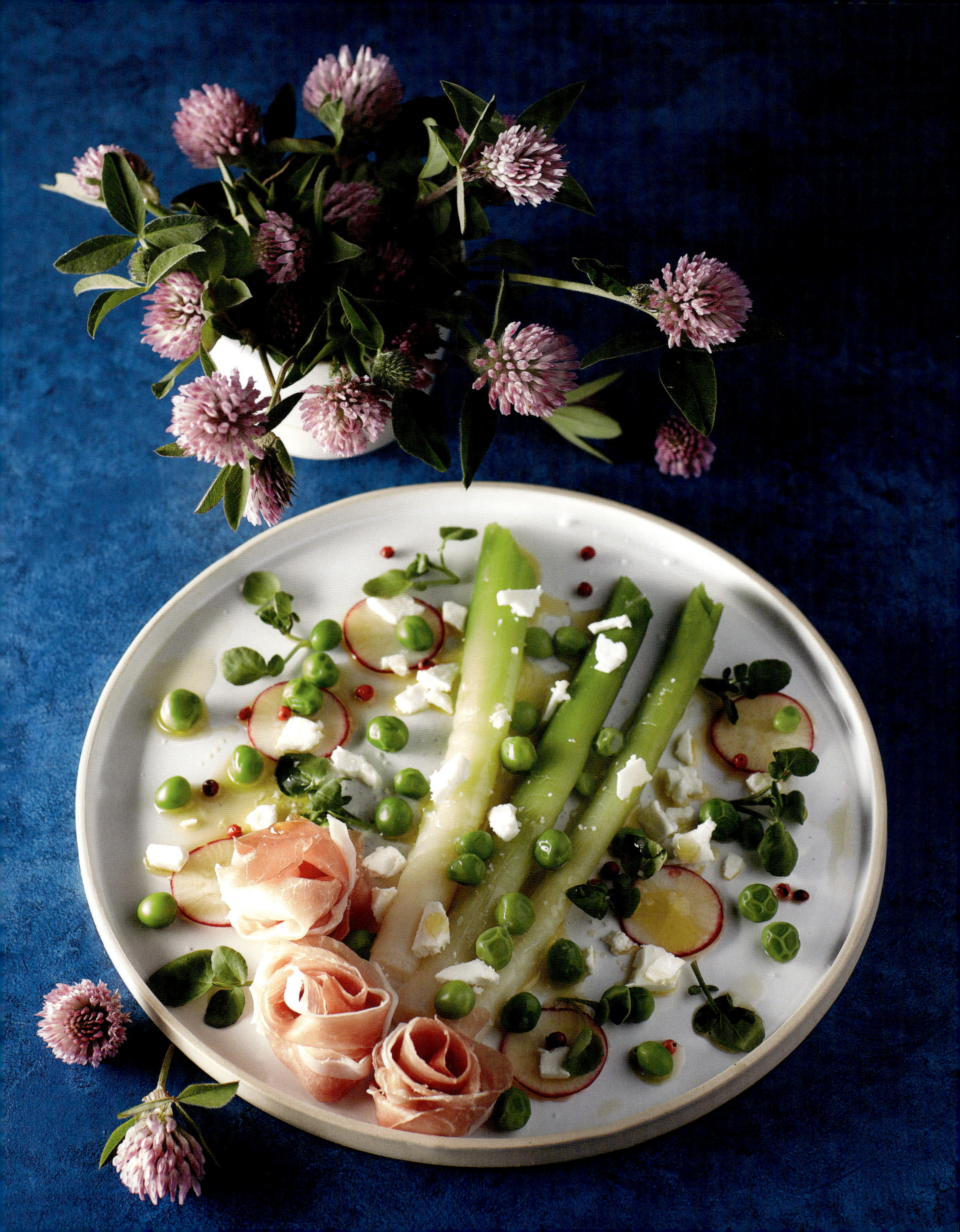

Tarte poire poireaux

Pour 4 personnes
Temps de préparation : 30 min
Temps de cuisson : 30 min
Dessalage : 5 h

Ingrédients
5 poireaux
400 g de morue salée
1 poire conférence
4 œufs
15 cl de crème fraîche
25 g de beurre
Sel, poivre, noix de muscade

Pâte
150 de beurre demi-sel mou
300 g de farine de blé T55
2 œufs

Dessaler la morue dans un grand bol d'eau froide pendant 5 h minimum. Placer au frais en changeant quatre fois l'eau.

Préparer la pâte
Mélanger intimement le beurre et la farine.
Ajouter les œufs. Amalgamer en boule. Filmer.
Placer au frais 20 min.

Couper les extrémités des poireaux.
Les détailler en rondelles, les laver, les égoutter.
Dans une poêle, faire fondre le beurre.
Verser les poireaux. Cuire à feu moyen pendant 10 min en remuant régulièrement. Saler, poivrer.
Donner une râpée de noix de muscade. Réserver.

Placer la morue dans une casserole.
Couvrir d'eau froide. Porter à ébullition.
Cuire 10 min à petits frémissements.
Égoutter, puis effeuiller la chair.

Laver et couper la poire en fins quartiers.

Dans un bol, fouetter les œufs avec la crème.
Saler très légèrement. Poivrer.
Donner une râpée de noix de muscade.

Étaler la pâte dans un moule à tarte beurré.
Répartir les poireaux, la morue et la poire.
Verser la préparation aux œufs.
Cuire 30 min environ dans un four préchauffé à 160 °C (th. 5-6).

Savourer aussitôt accompagné d'une salade verte.

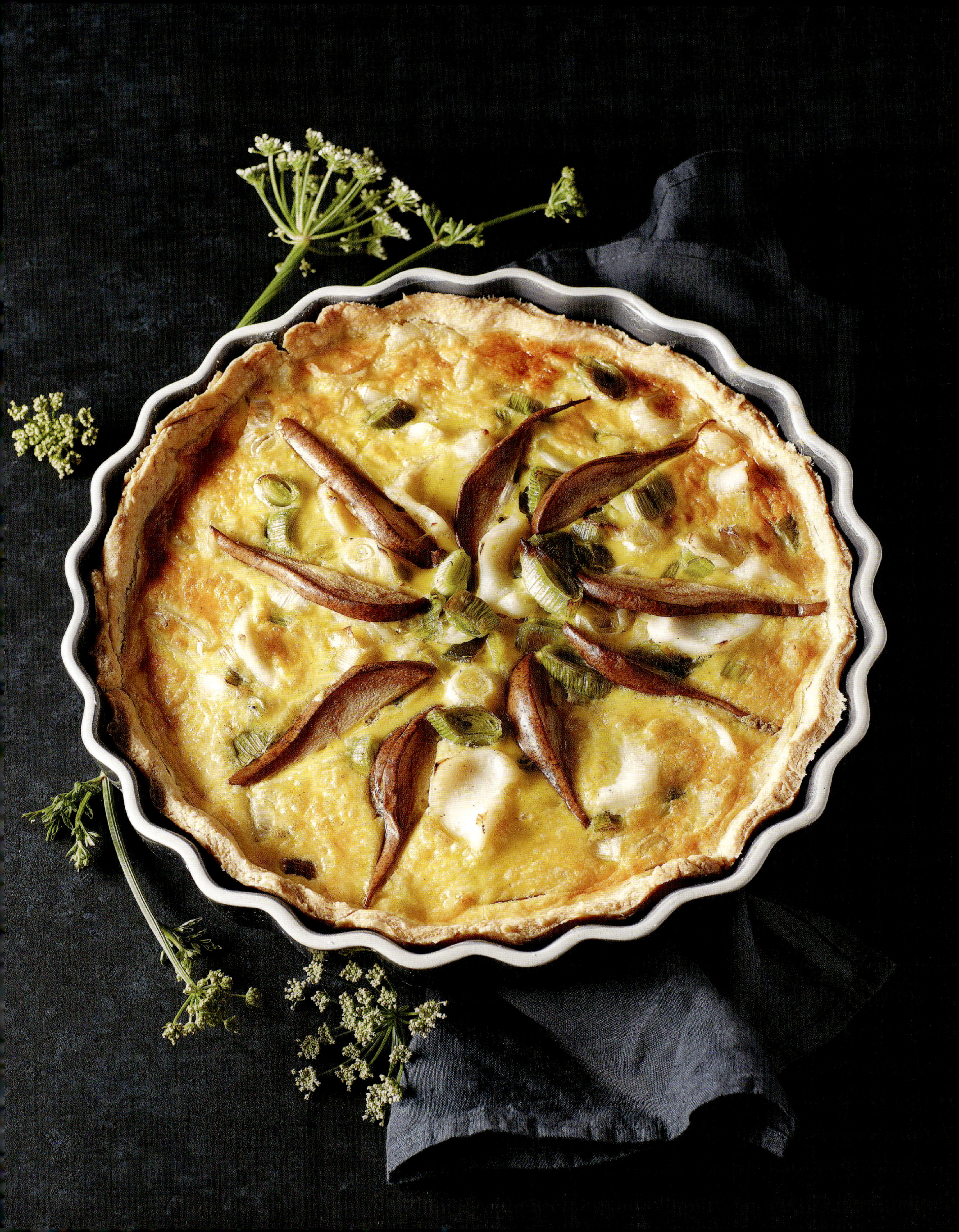

Galette nantaise

Pour 4 personnes
Temps de préparation : 25 min
Temps de cuisson : 20 min
Marinade : 30 min

Ingrédients
2 poireaux primeurs
4 petites galettes
4 jaunes d'œufs
2 cuillerées à soupe d'œufs de truite
1 endive carmine
40 g de cresson
25 g de beurre demi-sel fondu
3 cuillerées à soupe de vinaigre balsamique blanc
2 cuillerées à soupe de sauce soja
Poivre

Dans une coupelle, mélanger le vinaigre balsamique et la sauce soja. Déposer délicatement les jaunes d'œufs. Laisser mariner à température ambiante pendant 30 min en les arrosant régulièrement.

Couper les extrémités vertes et dures des poireaux. Couper à ras leurs radicelles. Les fendre en deux dans leur longueur. Les laver.

Porter à ébullition une casserole d'eau salée. Blanchir les poireaux pendant 3 min. Les égoutter. Les placer dans un plat à four. Les badigeonner de beurre fondu. Cuire dans un four préchauffé à 150 °C (th. 5) pendant 15 min.

Laver le cresson. Émincer l'endive. Réchauffer les galettes de chaque côté dans une poêle généreusement beurrée.

Placer dans chaque assiette une galette. Façonner un nid avec un demi-poireau. Déposer délicatement un jaune d'œuf mariné au centre. Parsemer du cresson, d'endive et des œufs de truite. Donner un tour de moulin à poivre.

Savourer aussitôt.

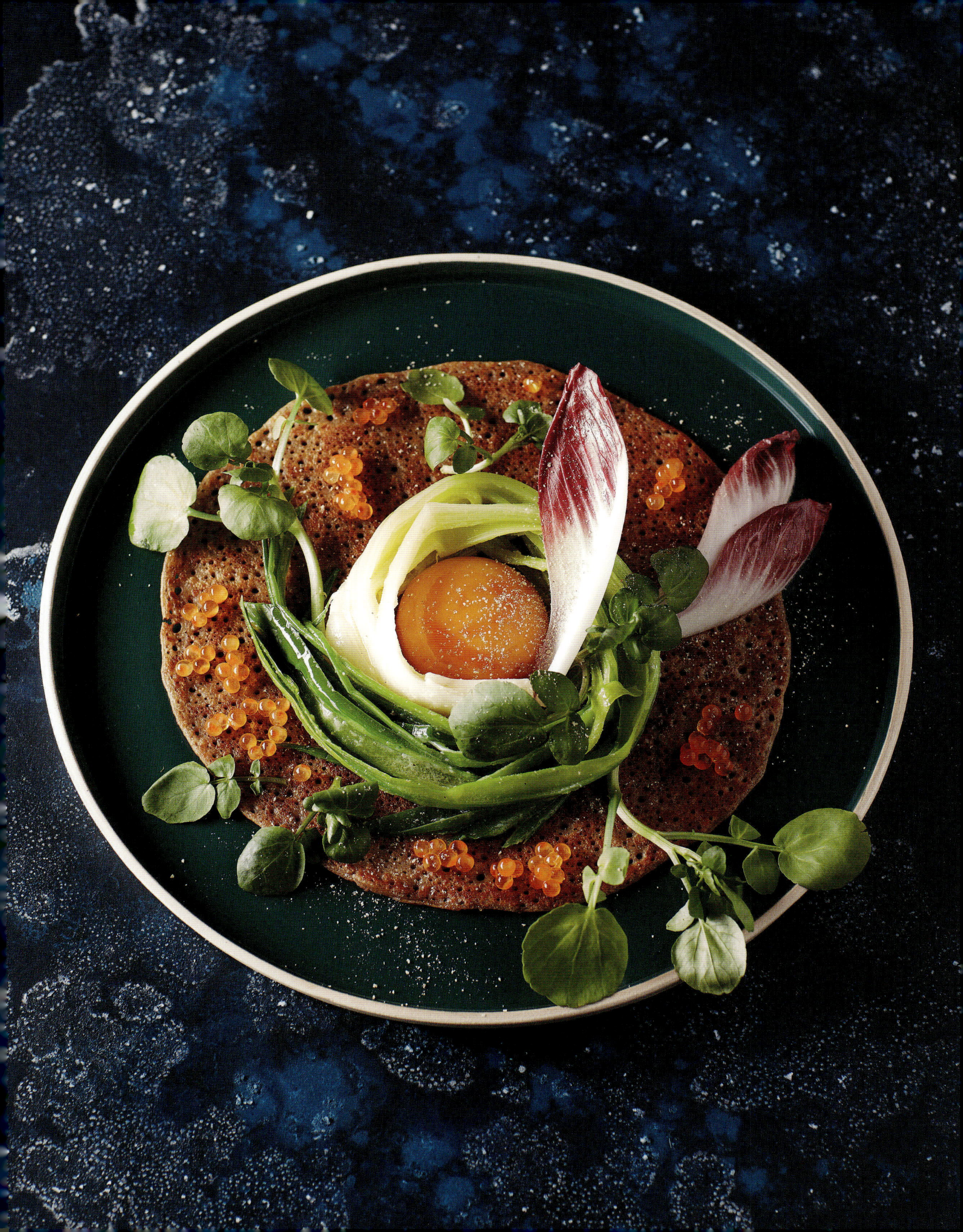

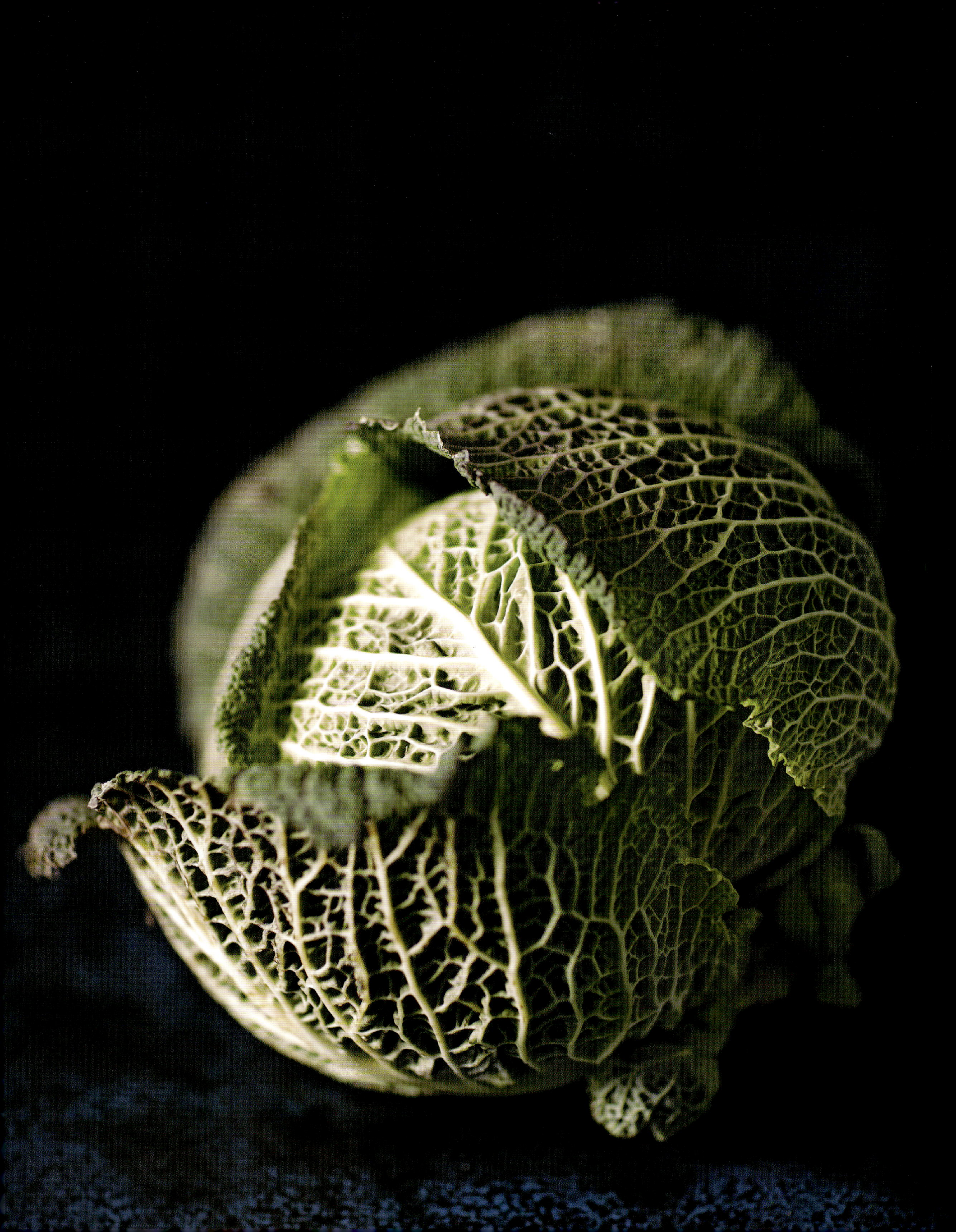

Le chou

CHOU FARCI AUX CHÂTAIGNES
POTÉE FINISTÉRIENNE
MAKIS DE CHOU À LA TRUITE FUMÉE

Rentrer dans le chou ? C'est attaquer quelqu'un de front pour reprendre le sens de l'expression. Mais c'est aussi ouvrir de nombreuses pages dans l'histoire de France. Et peut-être s'y perdre, tant ce légume est millénaire, populaire, providentiel et proverbial.

On le découvre à l'état sauvage, poussant spontanément le long des côtes atlantiques de l'Europe. Il est alors une longue tige, que l'on consomme crue, et dont la floraison se caractérise par des petites fleurs jaunes à quatre pétales disposés en forme de croix. D'où sa filiation à la famille des crucifères. Puis l'habileté et la patience des jardiniers ont contrarié sa rosette de feuilles pour qu'elle devienne une belle pomme comestible.

Au Moyen Âge, il devient un légume majeur dans l'alimentation. Mais pas sur toutes les tables. La noblesse le méprise, comme toutes les nourritures poussant trop près de la terre, lui préférant les fruits qui les élevaient vers les hauteurs célestes. La prééminence du chou est manifeste partout en France et au cours des siècles. Il apparaît dans la pharmacopée en plante médicinale, en beauté et en peinture comme source d'inspiration pour de nombreux maîtres, Chardin en tête. Dans les grands rendez-vous avec l'histoire lorsque l'issue d'une bataille ou d'une expédition maritime dépend de sa présence. Voilà pourquoi on le retrouve dans tant d'adages ou de proverbes exprimant des considérations très contradictoires. « Être chou » pour signifier le caractère adorable d'une chose, aussitôt balayé par le dévalorisant « bête comme chou ».

Au cours des siècles, l'importance économique de la culture du chou pousse chaque région à développer ses propres types variétaux. La Bretagne, avec ses hivers doux et tempérés, est particulièrement propice. À partir du XIXe siècle, certains vont même acquérir une réputation : celui de Ploujean, de Saint-Brieuc, de Douarnenez et notamment celui de Lorient. Lorsque le froid gèle la plupart des terres du Nord et de l'Est, c'est par wagons entiers qu'ils sont expédiés, jusqu'en Allemagne, qui au sortir de la guerre peine à nourrir sa population. Mais la période faste ne résiste pas aux mutations agricoles dans les années 1970. Avec le changement des habitudes alimentaires, la politique agricole intensive, l'augmentation des coûts du transport, de la concurrence, leur production recule sous la pression des variétés hybrides, plus résistantes aux maladies. Jusqu'à disparaître…

Mais ce n'est pas connaître l'entêtement breton. Grâce à quelques passionnés et à la mobilisation associative, ces variétés anciennes ne sombrent pas dans l'oubli. Leur culture est relancée. Elles feront bientôt les choux gras de tous les amateurs de la biodiversité. *Kaol kozh* for ever* !

* Vieux chou.

Chou farci aux châtaignes

Pour 4 personnes
Temps de préparation : 40 min
Temps de cuisson : 55 min

Ingrédients
1 gros chou vert
3 oignons de Roscoff
400 g de châtaignes cuites à la vapeur
300 g de lard fumé
1 pomme
30 g de beurre
2 cubes de bouillon de volaille
Sel, poivre

Émulsion
50 cl de cidre brut
15 cl de crème fleurette
Fleur de sel, noix de muscade

Préparer la farce
Couper le lard en fines lamelles. Dans une poêle chaude, les faire rissoler pendant 3 à 4 min à feu moyen. Réserver sur un papier absorbant.

Éplucher, ciseler les oignons. Hacher grossièrement les châtaignes. Éplucher, couper la pomme en petits cubes. Faire fondre le beurre dans une poêle. Verser les oignons. Faire suer pendant 3 min à feu moyen. Ajouter les châtaignes et les pommes. Cuire pendant 3 min. Ajouter le lard. Mélanger bien. Poivrer. Vérifier l'assaisonnement. Saler éventuellement. Réserver.

Préparer le chou
Éliminer les premières feuilles si elles sont dures ou abîmées. Ôter le trognon. Détacher une par une les feuilles jusqu'au cœur. Les blanchir 5 min dans une grande casserole d'eau bouillante salée. Rafraîchir dans un bol d'eau glacée, puis égoutter. Sécher soigneusement chaque feuille sur un linge avant de retirer leur côte centrale.
Placer un large papier de film alimentaire sur le plan de travail. Déposer 4 feuilles de chou en les faisant légèrement se chevaucher.

Faire une deuxième fois de même. Déposer ¼ de la farce. Répartir sur toute la surface jusqu'à 2 cm des bords. Déposer de nouveau 4 feuilles, ¼ de farce, puis terminer par 4 feuilles.

Réunir les 4 pointes du film alimentaire. Rassembler pour former une boule. Tourner le film pour serrer le chou farci. Faire un nœud pour le maintenir. Recommencer l'opération pour le second chou farci. Cuire les choux farcis dans une grande casserole d'eau frémissante avec 2 cubes de bouillon de volaille pendant 40 min. Égoutter. Retirer le film. Les couper en deux.

Au moment de servir, préparer l'émulsion. Faire réduire le cidre à feu vif dans une casserole jusqu'à obtenir 15 cl. Ajouter la crème et une râpée de noix de muscade. Saler. Émulsionner avec un mixeur plongeant.

Savourer le chou farci avec l'émulsion.

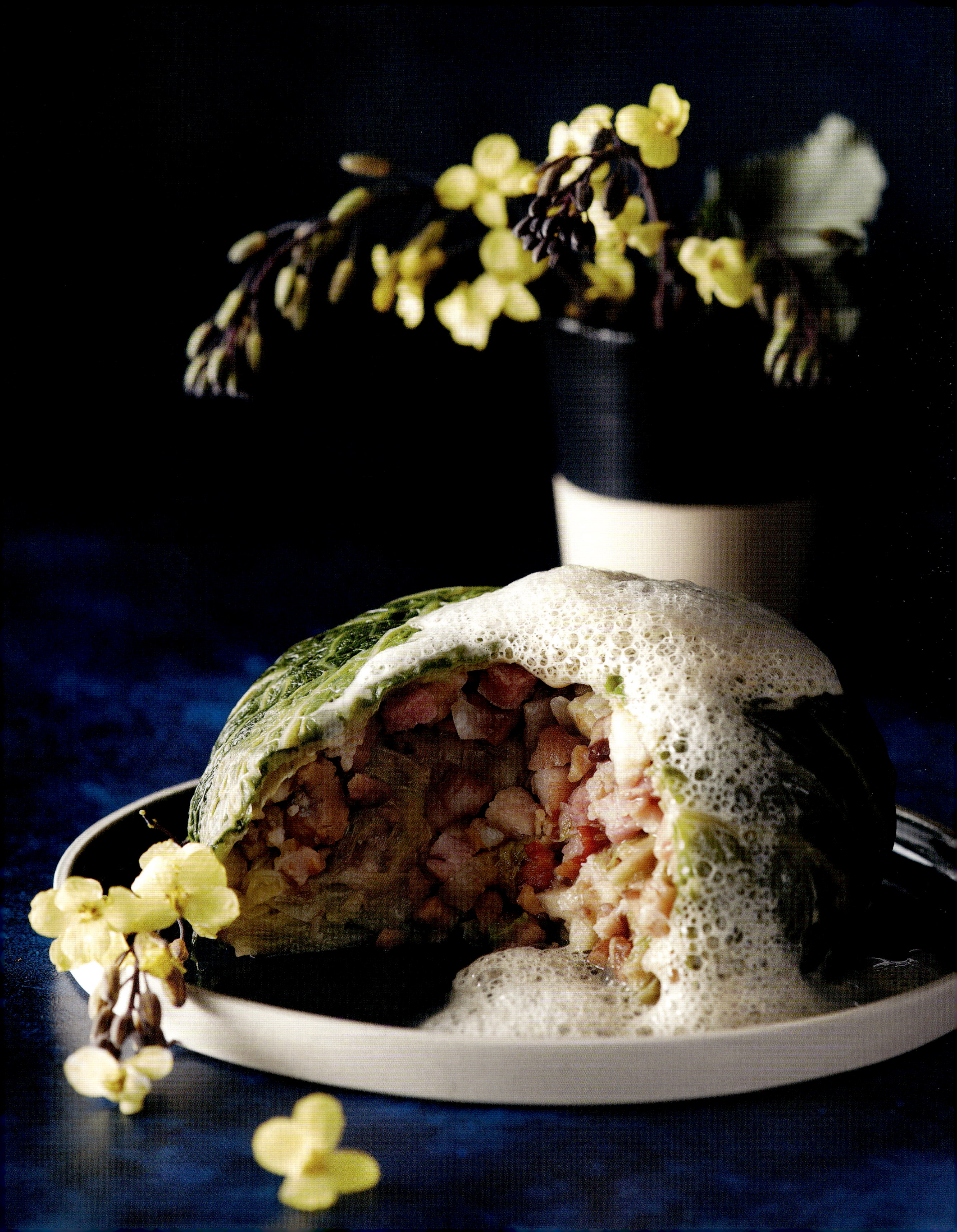

Potée finistérienne

Pour 4 personnes
Temps de préparation : 20 min
Temps de cuisson : 1 h 50

Ingrédients
1 chou vert
1 oignon
4 blancs de poireaux
3 carottes
4 pommes de terre
4 tranches de lard
1 saucisse aux algues
1 petit saucisson fumé à cuire
100 g de beurre demi-sel
Sel, poivre

Détacher toutes les feuilles du chou. Ôter les côtes. Blanchir les feuilles 5 min dans une casserole d'eau bouillante salée. Égoutter.

Éplucher, ciseler l'oignon.
Éplucher, couper les carottes en rondelles.
Éplucher les pommes de terre.
Laver les blancs de poireaux.

Dans une cocotte, faire fondre le beurre à feu doux. Ajouter l'oignon. Faire suer 3 min. Ajouter les poireaux, les carottes, le chou.

Bien mélanger pour que les légumes s'enrobent de beurre. Ajouter dessus les tranches de lard. Couvrir. Cuire, toujours à feu doux, 45 min.

Ajouter la saucisse, le saucisson et les pommes de terre. Poursuivre la cuisson pendant 1 h, toujours à couvert et à feu doux.

Répartir la potée dans les assiettes.
Donner un tour de moulin à poivre.

Savourer aussitôt.

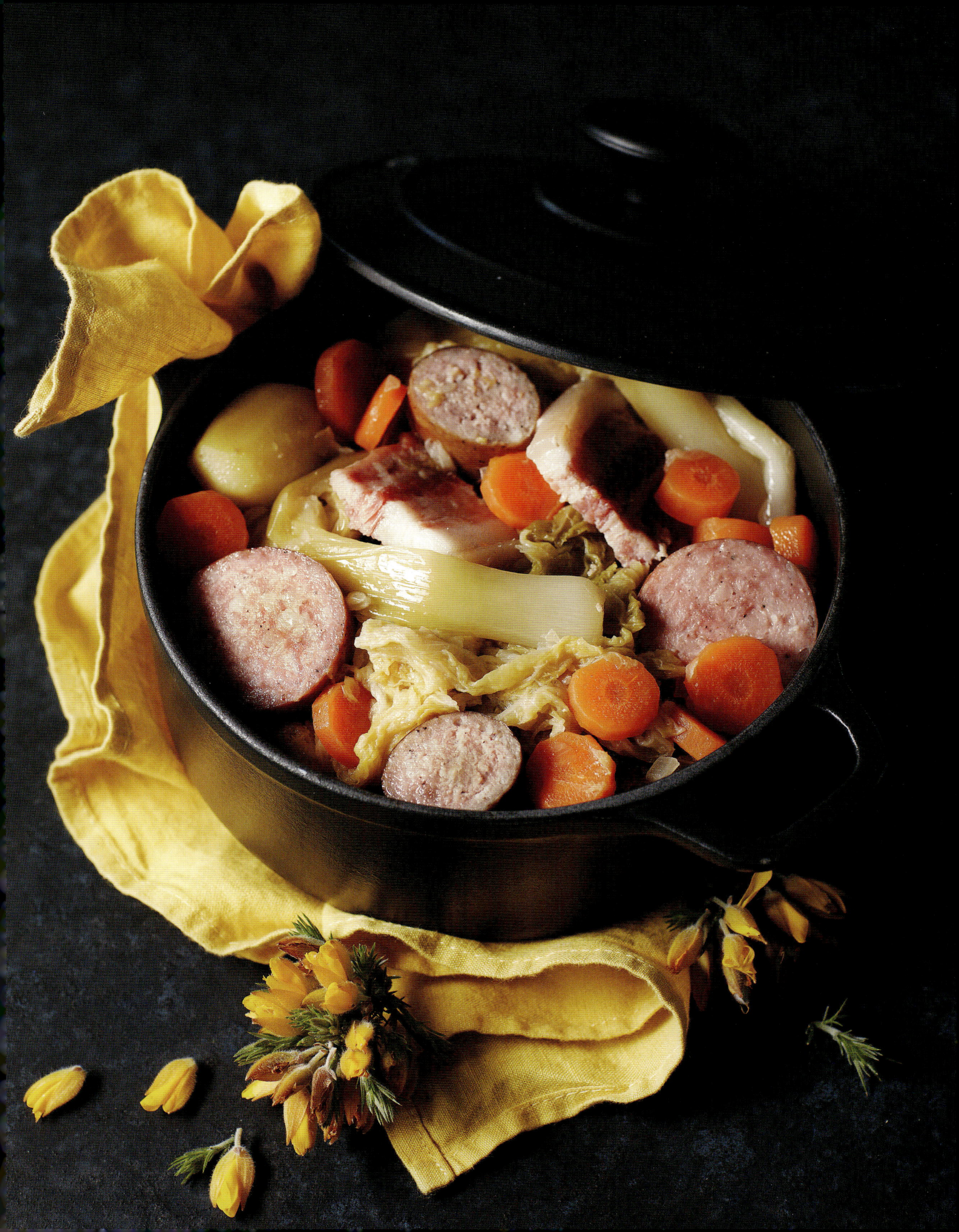

Makis de chou à la truite fumée

Pour 4 personnes
Temps de préparation : 30 min
Temps de cuisson : 47 min
Réfrigération : 2 h

Ingrédients
8 feuilles de chou vert
4 tranches de truite fumée
50 g de riz noir
100 g de fromage Madame Loïk®
1 échalote
1 botte de ciboulette
Sel, poivre

Faire cuire le riz dans une casserole d'eau bouillante salée pendant 40 min.
Égoutter, puis rincer sous l'eau froide.
Sécher soigneusement.
Éplucher, ciseler l'échalote.
Ciseler la ciboulette.
Dans un bol, mélanger le riz, le fromage, l'échalote et la ciboulette ciselées.
Poivrer. Vérifier l'assaisonnement.
Éventuellement saler. (Le fromage et la truite le sont suffisamment.) Réserver la farce.

Faire blanchir les feuilles de chou dans une grande casserole d'eau bouillante salée pendant 7 min. Rafraîchir dans un bol d'eau glacée, puis égoutter. Sécher soigneusement chaque feuille sur un linge avant de retirer leur côte centrale.

Placer un large papier de film alimentaire sur le plan de travail. Déposer les feuilles de chou en les faisant légèrement se chevaucher, pour obtenir un rectangle d'environ 25 × 30 cm. Placer dessus les tranches de truite fumée.
Répartir la farce.
En relevant le film alimentaire, enrouler doucement les feuilles de chou autour de la farce. Pincer et vriller les extrémités du rouleau. Effectuer quelques mouvements de va-et-vient pour bien le modeler. Réserver 2 h au frais.

Retirer le film.
Couper le rouleau en 8 tronçons.

Savourer nature ou avec de la sauce soja.

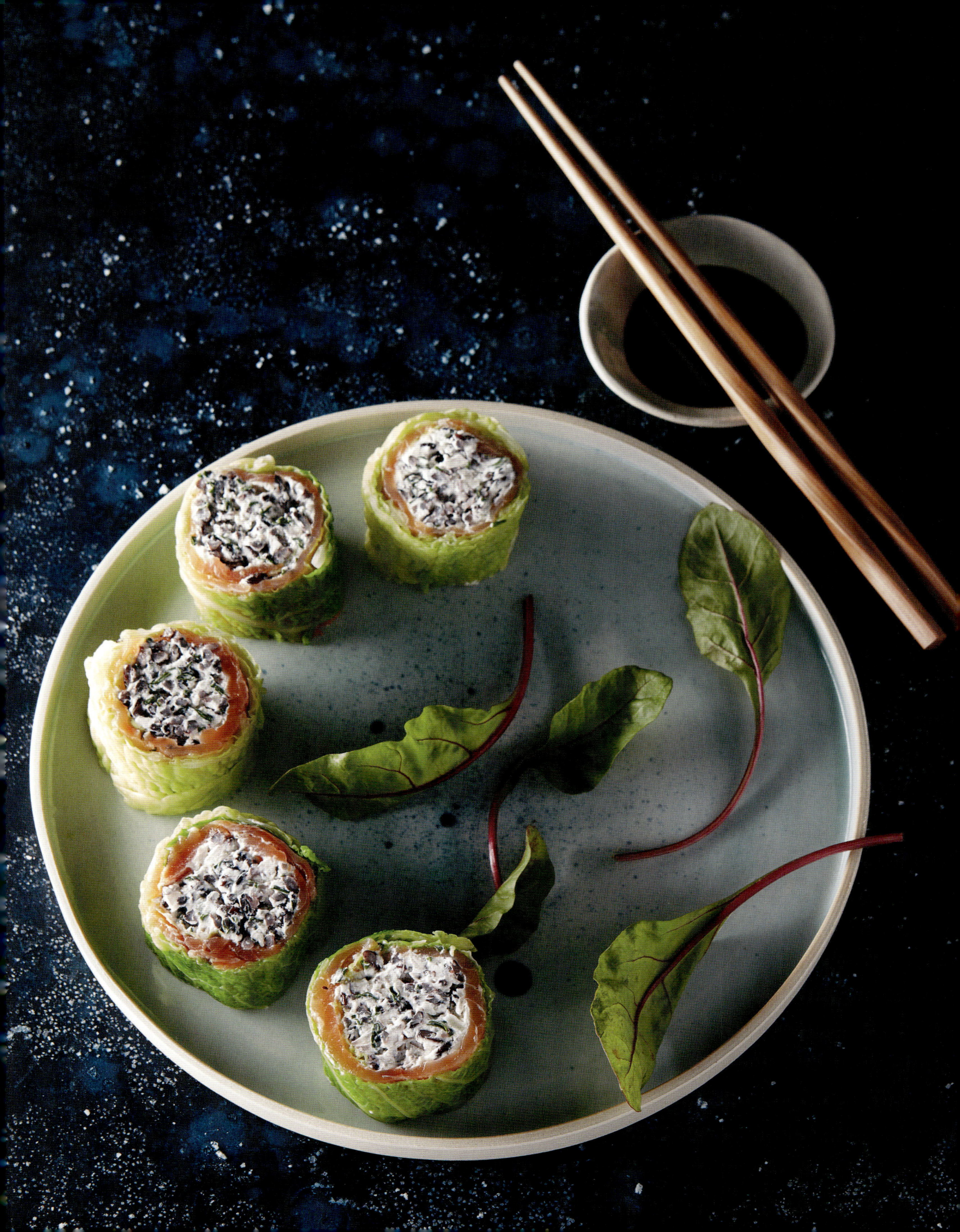

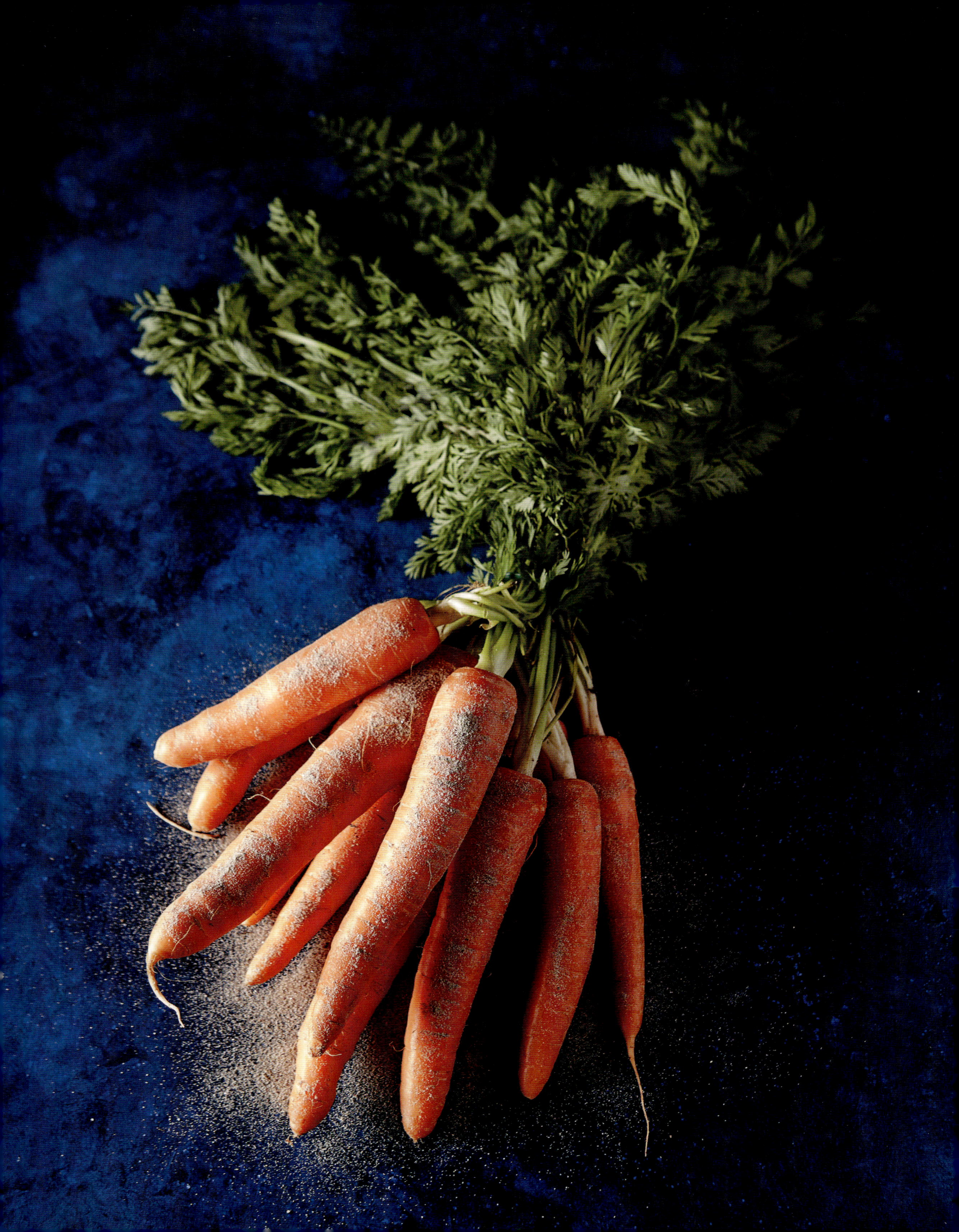

La carotte des sables

FRICASSÉE DE POULET, SAUCE CAROTTE À L'AIGRE-DOUX
SOUPE GLACÉE DE CAROTTES AU LAIT DE COCO
CAROTTES CONFITES AU PAPRIKA FUMÉ, CROUSTILLANT DE CACAHUÈTES

En 1699, un vent de colère de Nord-Ouest ne se contenta pas d'agiter la mer. Il souleva le sable de la grève de la petite commune de Santec dans le pays du Léon. Sans relâche, plusieurs jours durant. Lorsqu'il prit enfin le large, il fit place au silence et à la désolation des paysans. La ville était sinistrée et près de deux cent cinquante hectares de terres cultivées étaient ensevelis sous une épaisse couche de sable. Les États de Bretagne remédièrent au plus vite au risque d'un nouvel ensablement en plantant des digues végétales. Mais pour la terre, le mal était irrémédiable.

Les Santécois, réduits à la mendicité, abandonnèrent l'idée de la culture du seigle et du lin pour celles des légumes plus dociles à pousser dans un milieu acide et pauvre en matière organique : navets, panais, carottes. Contre toute attente, le sable, amendé par l'apport de goémon, révéla d'indéniables qualités : plus facile à travailler, plus poreux pour évacuer les excédents d'eau, plus rapide à se réchauffer à la sortie de l'hiver, favorisant ainsi les cultures précoces. De plus, encouragées par le microclimat de la région sous l'influence des vents d'Ouest porteur de pluies fines et tièdes lorsqu'ils ne sont pas furieux, la qualité et la saveur de ces cultures légumières prirent de l'ampleur, conférant à ce territoire jadis en détresse, une nouvelle réputation. Les agriculteurs élargirent au fil du temps leur gamme.

Mais la carotte se démarqua, petit à petit, assurant son emprise sur les autres. Bien à l'abri dans des petits champs enclos de pierres sèches, elle pousse comme une bougie, parfaitement droite et lisse ! Elle se récolte manuellement, presque sans effort, tant la légèreté du substrat ne l'emprisonne pas d'une gangue de terre et se conserve d'autant mieux qu'elle ne se lave pas. Des atouts qui passent sous silence le nom des différentes variétés cultivées pour devenir dans la bouche des gourmets une appellation unique : LA carotte des sables de Santec.

Est-elle plus savoureuse, plus juteuse, plus tendre que ses concurrentes, celle de Créance ou des Landes ? Oui, trois fois oui, si lorsque vous la croquez comme cela au débotté, vous fermez les yeux pour imaginer un ciel aux cinquante nuances de gris et le parfum iodé qui remonte de la mer bordant la petite commune du Finistère. Vous entendrez alors la complainte du Noroît d'avoir été colère au point d'ensevelir toutes ses terres et qui, pour se faire pardonner, a offert à une modeste racine, les honneurs d'un nouvel écrin. Celle qui a fait reculer la lande et la bruyère, qui a redonné de la valeur aux champs, du cœur à l'ouvrage aux paysans est devenue une exception bretonne au milieu des trente-cinq millions de tonnes annuelles produites sur la planète. Alors, oui, elle est tout juste parfaite !

Fricassée de poulet,
sauce carotte à l'aigre-doux

Pour 4 personnes
Temps de préparation : 30 min
Temps de cuisson : 20 min

Ingrédients
4 blancs de poulet
25 cl de jus de carotte
20 g de beurre
1 cuillerée à soupe d'huile d'olive
2 gousses d'ail
2 cm de gingembre
1 cuillerée à soupe de miel
50 g de noix de cajou
Sel, poivre

Garniture
220 g de linguines au sarrasin
2 carottes des sables
20 g de beurre demi-sel
Sel, poivre

Couper les blancs de poulet en cubes.
Éplucher, hacher les gousses d'ail.
Éplucher, râper le gingembre.

Chauffer le beurre et l'huile d'olive dans une poêle. Faire rissoler les blancs de poulet à feu moyen pendant environ 5 min en remuant régulièrement. Saler, poivrer.

Ajouter le jus de carotte, le miel, l'ail et le gingembre. Mélanger. Laisser réduire à feu vif en remuant régulièrement jusqu'à obtenir une sauce légèrement sirupeuse.
Réserver au chaud.

Préparer la garniture
Éplucher les carottes. Les détailler en spaghetti à l'aide d'un rouet.
À défaut, utiliser un économe.

Cuire les linguines dans une casserole d'eau bouillante salée en suivant la recommandation du temps de cuisson sur le paquet.
Une minute avant la fin de cuisson, ajouter les spaghetti de carottes.
Égoutter. Ajouter le beurre.
Saler éventuellement, poivrer.
Réserver au chaud.

Torréfier les noix de cajou 2 min environ dans une poêle chaude.
Répartir dans chaque assiette la garniture, puis la fricassée de poulet.
Parsemer de noix de cajou.
Arroser de la sauce carotte à l'aigre-doux.

Savourer aussitôt.

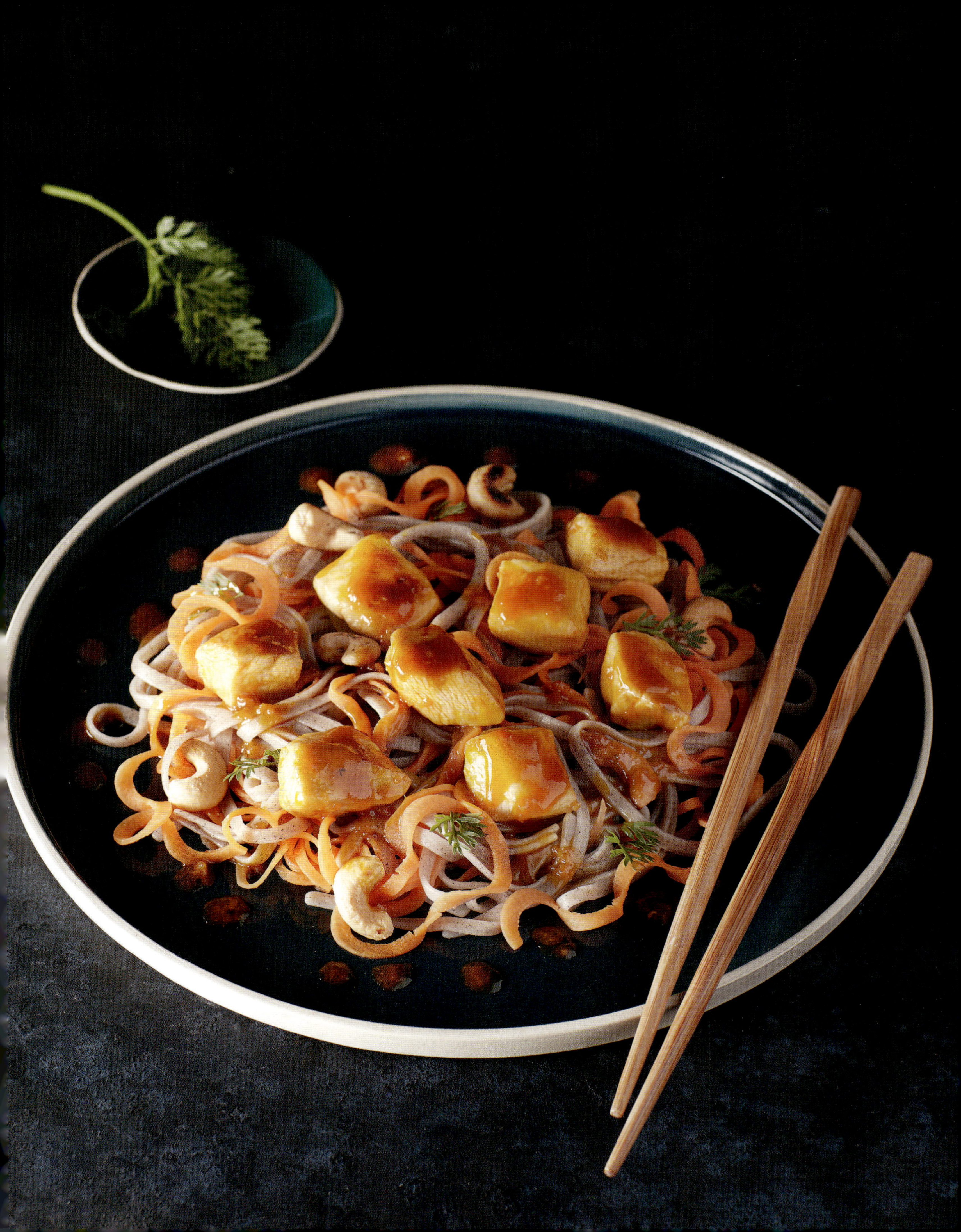

Soupe glacée de carottes
au lait de coco

Pour 4 personnes
Temps de préparation : 30 min
Temps de cuisson : 20 min

Ingrédients
800 g de carottes des sables
25 cl de lait de coco
1 citron vert bio
Sel, poivre

Huile de fanes
15 cl d'huile d'olive
20 g de fanes de carottes
Fleur de sel, poivre

Crémeux aux fanes
130 g de fromage Madame Loïk
50 g de pignons de pin
30 g de cranberries
10 cl d'huile de fanes de carottes
Poivre

Éplucher, couper en rondelles les carottes.
Les cuire à la vapeur pendant environ 20 min.
Elles doivent être tendres.
Prélever le zeste du citron. Réserver.
Presser son jus.
Mixer les carottes avec le jus de citron
et le lait de coco. Ajouter un peu d'eau
si nécessaire pour obtenir une consistance
de velouté. Saler, poivrer.
Laisser refroidir avant de réserver au frais.

Préparer l'huile de fanes
Mixer finement les fanes avec l'huile d'olive.
Passer au chinois. Ajouter un peu de fleur de sel.
Poivrer. Réserver.

Préparer le crémeux aux fanes
Mélanger tous les ingrédients.
Réserver au frais.

Au moment de servir, répartir la soupe
dans 4 bols. Parsemer de zeste de citron.
Verser le restant d'huile de fanes.

Savourer accompagné du crémeux
et de pain grillé.

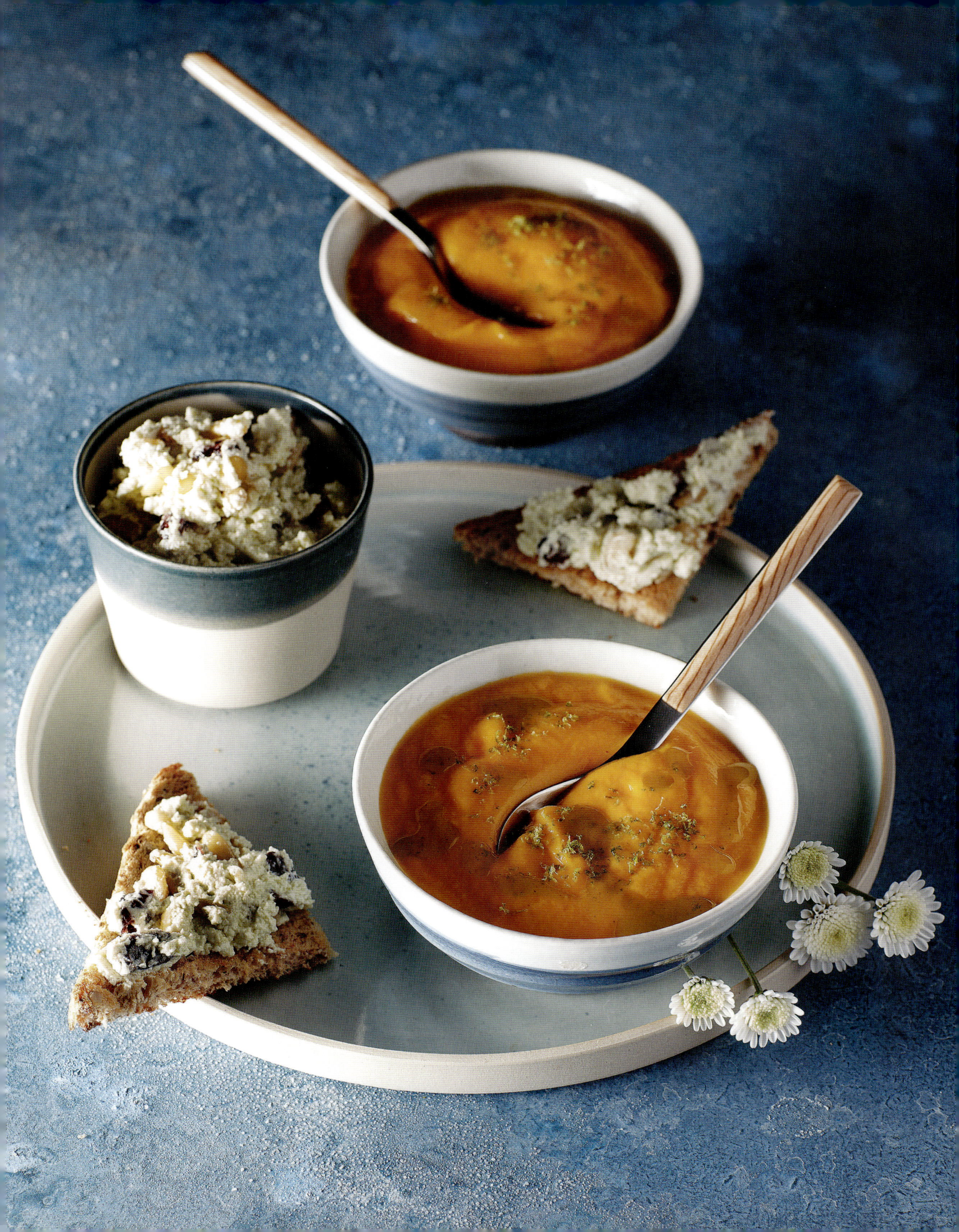

Carottes confites au paprika fumé, croustillant de cacahuètes

Pour 4 personnes
Temps de préparation : 40 min
Temps de cuisson : 2 h 15

Ingrédients
Carottes confites
8 petites carottes des sables
30 g de beurre demi-sel
1 cuillerée à café de paprika fumé

Purée
450 g de carottes des sables
Le jus de 3 oranges
30 g de beurre demi-sel
Sel, poivre

Croustillant
3 petites carottes des sables
2 gousses d'ail
30 g de cacahuètes salées
3 cuillerées à soupe d'huile d'olive
½ cuillerée à café de paprika fumé

Décor
Quelques graines germées
Quelques fanes de carottes

Préparer les carottes confites
Éplucher les carottes. Dans une poêle, faire mousser le beurre avec le paprika. Ajouter les carottes. Cuire à feux doux pendant 10 min en arrosant régulièrement. Déglacer avec 5 cl d'eau. Couvrir. Poursuivre la cuisson environ 40 min, jusqu'à évaporation du jus de cuisson. Les carottes doivent être fondantes. Réserver au chaud.

Préparer la purée
Éplucher, couper en fines rondelles les carottes. Les verser dans une casserole. Ajouter le jus d'orange. Ajouter un peu d'eau pour les couvrir. Saler légèrement. Cuire à couvert et à feu moyen pendant environ 30 min. Les carottes doivent être fondantes. Égoutter en réservant le jus de cuisson. Mixer finement en versant au fur et à mesure un peu de jus de cuisson jusqu'à obtenir la consistance d'une purée. Ajouter le beurre. Poivrer.
Réserver au chaud.

Préparer le croustillant
Éplucher, râper à la grille fine les carottes. Concasser les cacahuètes. Éplucher, hacher les gousses d'ail. Mélanger tous les ingrédients. Étaler la préparation dans un plat à four. Cuire dans un four préchauffé à 160 °C (th. 5-6) pendant 45 min. Remuer régulièrement. La préparation va petit à petit se déshydrater et se concentrer en saveur.

Dresser dans chaque assiette un cercle de purée. Déposer 2 carottes confites. Parsemer du croustillant aux cacahuètes. Décorer avec les graines germées et les fanes de carottes.

Savourer aussitôt.

▶ *Ces carottes en trois façons accompagneront à merveille un poisson ou une volaille.*

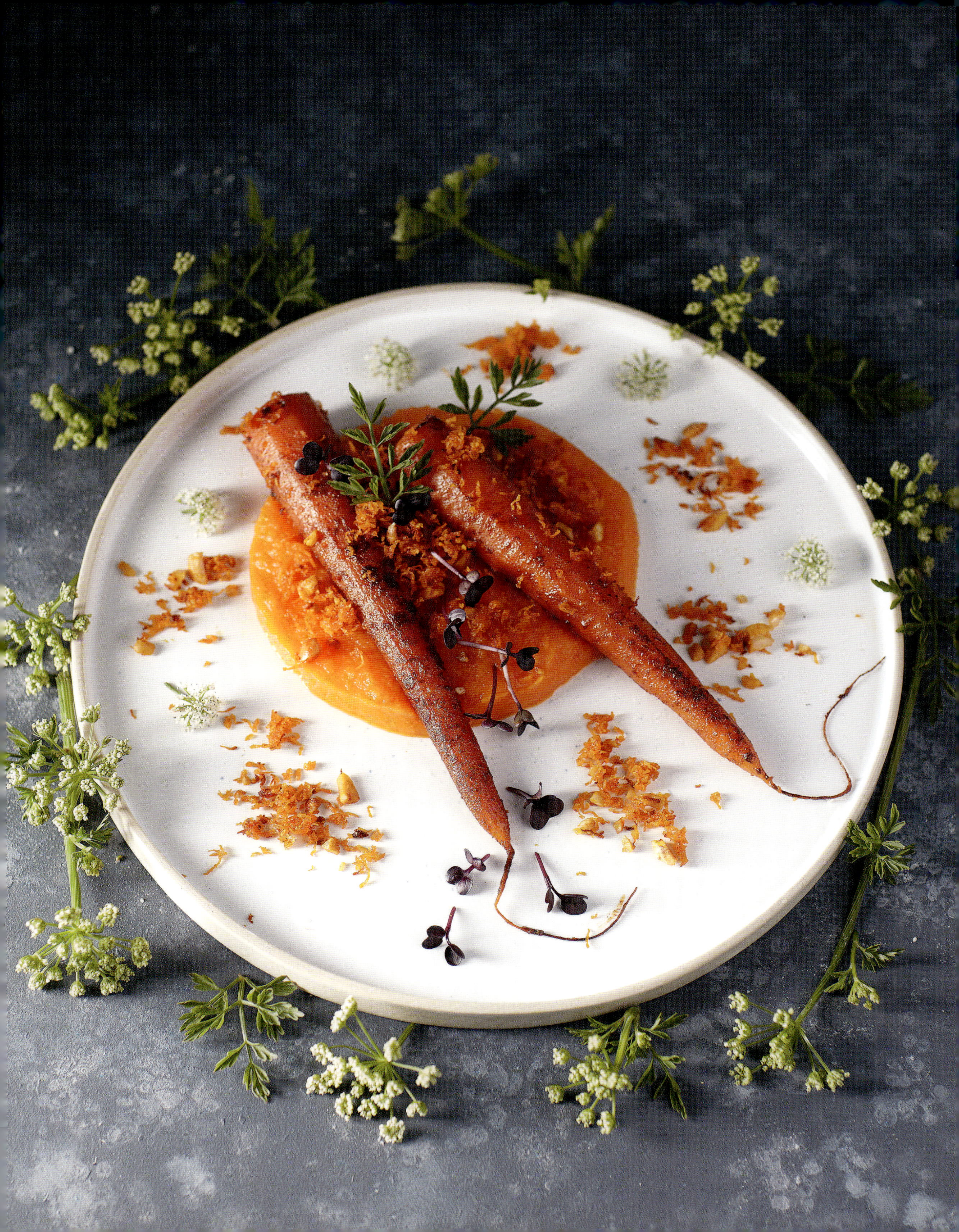

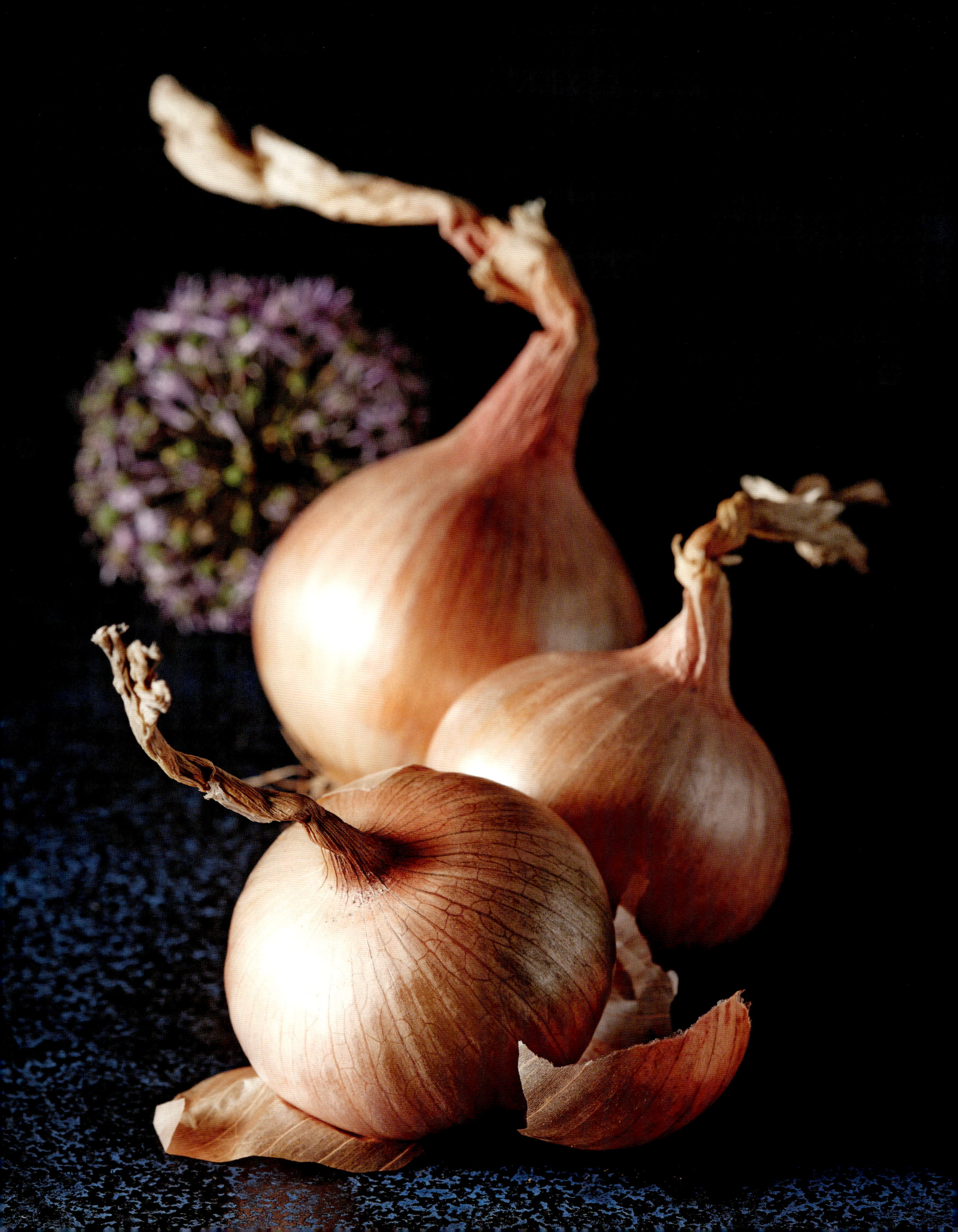

L'oignon de Roscoff

SOUPE À L'OIGNON DE ROSCOFF
CAKE MARBRÉ AU BOUDIN NOIR
OIGNONS DE ROSCOFF RÔTIS, PURÉE DE POTIMARRON

Quatre-vingt-cinq millions de tonnes : Production annuelle des oignons dans le monde. Un chiffre vertigineux qui pourrait engloutir une petite culture locale bretonne de seulement deux mille cinq cents tonnes. Mais c'est sans compter la singularité de celui de Roscoff. Le joli port de pêche, son berceau d'origine, a tressé une belle histoire à son sujet et la prolonge chaque année en rassemblant près de trente mille personnes pour célébrer le souvenir de ses Johnnies. Retour sur une petite graine d'oignon portugaise arrivée dans les poches d'un moine en terre celtique.

Au XVIIe siècle, l'essor de la ville repose sur l'activité maritime : pêche, commerce du sel, culture du lin servant à la fabrication des toiles des navires et production maraîchère dans les jardins pour nourrir les marins. L'oignon, avec sa teneur en vitamine C, est essentiel à leur survie lors des longues expéditions à la morue en Islande ou Terre-Neuve. D'où l'intérêt du frère Cyril de planter l'*Allium Cepa* rapporté de Lisbonne, dont on dit qu'il est juteux, sucré et surtout, si l'on maintient sa tige en tresse, il se conserve plus longtemps. Des qualités qui se confirmèrent. Ainsi sa culture, grâce au climat favorable, se développa rapidement dans la ville et ses alentours. Une réussite à l'échelle locale.

À quelque chose malheur est bon, dit le dicton. Au XVIIIe siècle, la concurrence du coton amorce le déclin du commerce de la toile de lin. Pour éviter le pire, la ville compense en faisant de la contrebande avec les îles britanniques et élargit sa culture légumière, oignon en tête. Poussé par le désespoir, on raconte qu'un paysan traversa la mer dans une embarcation de fortune, pour tenter de vendre aux Anglais les tresses qu'il ne parvenait pas à vendre ici. Il en revint la cale vide et la bourse pleine.

Un nouvel eldorado venait d'être découvert. La légende des Johnnies pouvait commencer. Nommés ainsi, car c'est bien connu, tous les Bretons s'appellent Yann, la forme bretonne de Jean et donc de John en anglais. La filière s'organise, et c'est sur des vélos embarqués, disparaissant littéralement sous le volume des tresses, que l'on dénombre en 1920, près de mille quatre cents hommes, prenant le large, après le pardon de la Sainte-Barbe en juillet, pour écouler quelque neuf mille tonnes.

Mais la fatalité de nouveau s'invite. Avec la Seconde Guerre mondiale et ses bouleversements économiques, sa culture décline au profit des productions industrielles. Grâce à la ténacité de quelques irréductibles producteurs qui ne pouvaient se résoudre à sa disparition, il obtient la précieuse AOC suivie de l'AOP en 2013. Une nouvelle page s'écrit, portée par un regroupement de quatre-vingt-dix producteurs et valorisée par des grands chefs qui adorent sa typicité. Celle d'une aventure humaine qui a fait d'un simple oignon, un fleuron du Finistère.

Soupe à l'oignon de Roscoff

Pour 4 personnes
Temps de préparation : 15 min
Temps de cuisson : 55 min

Ingrédients
8 oignons de Roscoff
30 g de beurre demi-sel
60 g de graines de sarrasin grillé
2 feuilles de laurier
3 brins de thym
1 cuillerée à café de paprika fumé
1 cube de bouillon de poule
1 zeste de citron jaune
Sel, poivre

4 tranches de pain aux céréales
240 g de fromage Petit Breton®

Éplucher les oignons. Les couper en deux, puis les émincer pas trop finement. Chauffer le beurre dans une cocotte. Ajouter les oignons. Faire suer à feu moyen pendant 5 min en remuant régulièrement.

Ajouter 30 g de sarrasin grillé, le thym, le laurier, le paprika, le cube de bouillon. Verser 1 l d'eau. Saler, poivrer. Cuire à petits frémissements pendant 45 min.

Couper le fromage en lamelles. Passer les tranches de pain sous le gril. Les retourner et poser dessus les lamelles de fromage. Faire fondre pendant environ 3 min.

Torréfier les 30 g de sarrasin grillé restant dans une poêle chaude pendant 2 min. Répartir la soupe dans les bols. Parsemer de graines de sarrasin torréfiées et de zeste de citron.

Savourer aussitôt avec les tartines de fromage fondu.

▸ *À défaut de fromage Petit Breton, prendre du comté.*

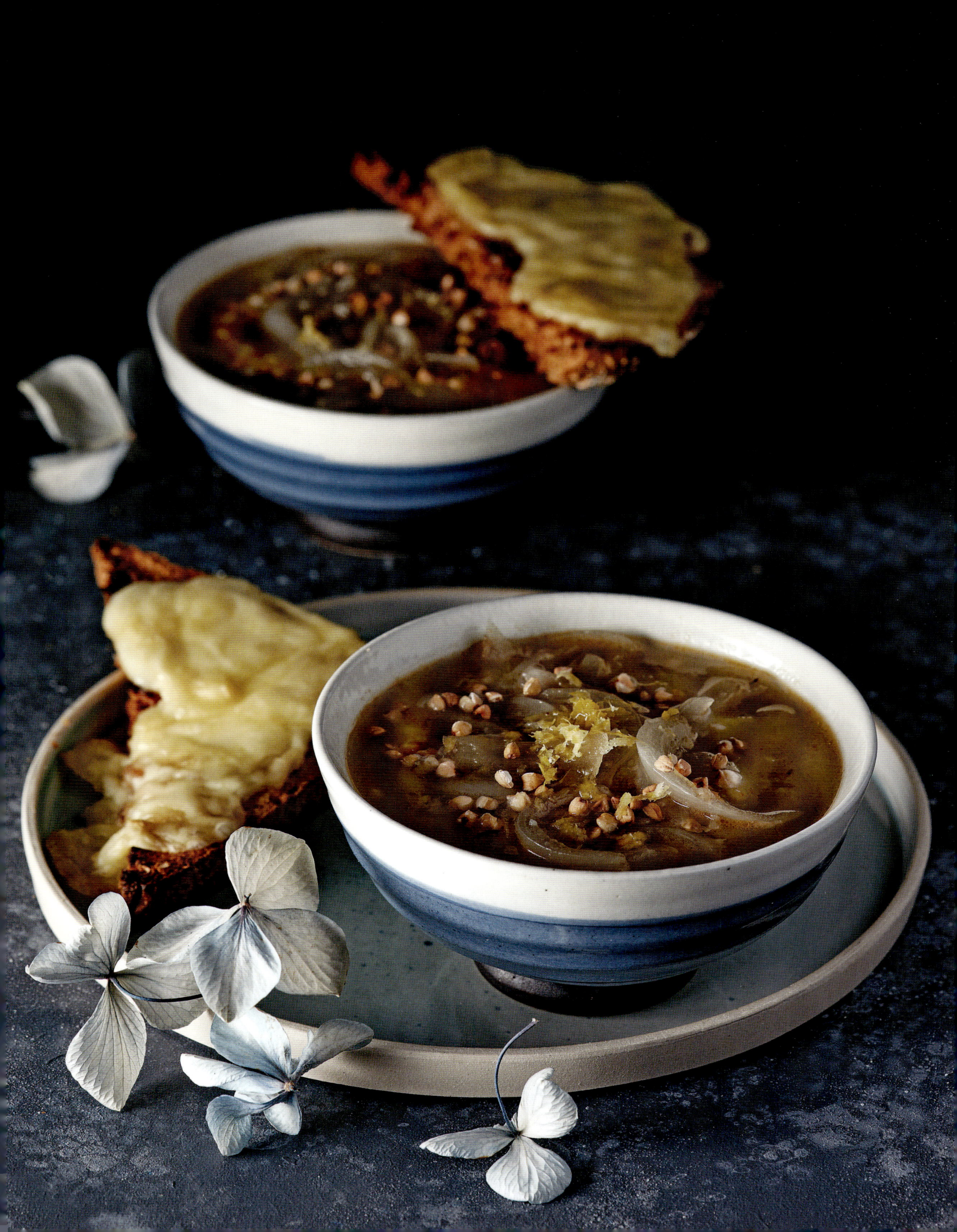

Cake marbré au boudin noir

Pour 6 personnes
Temps de préparation : 25 min
Temps de cuisson : 1 h 25

Ingrédients
3 oignons de Roscoff
6 brins de thym
20 g de beurre demi-sel fondu

Cake
4 œufs
100 g de farine de blé
30 g de farine de sarrasin
60 g de beurre demi-sel fondu
60 g de lait ribot
Sel, poivre

Marbrage
200 g de boudin noir
10 g de beurre
5 cl de crème fluide

Retirer la pelure des oignons.
Les placer dans un plat à cake avec le thym. Les badigeonner de beurre fondu. Cuire dans un four préchauffé à 200 °C (th. 6-7) pendant 40 min en les arrosant régulièrement.

Préparer le cake
Séparer les blancs des jaunes d'œufs. Mélanger les jaunes, les farines, le beurre et le lait ribot. Saler, poivrer.
Monter les blancs en neige. Les incorporer délicatement à l'appareil à cake. Réserver.

Préparer le marbrage
Retirer la peau du boudin noir.
Le couper en morceaux. Dans une casserole, faire fondre le beurre. Ajouter le boudin noir. Faire cuire à feu moyen en remuant régulièrement pendant 3 min. Ajouter la crème fluide. Poursuivre la cuisson 2 min. Hors du feu, ajouter un tiers de l'appareil à cake. Bien mélanger.

Dans un plat à cake beurré, verser une première couche d'appareil à cake.
Placer les oignons. Verser ensuite en alternant les couches de marbrage et d'appareil. Passer deux fois la lame d'un couteau pour mélanger les couches. Cuire dans un four préchauffé à 160 °C (th. 5-6) pendant environ 40 min. Vérifier la cuisson avec la lame d'un couteau. Elle doit ressortir sèche.

Savourer aussitôt.

▶ *Le cake sera meilleur le lendemain, tranché et passé une dizaine de minutes au four.*

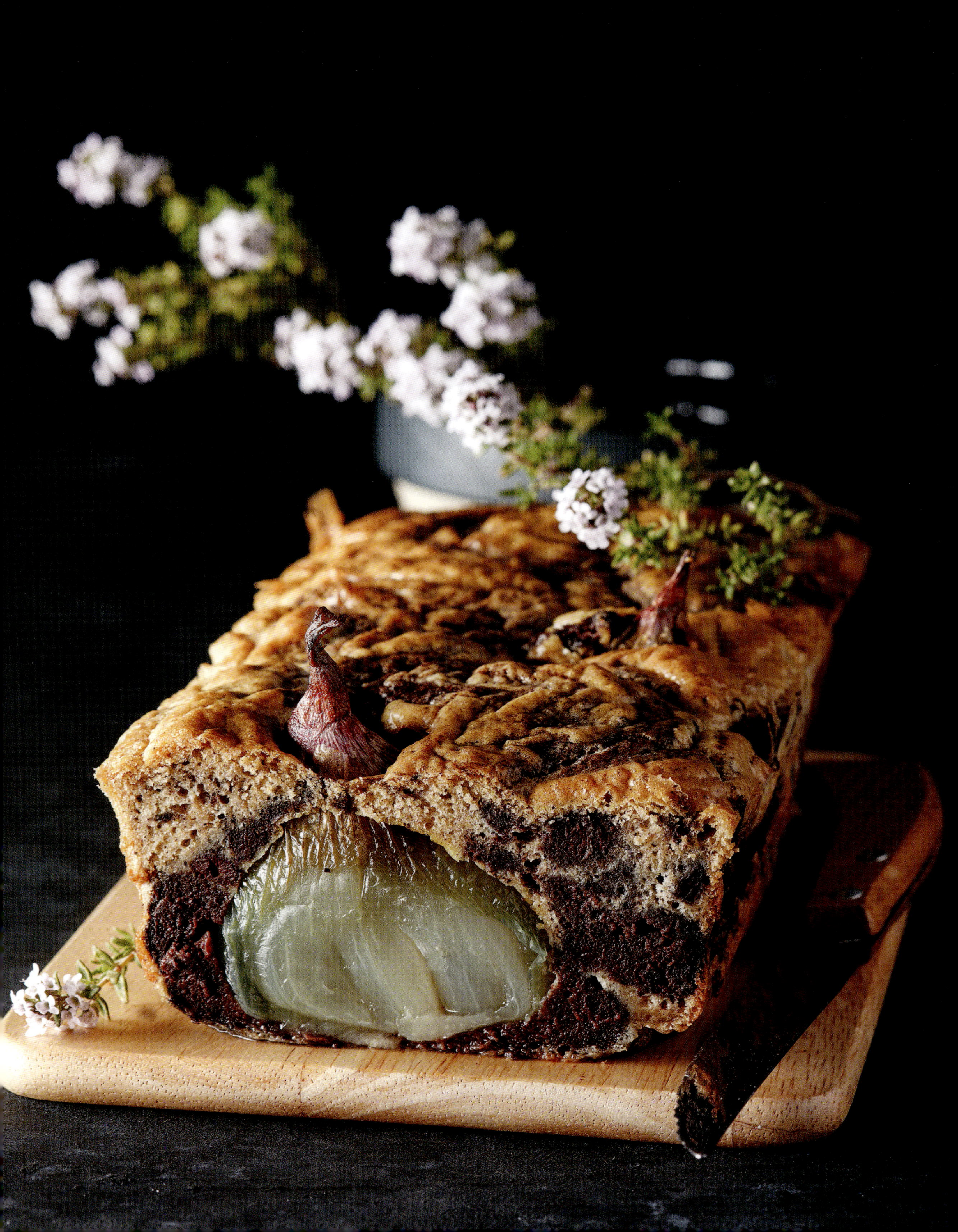

Oignons de Roscoff rôtis
purée de potimarron

Pour 4 personnes
Temps de préparation : 20 min
Temps de cuisson : 1 h 15

Ingrédients
6 oignons de Roscoff
Quelques brins de thym
15 g de beurre demi-sel
600 g de potimarron
15 cl de crème fluide
2 cuillerées à soupe de mélange de graines (courge, tournesol, sarrasin, nigelle…)
Quelques brins de cerfeuil
Sel, poivre, curry

Éplucher les oignons.
Les couper transversalement en deux.
Les placer dans un plat à four.
Les badigeonner du beurre fondu.
Émietter le thym. Saupoudrer de curry.
Cuire dans un four préchauffé à 160 °C (th. 5-6) pendant 1 h.

Laver le potimarron.
Le couper en cubes sans l'éplucher.
Le cuire dans une casserole d'eau bouillante salée pendant environ 15 min.
Il doit être tendre.

Égoutter. Mixer avec la crème.
Ajouter un peu de curry. Poivrer.
Mélanger.

Torréfier les graines dans une poêle chaude pendant 2 min en remuant régulièrement.

Répartir dans chaque assiette la purée de potimarron et les oignons.
Parsemer des graines et de pluches de cerfeuil. Poivrer.

Savourer aussitôt.

▶ *Ce plat est parfait pour accompagner une viande ou une volaille.*

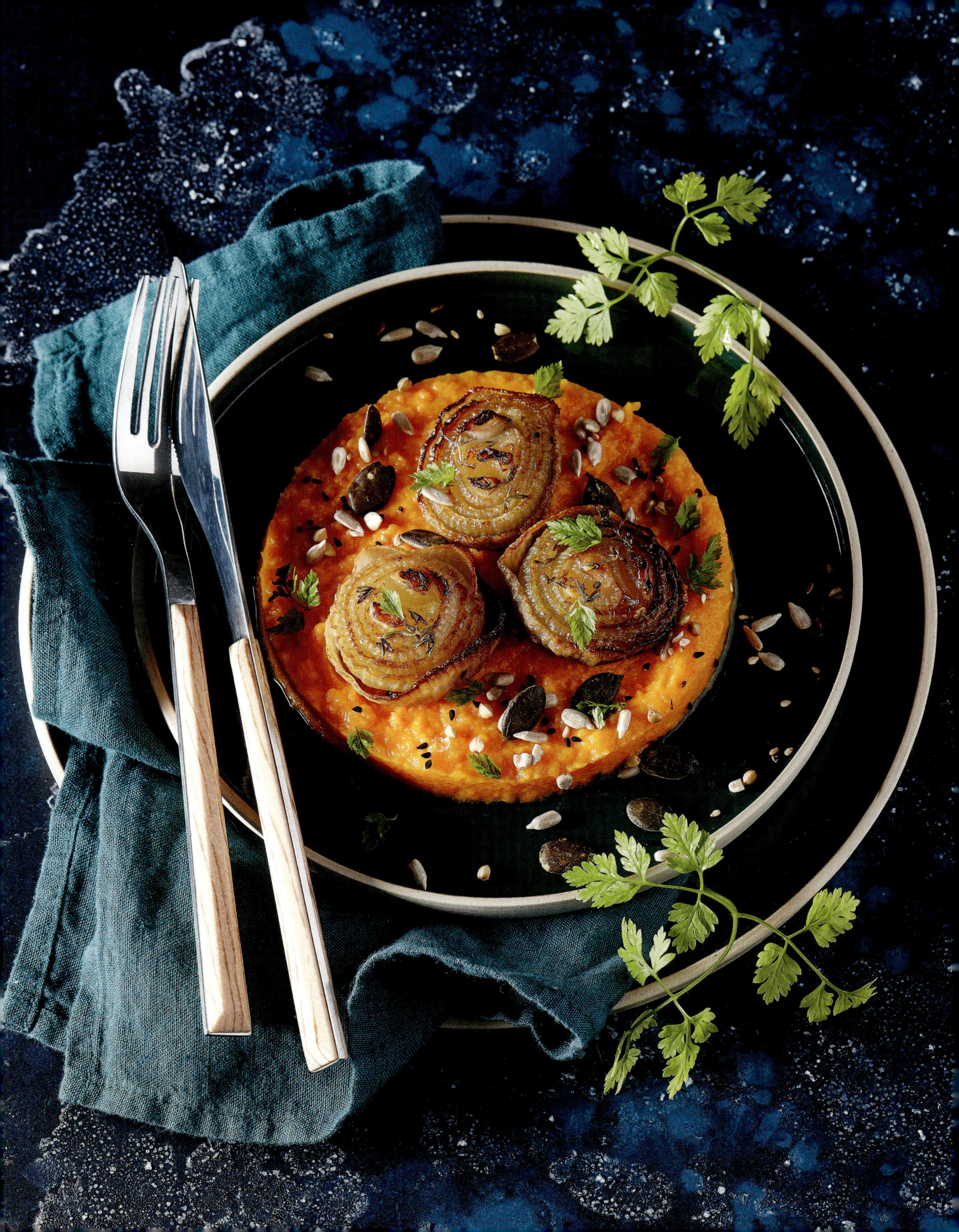

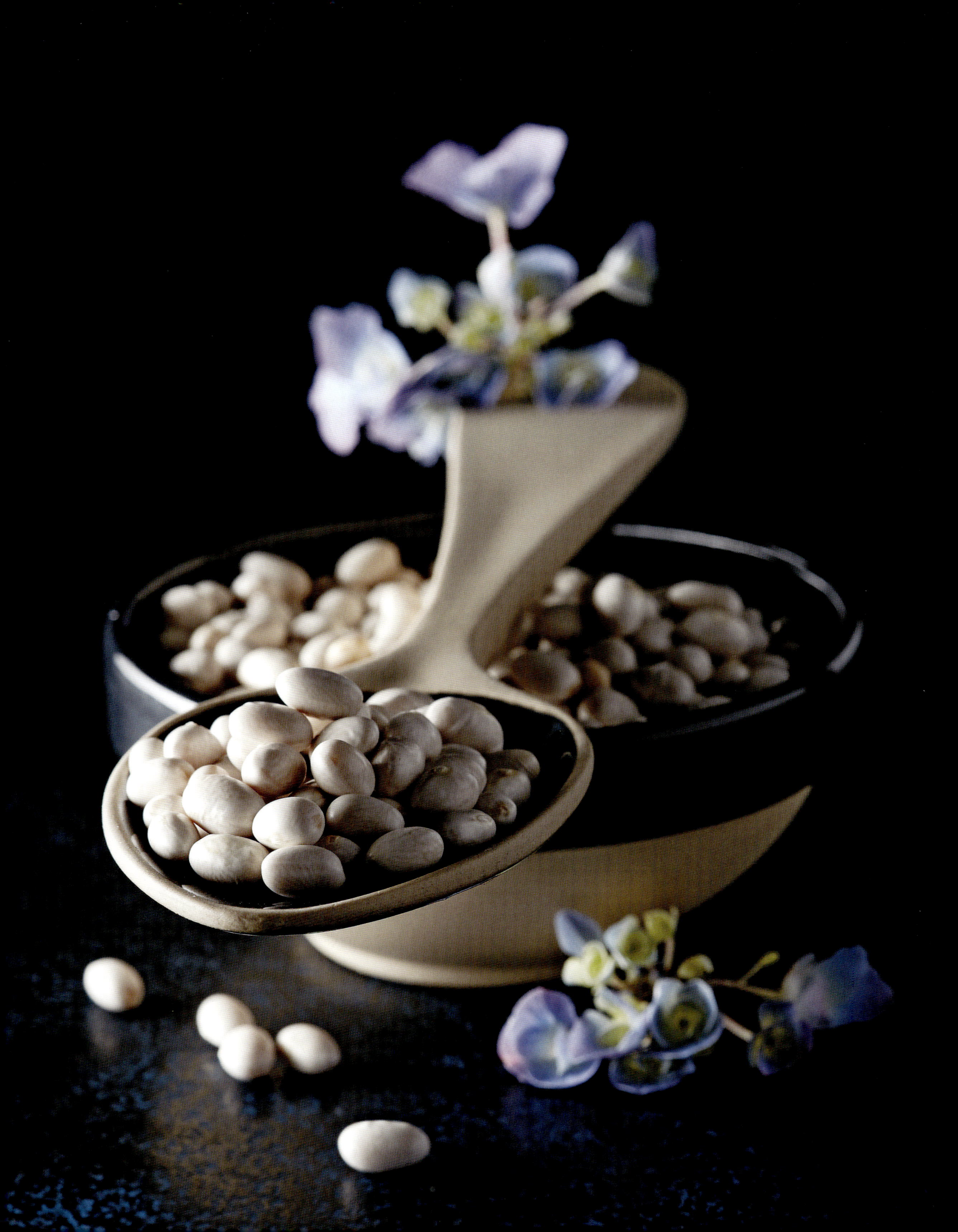

Le coco de Paimpol

HOUMOUS À LA CORIANDRE
CROSTINI TOMATE COCO
RIZ PAIMPOLAIS

———

Les Bretons sont voyageurs, mais aussi prévoyants. À l'instar d'Alban, un gars de la marine, qui rapporta en 1928 dans son barda quelques graines de haricots d'Argentine. Pour son jardin, pas seulement d'agrément, mais de culture vivrière, un complément alimentaire non négligeable à cette époque. Il s'avère productif et délicieux, en donne à ses voisins qui à leur tour en font de même. Voilà comment du Trégor au Goëlo, s'ancre le coco dans une économie d'autosuffisance. Avec l'intensification et la mécanisation de l'agriculture après la Seconde Guerre mondiale, commence sa commercialisation assortie d'une petite révolution : on le cueille avant maturité pour une consommation en frais. Il sort de sa condition de légumes secs, l'aliment de secours en cas de pénurie, pour se démarquer de la concurrence des autres régions productrices. Hélas, quelques années plus tard, le changement des habitudes alimentaires détourne les consommateurs, vers d'autres légumes tellement plus tendance comme le brocoli. Sa culture redevient confidentielle, jusqu'à l'arrivée à Paimpol en 1986 d'un ingénieur agronome, Laurent Primot, qui se prend d'amour pour lui. Il en comprend aussitôt le potentiel, met toute son énergie et ses compétences pour le sortir d'une image vieillotte et le rendre de nouveau désirable. Coco… rico ! pourrait-on proclamer tant il a réussi, à la ville comme au champ. Il améliore la qualité de la variété culturale, regroupe les producteurs et demande, ni plus ni moins, son AOP. Une première pour un légume ! Son audace est récompensée en 1998. Dans la foulée, il crée la Confrérie du Coco de Paimpol. Une habile communication, grâce à l'intronisation de personnalités, le fait connaître et apprécier au-delà de son territoire.

Ses grains à la peau fine et nacrée, enchâssés dans une cosse jaune paille, ont une texture et un goût délicieux. Et comme la saison est courte, il en devient précieux. Qui dit précieux, dit considération. Sa récolte, qui s'échelonne de juillet à octobre, est manuelle. Les pieds sont arrachés aux trois quarts de sa maturité en demi-sec, la veille pour le lendemain afin de lui éviter l'humidité de la rosée. Puis commence le délicat travail des plumeurs. D'un coup sec, comme on le ferait pour plumer une volaille, les cosses sont détachées de la tige, puis sélectionnées. Ne peuvent être commercialisées les immatures, les vertes, les plates, celles renfermant moins de trois grains, les meurtries, les salies… Un vrai casting pour les neuf mille tonnes produites et dont la majeure partie part directement dans le Sud-Ouest mijoter dans le fameux cassoulet. Alors si vous passez en été dans les Côtes-d'Armor, ne le manquez pas sur les étals des marchés. Ce petit grain breton presque séculaire a tout pour plaire !

Houmous à la coriandre

Pour 8 personnes
Temps de préparation : 25 min
Temps de cuisson : 30 min
Réfrigération : 1 h

Ingrédients
200 g de cocos de Paimpol frais écossés
5 brins de thym
2 feuilles de laurier
2 gousses d'ail
1 citron jaune bio
5 filets d'anchois
5 cuillerées à soupe d'huile d'olive
3 cuillerées à soupe de crème fraîche
Sel, poivre

Sauce
1 échalote
30 g de fenouil
20 olives noires dénoyautées
10 brins de coriandre
4 cuillerées à soupe d'huile d'olive
Sel, poivre, baies roses.

Verser les cocos de Paimpol dans une casserole. Les couvrir généreusement d'eau. Ajouter le thym et le laurier.

Porter à ébullition. Cuire 30 min à petits frémissements et à couvert.

Hors du feu, saler. Laisser refroidir dans leur eau de cuisson. Égoutter.

Éplucher les gousses d'ail.

Prélever le zeste du citron. Presser son jus. Mixer les cocos avec les gousses d'ail, le jus de citron, les filets d'anchois, l'huile d'olive et la crème fraîche. Poivrer.
Vérifier l'assaisonnement.
Saler éventuellement.
Réserver 1 h au frais.

Préparer la sauce
Éplucher, ciseler l'échalote.
Détailler le fenouil en brunoise.
Hacher les olives.
Ciseler la coriandre.
Dans un bol, verser tous les ingrédients.
Ajouter l'huile d'olive restante, le zeste de citron. Saler, poivrer.

Au moment de servir, verser la sauce sur le houmous. Parsemer de baies roses.

Savourer à l'apéritif avec des feuilles d'endive et du pain toasté.

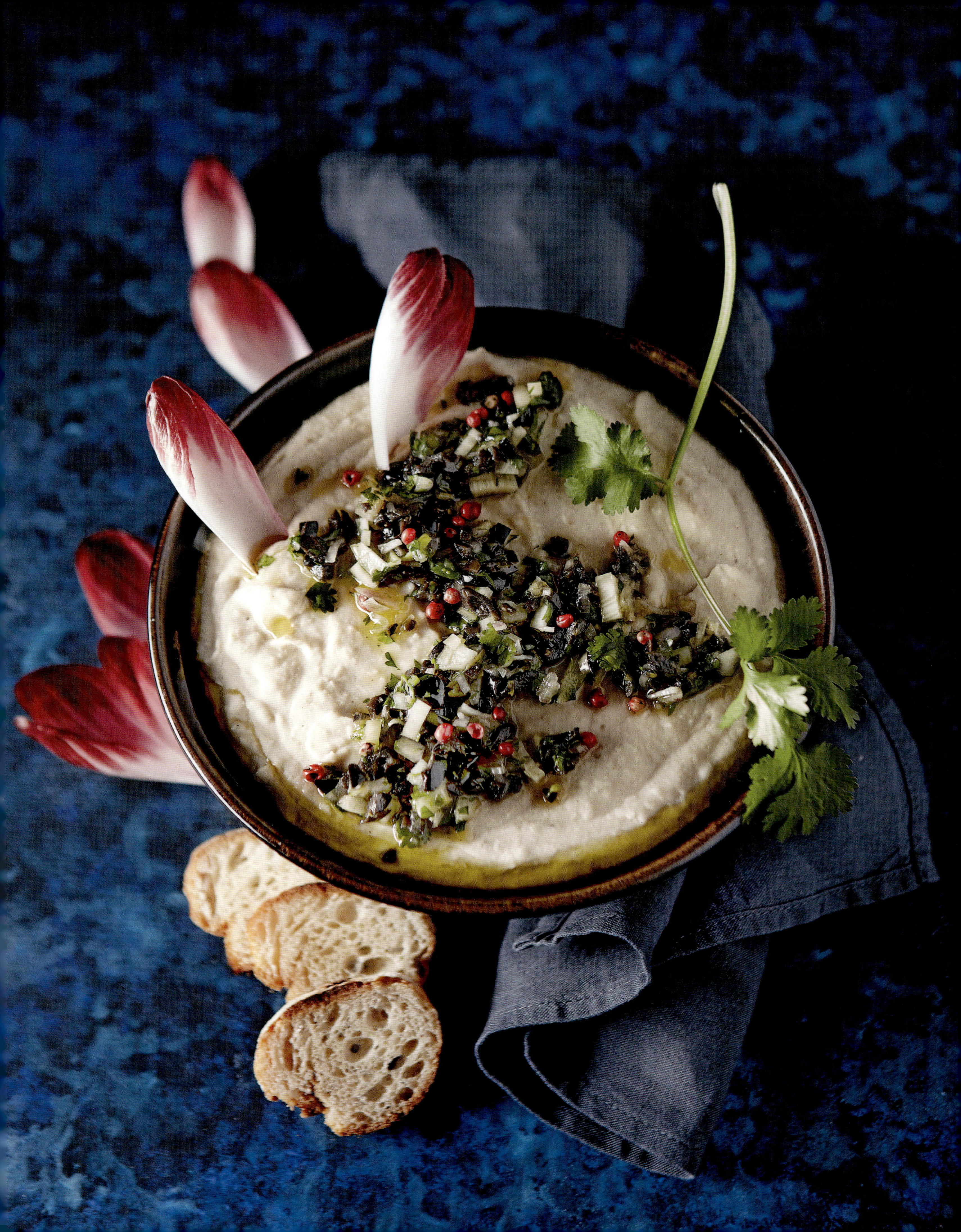

Crostini
tomate coco

Pour 4 personnes
Temps de préparation : 20 min
Temps de cuisson : 40 min

Ingrédients
100 g de cocos de Paimpol frais écossés
3 brins de thym
2 feuilles de laurier
20 tomates cerises
4 crottins de chèvre
4 belles tranches de pain
Quelques pousses de betterave
6 feuilles de basilic
1 gousse d'ail
3 cuillerées à soupe d'huile d'olive
Sel, poivre

Verser les cocos dans une casserole.
Couvrir généreusement d'eau froide.
Ajouter le laurier, le thym.
Porter doucement à ébullition.
Cuire 30 min à feu doux.

Hors du feu, saler. Laisser refroidir dans son eau. Égoutter.

Laver, couper les tomates cerises en deux.
Éplucher, hacher la gousse d'ail.
Ciseler le basilic.
Laver, sécher les pousses de betterave.

Couper les crottins transversalement en deux.
Chauffer votre four en position gril.
Toaster les tranches de pain d'un côté.
Les retourner.

Poser sur chacune d'elles les deux moitiés de crottin. Poursuivre la cuisson en chaleur tournante à 160 °C (th. 5-6) pendant environ 5 min.
Les crottins doivent être légèrement fondus.

Dans une poêle, chauffer l'huile d'olive avec la gousse d'ail. Verser les cocos. Cuire à feu moyen pendant 3 min.
Ajouter les tomates cerises. Poursuivre la cuisson 2 min.
Saler, poivrer.
Parsemer de basilic ciselé.

Poser un crostini dans chaque assiette.
Répartir dessus la poêlée de cocos, les pousses de betterave.

Savourer aussitôt.

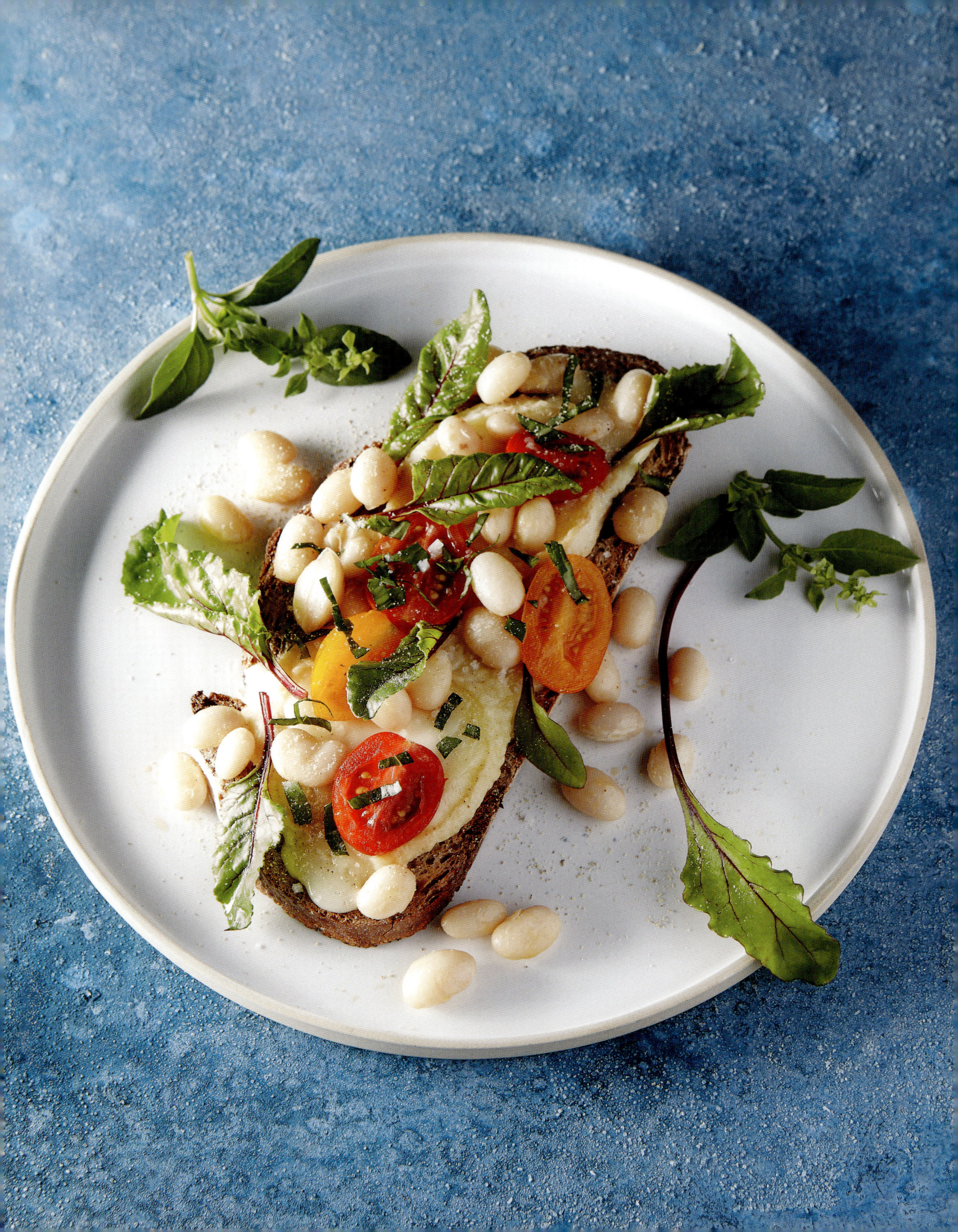

Riz paimpolais

Pour 4 personnes
Temps de préparation : 20 min
Temps de cuisson : 1 h 10

Ingrédients
150 g de cocos de Paimpol frais écossés
2 feuilles de laurier
1 brin de romarin
1 brin de thym
180 g de riz noir
6 tomates cerises
8 tranches de filet mignon fumé
50 g de cresson
Sel, poivre

Sauce
1 œuf
1 cuillerée à soupe de moutarde
1 gousse d'ail hachée
1 cuillerée à café de fenugrec en poudre
2 anchois hachés
12 cl d'huile d'olive
Sel, poivre

Verser les cocos dans une casserole.
Couvrir généreusement d'eau froide.
Ajouter le laurier, le thym et le romarin.
Porter doucement à ébullition.
Cuire 30 min à feu doux.
Hors du feu, saler. Laisser refroidir dans son eau. Égoutter.
Réserver au frais.

Cuire le riz dans une casserole d'eau bouillante salée pendant 40 min.
Égoutter. Rincer à l'eau froide. Sécher. Réserver au frais.

Laver, couper les tomates cerises en deux.
Laver, sécher le cresson.
Couper en petits cubes le filet mignon.

Préparer la sauce
Verser dans le verre doseur d'un mixeur plongeant et dans cet ordre : l'œuf, la moutarde, l'ail, le fenugrec, les anchois et l'huile d'olive. Positionner le mixeur dans le fond du verre. Mixer en le maintenant au fond jusqu'à complète émulsion.
Poivrer. Vérifier l'assaisonnement avant de saler éventuellement.

Dresser harmonieusement dans chaque assiette tous les ingrédients du riz paimpolais. Arroser de sauce.

Savourer aussitôt.

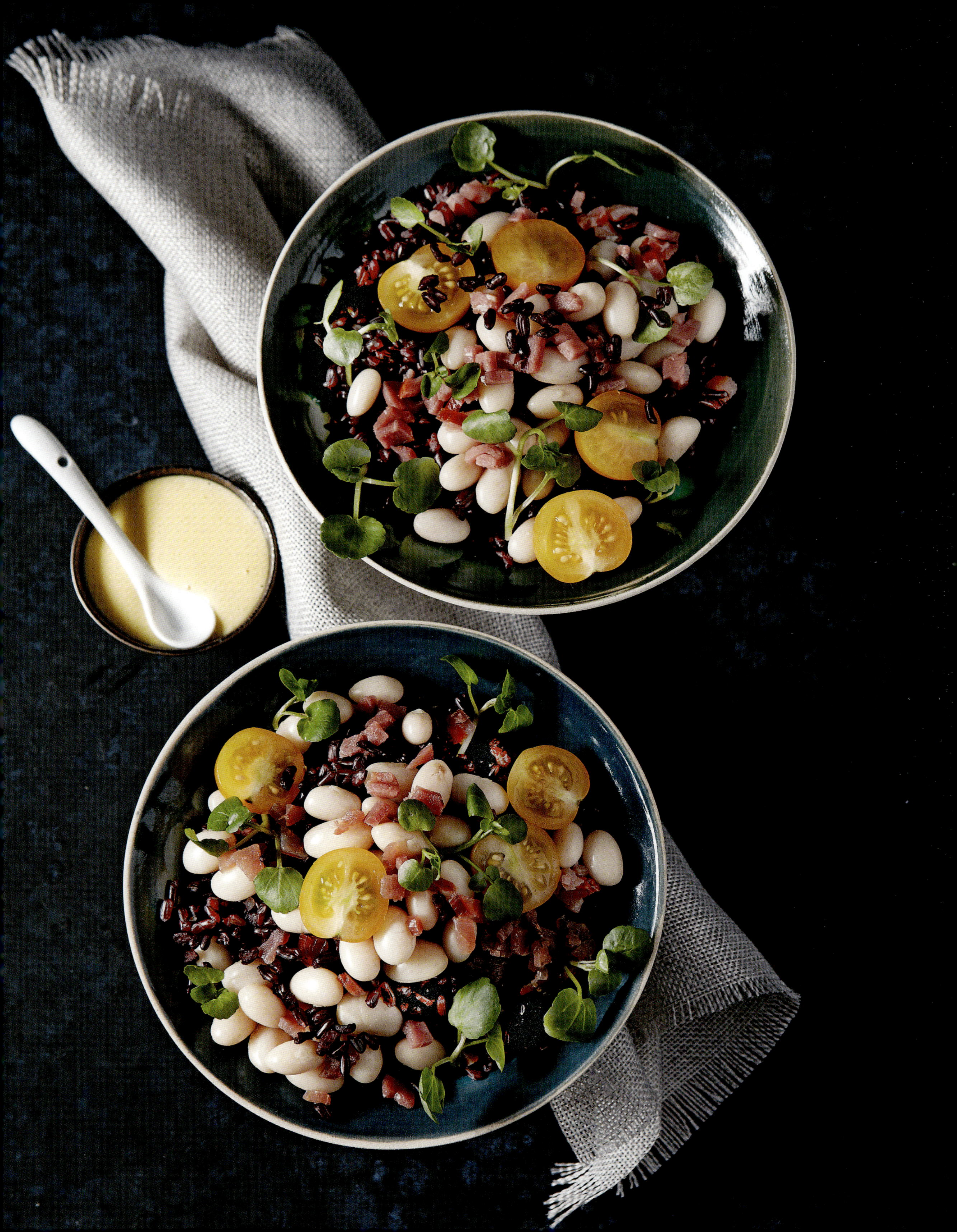

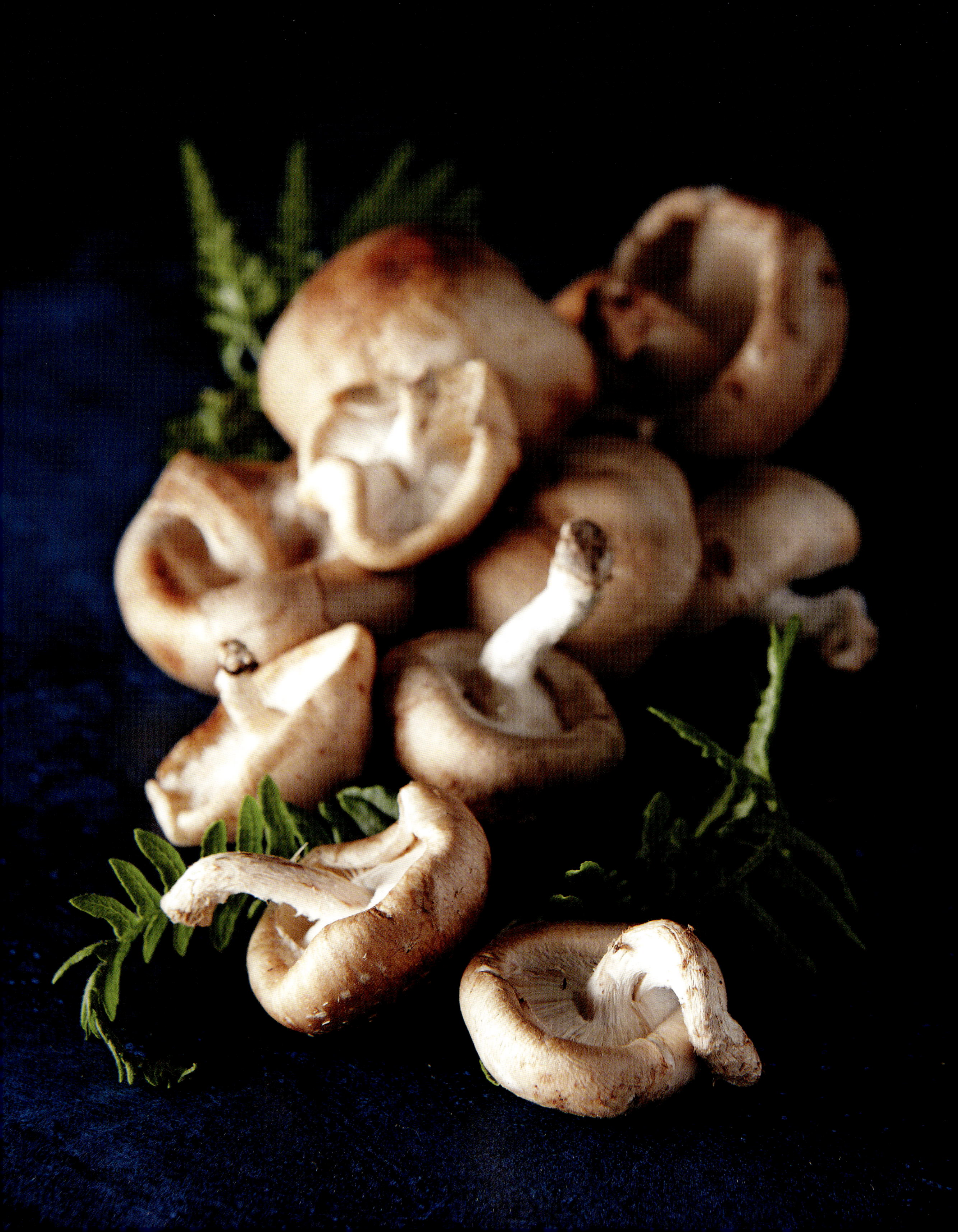

Le lentin de Saint-Pol

POÊLÉE DE LENTINS ET SABLÉS AU SARRASIN
CROQUE-*AOTROU*
GIGOUDÈNE AUX LENTINS

Il y a en forêt de Brocéliande, non loin de la tombe de Merlin l'enchanteur, un arbre séculaire remarquable. De son tronc flirtant avec le ciel, serpentent de longues branches qui lui donnent une allure majestueuse. Il porte le nom de Chêne des Hindrés signifiant *lieu humide*. Alors, me direz-vous, toutes les conditions sont réunies pour remplir son panier de lentins de chêne ? Des coulemelles ou des lactaires délicieux, peut-être, mais pas de shiitakés, son autre désignation qui rappelle son origine asiatique. C'est à Saint-Pol, dans le Léon qu'il faut chercher. Bien loin des clichés d'une terre celtique aux traditions immuables, mais chez des Bretons acteurs d'un terroir d'avenir.

En 1987, des producteurs cherchent une autre culture pour combler la période creuse de l'endive en été. Pourquoi pas ce champignon dont on vante les vertus nutritionnelles ? Passionnés, ils parviennent à la mise en œuvre de cette culture spécifique et délicate. Trouver l'espace climatisé, à l'abri de la lumière sans être totalement obscur. Une hygrométrie à surveiller comme le lait sur le feu et un variateur de température pour stresser le champignon. Un stress qui n'a rien de néfaste, bien au contraire, puisqu'il favorise sa fructification. Il faut ensuite élaborer le substrat sur lequel il va se développer. Un mélange de paille de blé et de sciure de chêne ensemencé de mycélium. Il faut attendre environ trois semaines pour commencer la récolte. Sa maturité n'est pas une question de taille. Dès que le chapeau recouvre bien le pied, il est prêt à cueillir. Voilà pourquoi dans les cagettes, où il est conditionné sur les étals, des petits côtoient des plus gros.

Si l'étape ultime est de finir en bonne compagnie dans votre assiette, le substrat lui, connaît une seconde vie. Dispersé dans les champs, il se révèle comme engrais, piège à nitrate, et éboueur de ravageurs grâce à la présence d'un autre champignon, le trichoderma, qui attendait d'être dans la lumière pour se développer. Quant aux pieds laissés lors de son conditionnement, l'industrie cosmétique les valorise pour leur richesse en polyphénols. Un circuit vertueux qui place la région en phase avec les problématiques environnementales. La filière est aujourd'hui organisée. C'est une réussite qui récompense la volonté d'innovation. Avec cent soixante tonnes produites chaque année et majoritairement exportées, le lentin n'est plus de chêne, et devient celui de Saint-Pol, pour affirmer son nouveau territoire.

Mais depuis trois ans, la raréfaction de la sciure de chêne oblige les cultivateurs à se tourner vers un autre matériau de substitution : la fibre de coco, abondante et moins coûteuse.
Alors, ne vous étonnez pas, si lors d'une cueillette en forêt de Brocéliande vous apercevez un cocotier. Il est là pour ombrager la sieste de la fée Viviane…

Poêlée de lentins
et sablés au sarrasin

Pour 4 personnes
Temps de préparation : 25 min
Temps de cuisson : 20 min

Ingrédients
400 g de lentins de Saint-Pol
1 gousse d'ail
2 cuillerées à soupe d'huile d'olive
10 g de beurre
Fleur de sel, poivre, paprika

Sablés
150 g de beurre demi-sel mou
100 g de farine de sarrasin
80 de farine de blé
1 cuillerée à café de bicarbonate de soude
1 jaune d'œuf
4 fromages de chèvre des Monts d'Arrée

Préparer les sablés
Tamiser les farines et le bicarbonate de soude.
Mélanger le beurre et les farines du bout des doigts pour sabler la pâte.
Ajouter le jaune d'œuf.
Mélanger rapidement.
Former un boudin de pâte de 10 cm de diamètre.
L'envelopper dans un film alimentaire.
Réserver au frais pendant 1 h.
Découper 8 palets dans le boudin.
Les poser sur un tapis de cuisson.
Faire cuire 10 min dans un four préchauffé à 200 °C (th. 6-7).

Couper transversalement les fromages de chèvre en deux. Les poser sur les sablés.
Passer sous le gril pendant 3 min environ.

Préparer les lentins
Couper les extrémités des queues des lentins.
Émincer les plus gros.

Dans une poêle, faire chauffer l'huile d'olive, le beurre avec la gousse d'ail hachée.
Ajouter les lentins. Rissoler à feu moyen pendant 6 min environ en remuant régulièrement.
Saler, poivrer.

Répartir 2 sablés au sarrasin et les lentins dans chaque assiette. Donner un tour de poivre du moulin. Saupoudrer de paprika.

Savourer avec la salade de votre choix : mâche, mesclun ou ficoïde glaciale.

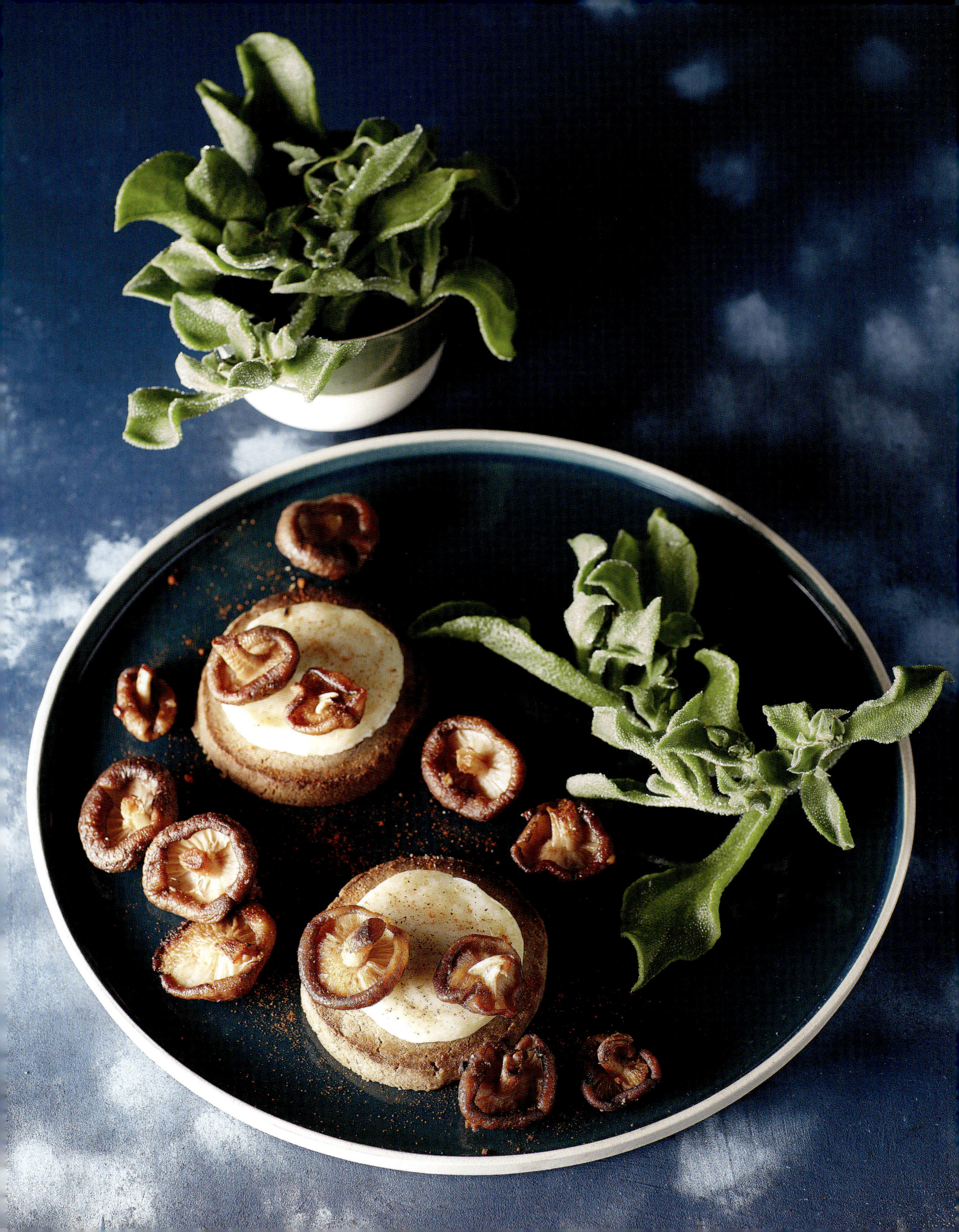

Croque-*aotrou**

Pour 4 personnes
Temps de préparation : 20 min
Temps de cuisson : 15 min

Ingrédients
300 g de lentins de Saint-Pol
100 g de fenouil
50 g de roquette
150 g de lardons
160 g de fromage Port-Salut®
8 tranches de pain de mie
2 cuillerées à soupe d'huile
20 g de beurre
Sel, poivre

Couper l'extrémité de la queue des lentins.
Les émincer finement.
Émincer le fenouil.
Laver, ciseler la roquette.
Couper le fromage en 16 tranches fines.

Dans une poêle, faire chauffer l'huile d'olive. Verser les lardons, les lentins et le fenouil. Rissoler pendant 5 min en remuant régulièrement. Saler très légèrement. Poivrer. Ajouter la roquette. Poursuivre la cuisson 1 min en mélangeant bien.

Déposer sur 1 tranche de pain de mie, 2 tranches de fromage, ¼ de la poêlée de lentins, 2 tranches de fromage puis recouvrir d'une tranche de pain de mie.
Recommencer pour la réalisation des autres croque-*aotrou*.

Dans une poêle, faire fondre le beurre. Déposer les croque-*aotrou*.
Cuire à feu doux pendant environ 4 min de chaque côté jusqu'à ce qu'ils soient dorés et le fromage fondu.

Savourer aussitôt avec une salade de roquette et de tomates green zebra.

Aotrou : monsieur en breton.

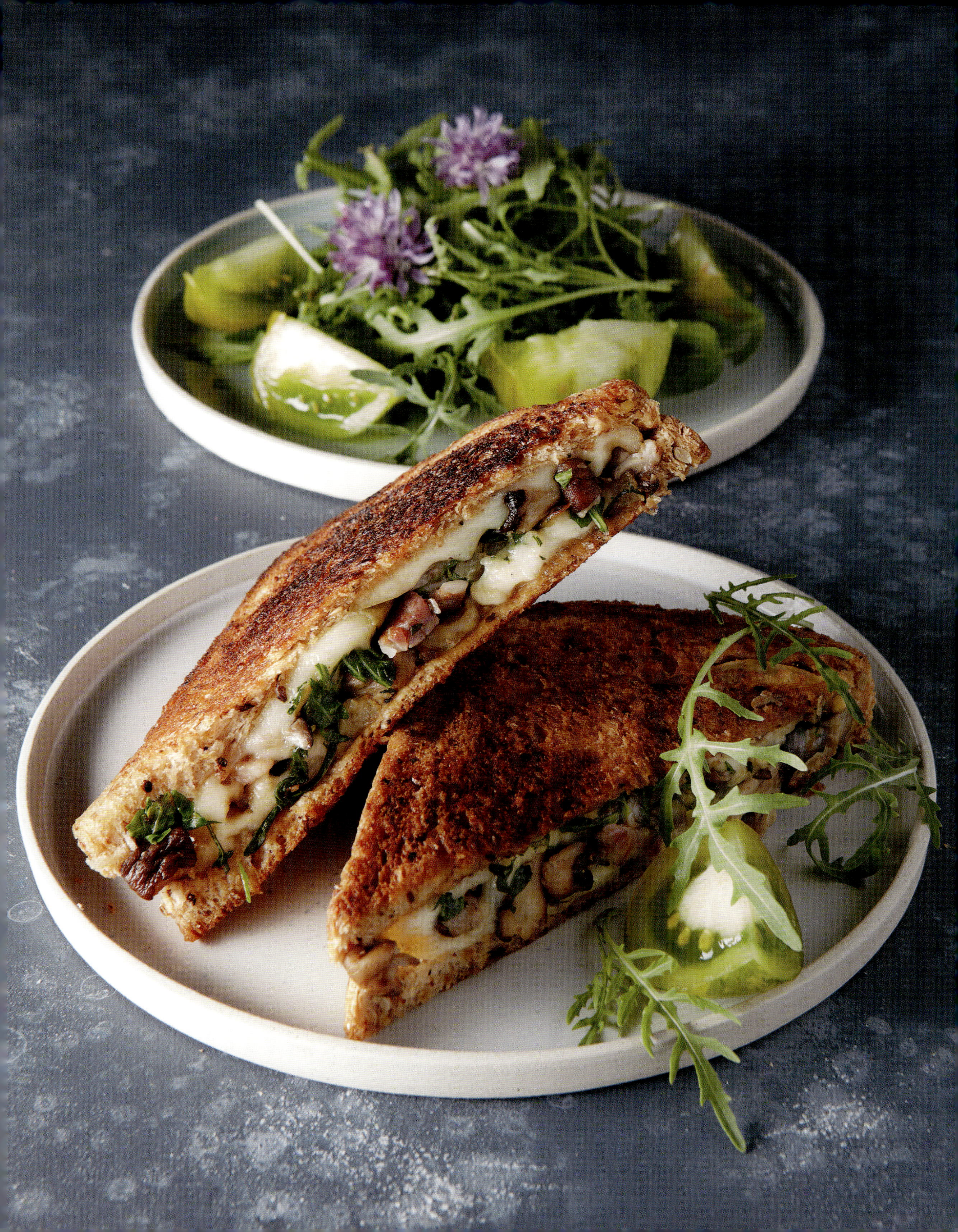

Gigoudène aux lentins

Pour 4 personnes
Temps de préparation : 20 min
Temps de cuisson : 20 min

Ingrédients
400 g de lentins de Saint-Pol
8 oignons nouveaux
160 g de tomates cerises
1 gousse d'ail
2 cuillerées à soupe d'huile d'olive
4 brins de persil
Sel, fleur de sel, poivre et graines de sésame

Gigoudène
400 g de bouillie d'avoine
20 g de beurre demi-sel
Poivre

Préparer la gigoudène
Couper la bouillie d'avoine en 8 tranches. Faire fondre le beurre dans une poêle. Déposer les tranches. Cuire à feu doux pendant environ 7 min de chaque côté. Réserver au chaud.

Couper l'extrémité de la queue des lentins. Émincer les plus gros. Couper les deux extrémités des oignons nouveaux. Les laver puis les sécher. Laver, couper les tomates cerises en deux. Laver, ciseler le persil.
Faire chauffer l'huile d'olive dans une poêle avec la gousse d'ail hachée. Verser les lentins et les oignons. Cuire à feu vif pendant 5 min en remuant régulièrement. Saler. Ajouter les tomates cerises. Cuire 1 min.

Dresser dans chaque assiette, deux tranches de gigoudène. Répartir les légumes. Parsemer du persil ciselé. Poivrer. Saupoudrer de fleur de sel et de graines de sésame.

Savourer aussitôt.

▶ *On trouve la bouillie d'avoine prête à l'emploi dans les supermarchés bretons. Pour la réaliser, il faut mélanger 250 g de farine d'avoine avec 1 l de lait. Saler légèrement. Cuire à feu doux en remuant constamment pendant 30 minutes. Mouler dans un plat et attendre le refroidissement pour la couper en tranches. La cuisson au beurre s'appelle traditionnellement la gigoudène. Elle développe des arômes surprenants de café.*

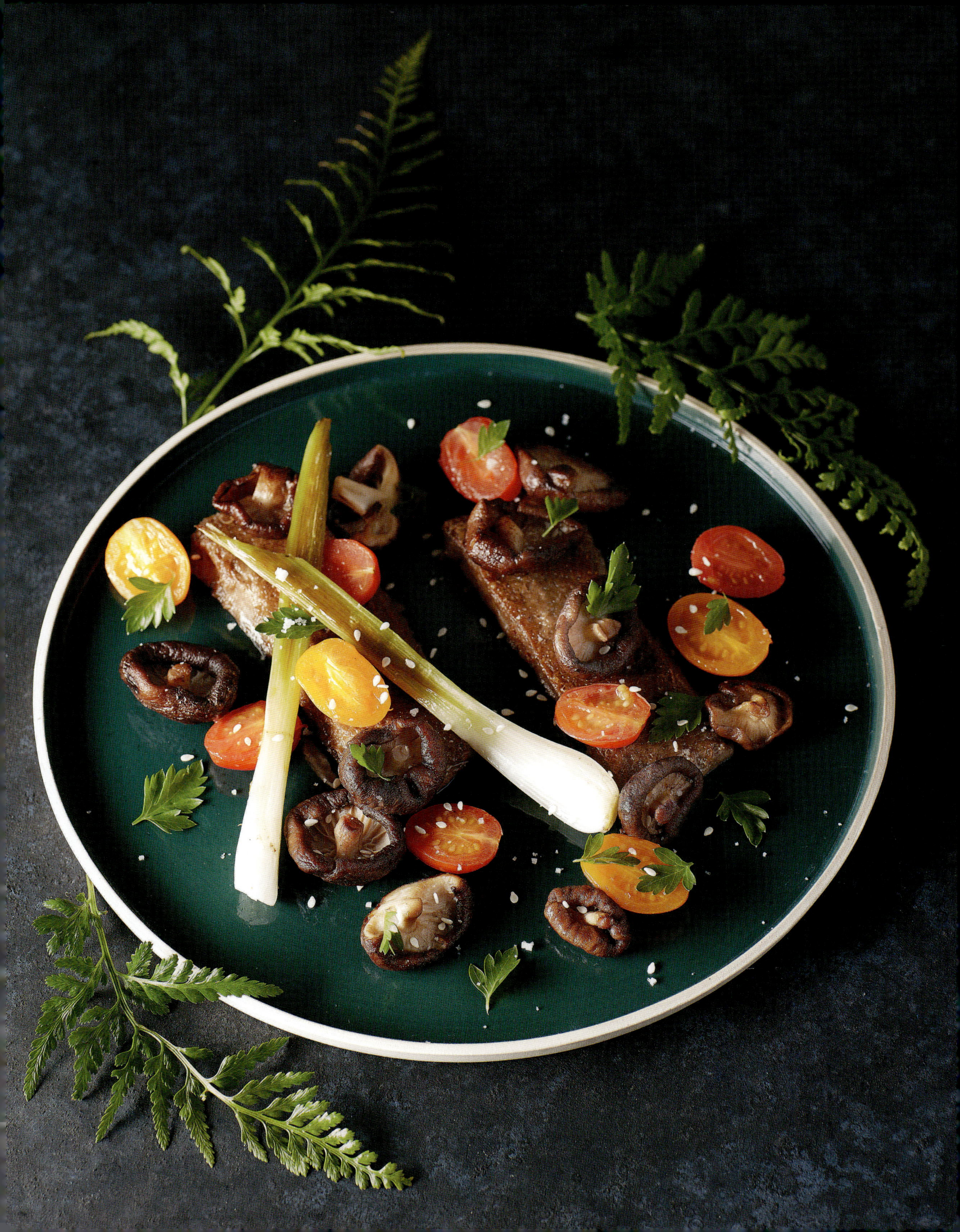

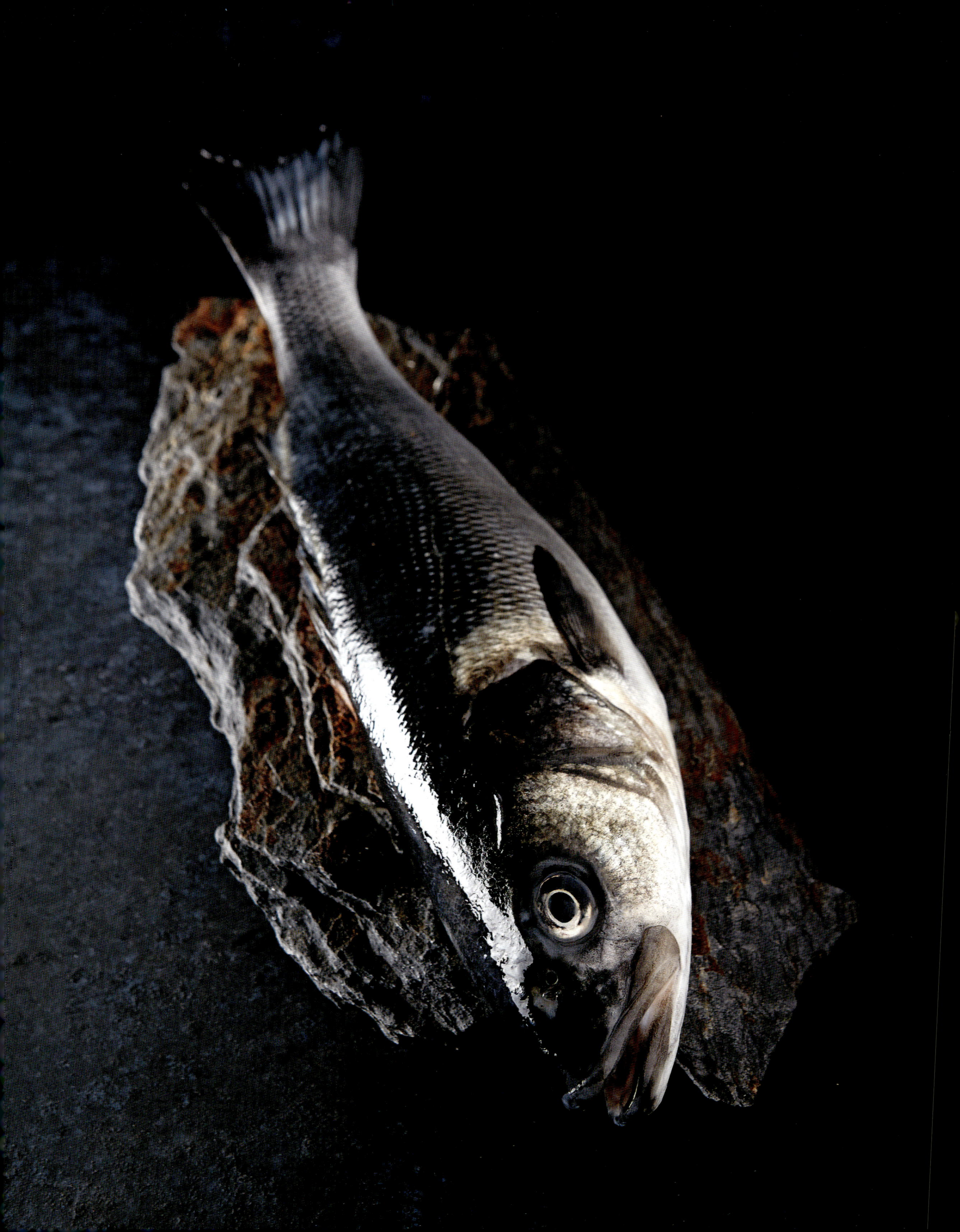

Le bar de ligne

**BAR AU FENOUIL SAUVAGE
FILET DE BAR, JUS À LA BIÈRE DE SARRASIN
BAR À L'ÉMULSION DE SAUGE**

Sous un ciel fermé par l'épaisseur des nuages, le bateau chaloupe sur une mer qui n'a rien de tranquille. Elle écume sur les rochers affleurant. En Raz de Sein, le danger n'est pas une vue de l'esprit. Il se voit autant qu'il s'entend dans le fracas des vagues et l'insistance du vent. Mais pour chasser le bar, parce qu'on ne le pêche pas quand on est ligneur, il faut le côtoyer de près. Il faut aimer le métier pour ne pas avoir peur d'y laisser une jambe ou sa vie. Car le bar est joueur dans les eaux tumultueuses des côtes bretonnes. Il faut d'abord comprendre les signes, le sens du vent, la peau de l'eau, le vol des goélands ou des fous de Bassan. Il faut aussi choisir le bon leurre. On n'attrape pas ce poisson noble en comptant sur la providence au bout de l'hameçon. D'une main, l'homme manœuvre le bateau, de l'autre sa ligne. C'est un acrobate, un jongleur, un équilibriste sous le grand chapiteau de l'Atlantique. Et il faut faire vite. Seulement pendant les deux heures centrales de la marée descendante ou montante lorsque le courant est au plus fort. Et lorsqu'il se fait prendre, le pêcheur lui accorde aussitôt sur le pont, le coup fatal pour une mort rapide. Ainsi sa chair sera exceptionnelle. Rien à voir avec ceux pris en masse au filet, dont la mort lente par asphyxie ou par blessure altère sa qualité. Rien à voir non plus avec celui d'élevage qui ne développe pas la stratégie du prédateur pour se nourrir de petits poissons, de coquillages ou de crustacés. Puis le pêcheur signe sa prise avec une étiquette, l'assurance de la provenance pour le consommateur. Une pêche sportive de passionnés qui fait de ce poisson l'un des plus prisés.

Mais elle est menacée. La ressource ne cesse de diminuer. La faute à ceux qui, sans scrupule, ont pêché sur les lieux de frai.

La Commission européenne a tranché en 2018 avec interdictions et quotas pour les professionnels selon les mois et les zones de pêche. Pour les amateurs, c'est désormais la pêche *no kill,* juste pour le plaisir de la traque.

Et la réalité sur les étals ? Un bar sur deux est issu de l'aquaculture. Une solution pour ne plus hypothéquer l'avenir et la survie d'un métier ? Le ligneur, artisan d'une chasse durable et raisonnée, espère encore à chacune de ses sorties, malgré le ciel menaçant et la mer agitée, capturer un bar qui veuille bien, après vingt années d'esquive, se laisser prendre…

Bar au fenouil sauvage

Pour 4 personnes
Temps de préparation : 15 min
Temps de cuisson : 1 h

Ingrédients
1 bar de 1,5 kg écaillé et évidé
4 tiges de fenouil sauvage
avec feuillage
Sel, poivre

Sauce
3 fenouils
5 tranches de chorizo
40 cl de crème fluide

Préparer la sauce
Couper les tiges et les plumets des fenouils.
Les réserver pour farcir le bar.
Retirer leur première enveloppe, puis les émincer.
Couper le chorizo en petites lanières.

Dans une casserole, verser le chorizo, le fenouil et 30 cl de crème fluide. Porter à ébullition. Couvrir et cuire à feu doux pendant 30 min en remuant de temps à autre.

Mixer avec les 10 cl de crème restants. Saler. Poivrer. Réserver au chaud.

Poser 2 tiges de fenouil sauvage sur une grande feuille de papier sulfurisé. Déposer ensuite le bar dessus. Le farcir des tiges et plumets des fenouils de la sauce. Saler, poivrer.
Recouvrir des deux tiges restantes.

Refermer le papier sulfurisé en repliant tous les bords. Les agrafer pour réaliser une papillote étanche. Cuire dans un four préchauffé à 210 °C (th. 7) pendant 30 min.

Ouvrir la papillote. Lever les filets.

Savourer aussitôt avec la sauce au chorizo, accompagné de pommes de terre vapeur.

▶ *Si vous ne pouvez pas cueillir du fenouil sauvage, remplacez-le par une poignée de graines de fenouil.*

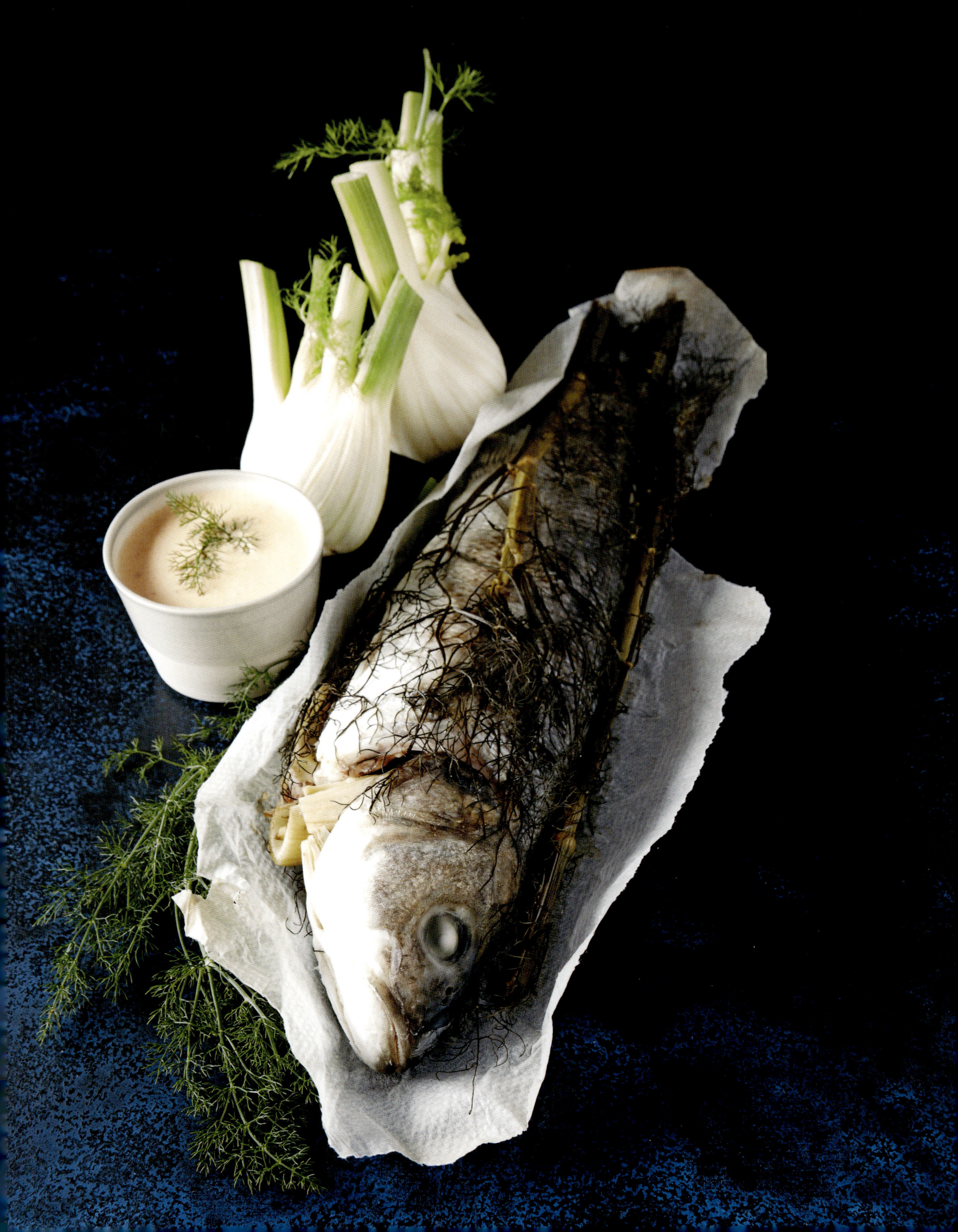

Filet de bar,
jus à la bière de sarrasin

Pour 4 personnes
Temps de préparation : 25 min
Temps de cuisson : 1 h

Ingrédients
4 filets de bar de 120 g
400 g de lentins de Saint-Pol
3 cuillerées à soupe d'huile d'olive
200 g de riz noir
Quelques pousses pour le décor
Sel, poivre

Jus
33 cl de bière au sarrasin
1 cuillerée à soupe de miel
de sarrasin
1 cuillerée à soupe de graines de
sarrasin grillé
1 échalote
30 g de beurre demi-sel
Poivre

Cuire le riz dans une casserole d'eau bouillante
salée pendant 40 min.
Égoutter. Réserver au chaud.

Couper les lentins en deux ou en quatre selon
leur grosseur. Chauffer l'huile d'olive dans
une poêle. Cuire à feu moyen pendant 8 min
environ en remuant régulièrement. Saler, poivrer.
Réserver au chaud.

Préparer le jus
Verser dans une casserole l'échalote ciselée,
les grains de sarrasin, le miel et la bière.
Porter à ébullition.
Faire réduire de moitié à feu moyen.
Filtrer. Reverser dans la casserole.
Monter au beurre. Poivrer.
Réserver au chaud.

Saler, poivrer les filets de bar. Les cuire
à la vapeur pendant environ 6 min.
Égoutter sur un papier absorbant.

Dresser un filet de bar dans chaque assiette.
Répartir le riz et les champignons.
Arroser généreusement de jus au sarrasin.

Savourer aussitôt.

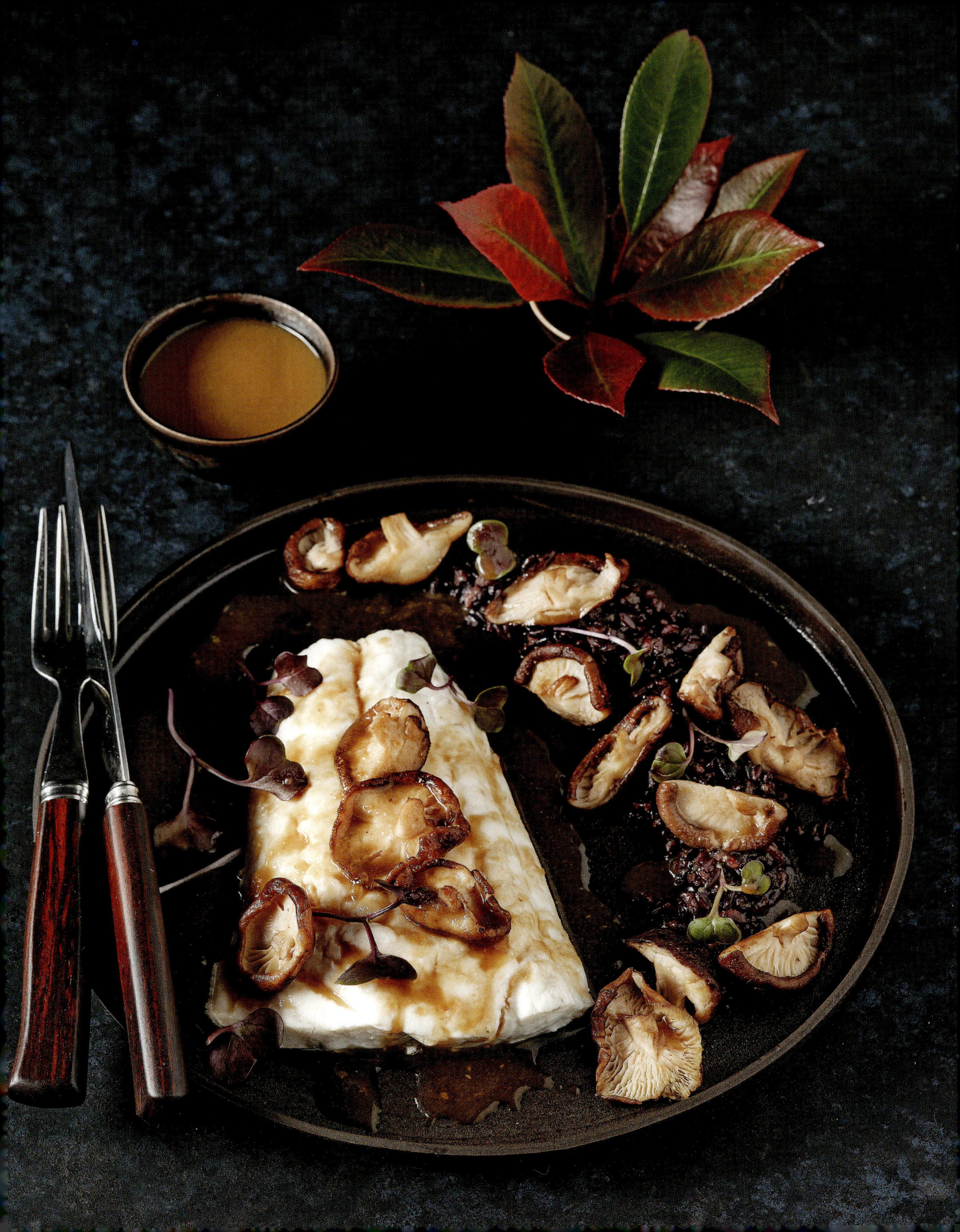

Bar à l'émulsion de sauge

Pour 4 personnes
Temps de préparation : 30 min
Infusion : 30 min
Trempage : 30 min
Temps de cuisson : 10 min

Ingrédients
4 pavés de bar de 120 g
10 feuilles de sauge
60 g de beurre demi-sel
1 cuillerée à soupe d'huile d'olive
Sel, poivre

Émulsion
12 feuilles de sauge
25 cl de crème fleurette
1 citron jaune bio
Sel, poivre

Garniture
200 g de salicornes
12 petites courgettes fleurs
2 cuillerées à soupe d'huile d'olive
Sel, poivre

Préparer l'émulsion
Porter à ébullition la crème fleurette. Hors du feu, ajouter 10 feuilles de sauge froissées. Laisser infuser à couvert pendant 30 min.
Filtrer. Ajouter les 2 feuilles de sauge restantes ciselées, le zeste et le jus de citron. Saler, poivrer.

Au moment de servir, chauffer la crème. L'émulsionner au mixeur plongeant.

Préparer la garniture
Mettre les salicornes à dessaler dans un grand bol d'eau froide pendant 30 min en changeant trois fois l'eau. Égoutter. Au moment de servir, les plonger 1 min dans une casserole d'eau bouillante non salée. Égoutter.
Réserver au chaud.

Laver, couper les courgettes fleurs en deux dans la longueur. Chauffer l'huile d'olive dans une poêle. Cuire les courgettes pendant 3 min à feu moyen. Saler, poivrer.
Réserver au chaud.

Faire chauffer le beurre et l'huile d'olive dans une poêle. Ajouter les feuilles de sauge. Poêler les pavés de bar côté peau à feu moyen pendant environ 4 min en les arrosant régulièrement. Saler, poivrer.

Dresser dans chaque assiette un pavé de bar. Répartir les salicornes et les courgettes. Arroser généreusement d'émulsion à la sauge.

Savourer aussitôt.

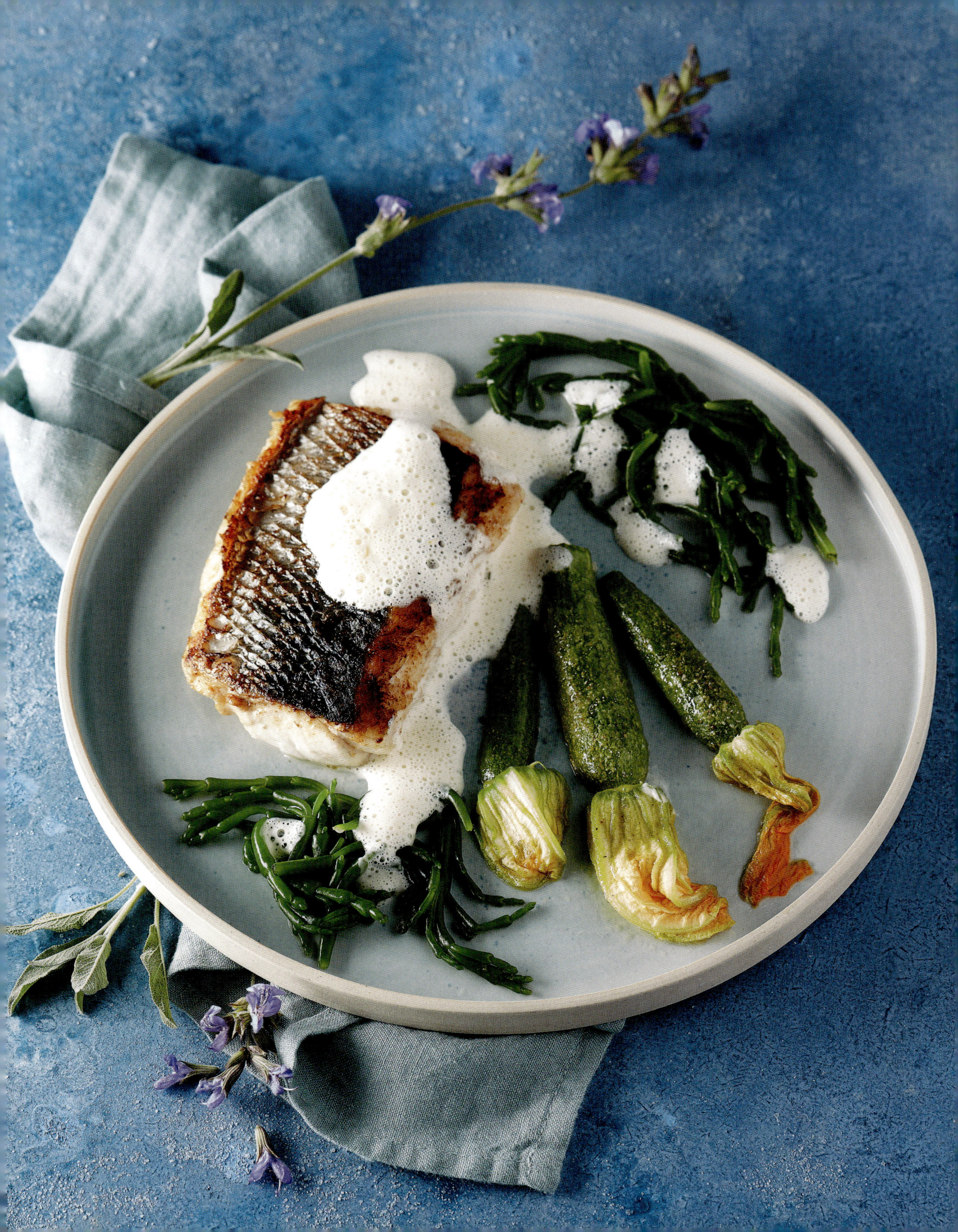

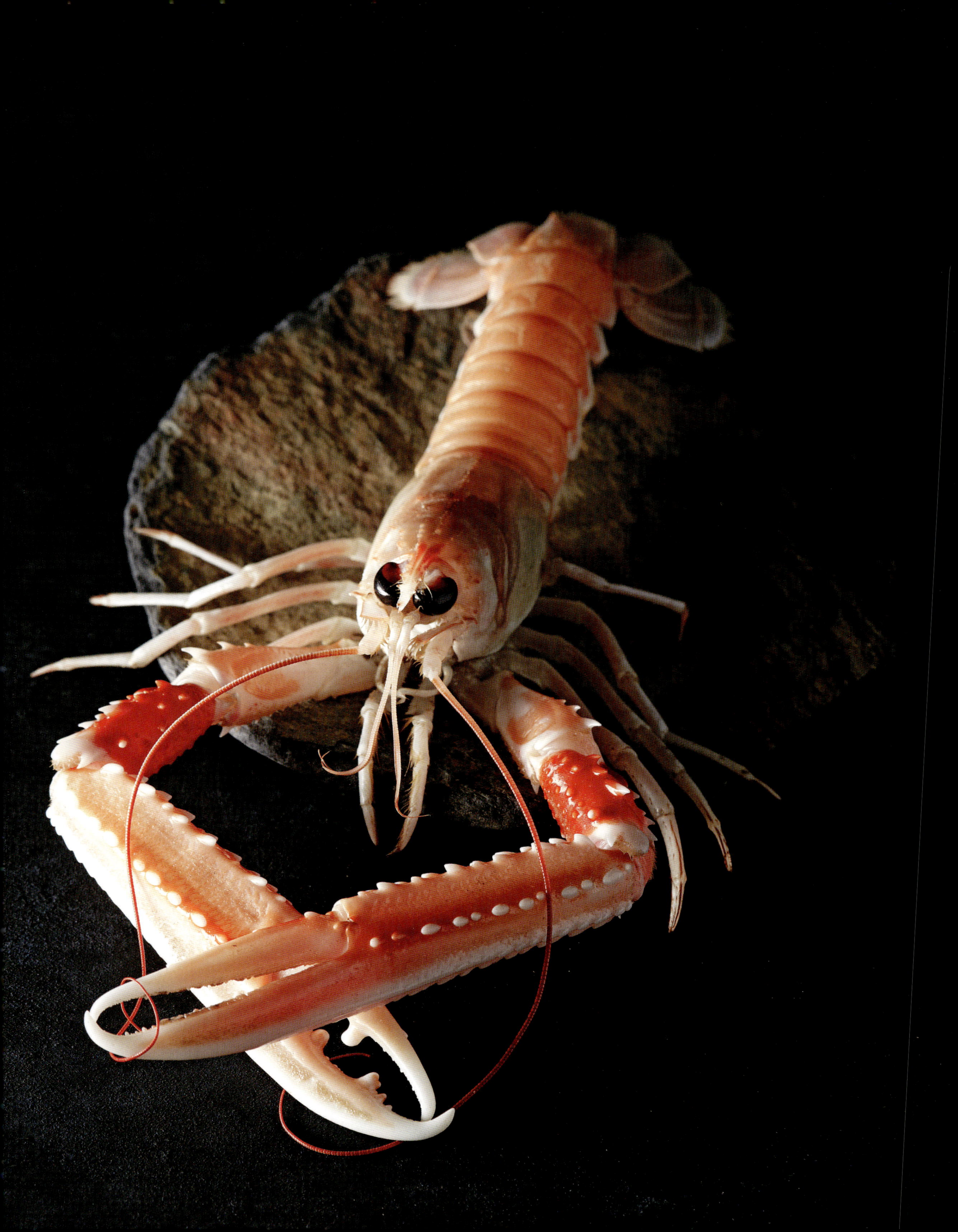

La langoustine

LANGOUSTINES EN CARPACCIO
GRATIN DE LANGOUSTINES AU CURRY
NAGE DE LANGOUSTINES, PARFUM DE CITRONNELLE

Une demoiselle. C'est ainsi que les pêcheurs appellent la langoustine. Est-ce par déférence à la noblesse de sa lignée, la famille des *nephropidae* où l'on croise le homard ? Mais surtout, ne lui faites pas l'offense de l'apparenter à la langouste. Elle n'est en rien une petite *palinuridae*. Parce qu'elle a une paire de pinces, dont une plus grosse, pour se défendre des prédateurs. La langouste, elle, doit compter sur sa carapace ornée de pics acérés pour les repousser. Et quatre paires de pattes qui lui donnent cette allure de sauterelle des mers lorsqu'elle se déplace. Voilà pourquoi son étymologie, du latin *locusta* signifiant sauterelle, justifie sa dénomination et non sa parenté.

Une demoiselle, qui par coquetterie ne donne pas son âge, mais qu'un œil averti peut estimer : deux ans pour un sujet de 7 cm, huit ans pour 18 cm. Et si vous avez la chance d'en voir une de 25 cm de longueur, sachez que cette vieille dame aura vingt-cinq ans, sans pour autant le laisser paraître avec son secret de beauté : des mues successives tout le long de sa vie.

Mais cette probabilité devient de plus en plus faible tant elle est prisée, et par conséquent, beaucoup pêchée en Atlantique, Manche et mer du Nord. Elle a fait la réputation de certains ports de pêche : Lesconil, Loctudy, Guilvinec dans le Finistère Sud et Lorient dans le Morbihan. Tous les acteurs de ce dernier ont compris que la pêche durable ne se limite pas au simple respect des quotas. Il faut aussi préserver les jeunes crustacés pour assurer l'avenir de la ressource, de la filière et le plaisir des gourmets. C'est dans le bassin d'essais de l'Ifremer (Institut français de recherche pour l'exploitation de la mer) qu'un filet sélectif a été mis au point pour ne remonter que les langoustines dont la taille est supérieure à 9 cm, dépassant les directives européennes, plus souples en autorisant la capture des sujets de 7,5 cm. Et si des langoustines hors taille venaient à être prises, les bateaux se sont équipés de goulotte, un toboggan sur la table de tri qui permet de les renvoyer aussitôt à la mer. Une méthode qui semble frappée au coin du bon sens, mais qui a nécessité d'obtenir une dérogation puisque l'Europe interdit le rejet à l'eau des prises. Une démarche exceptionnelle pour préserver ce produit de haute valeur et très sensible.

À peine pêchée, elle est calibrée puis plongée dans le vivier du bateau à 6 °C. Arrivée à la criée, elle est passée sous brumisateur et conditionnée avant d'être acheminée au plus vite sur les étals et chez les restaurateurs. Un traitement de faveur pour être impérativement livrée vivante. C'est ainsi que la délicatesse de sa chair est préservée. Encore faut-il que le cuisinier soit lui aussi dans l'extrême précision de sa cuisson. Une question de secondes dans un court-bouillon avant de se déguster bien fraîche dans le déploiement onctueux d'une mayonnaise.

Alors la langoustine, c'est plutôt une demoiselle d'honneur, vous ne trouvez pas ?

Langoustines en carpaccio

Pour 4 personnes
Temps de préparation : 30 min
Temps de cuisson : 3 min
Réfrigération : 10 min

Ingrédients
20 langoustines
1 pêche blanche bio
1 avocat
Quelques feuilles de roquette
1 cuillerée à soupe de graines de sarrasin grillé
10 brins de ciboulette
1 citron jaune bio
4 cuillerées à soupe d'huile de sésame
Fleur de sel, poivre

Décortiquer à cru les corps des langoustines.
Retirer le boyau.
Placer tous les corps sur une grande feuille de papier sulfurisé.
Recouvrir d'une autre feuille.
À l'aide d'un rouleau à pâtisserie, aplatir les langoustines.
Placer au congélateur pendant 10 min.

Retirer la première feuille de papier sulfurisé.
À l'aide d'un emporte-pièce, découper 4 cercles.
Les placer au centre des assiettes, côté langoustines.
Retirer la seconde feuille de papier. Réserver.

Laver, ciseler la ciboulette.
Torréfier 3 min les graines de sarrasin dans une poêle.
Prélever le zeste du citron.
Presser son jus.
Éplucher, détailler l'avocat en fines lamelles.
Laver, sécher, détailler la pêche en fines lamelles.
Badigeonner les lamelles d'avocat et de pêche de jus de citron.
Les placer harmonieusement dans les assiettes.
Ajouter les feuilles de roquette, les graines de sarrasin, la ciboulette.
Arroser d'huile de sésame.
Parsemer de zeste de citron.
Saupoudrer de fleur de sel. Poivrer.

Savourer aussitôt.

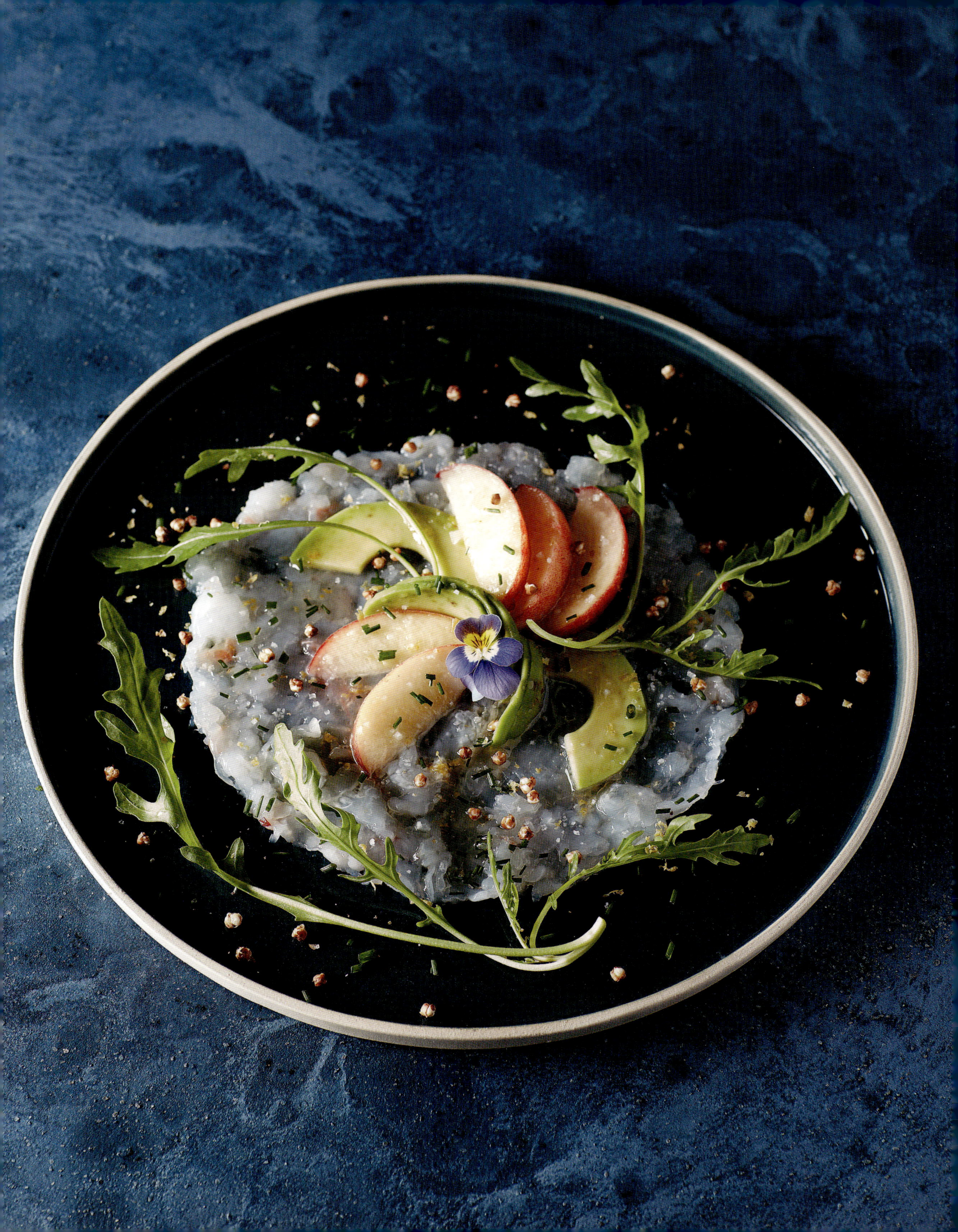

Gratin de langoustines au curry

Pour 4 personnes
Temps de préparation : 25 min
Temps de cuisson : 40 min

Ingrédients
16 langoustines
8 pommes de terre
4 fonds d'artichauts cuits
20 g de beurre demi-sel
2 échalotes
20 cl de vin blanc
20 cl de crème fraîche
2 jaunes d'œufs
1 cuillerée à café de curry
Sel, poivre

Préparer les langoustines
Porter à ébullition une grande casserole d'eau salée. Plonger les langoustines.
Dès la reprise de l'ébullition, égoutter.
Laisser refroidir.
Décortiquer les langoustines.
Conserver la queue sur les corps.
Retirer le boyau. Réserver.

Cuire les pommes de terre dans une casserole d'eau bouillante salée pendant environ 20 min. Vérifier la cuisson. Elles doivent être tendres.
Les éplucher et les couper en quatre.

Éplucher, ciseler les échalotes.
Faire fondre le beurre dans une casserole.
Ajouter les échalotes. Faire suer à feu doux pendant 3 min. Verser le vin blanc.
Poursuivre la cuisson pendant 5 min.
Hors de feu, ajouter la crème fraîche et les jaunes d'œufs. Mélanger.
Saler, poivrer. Ajouter le curry.

Dans un plat à gratin légèrement beurré, placer les pommes de terre, les fonds d'artichauts et les langoustines. Verser la sauce au curry.

Cuire dans un four préchauffé à 160 °C (th. 5-6) pendant 10 min.

Savourer aussitôt.

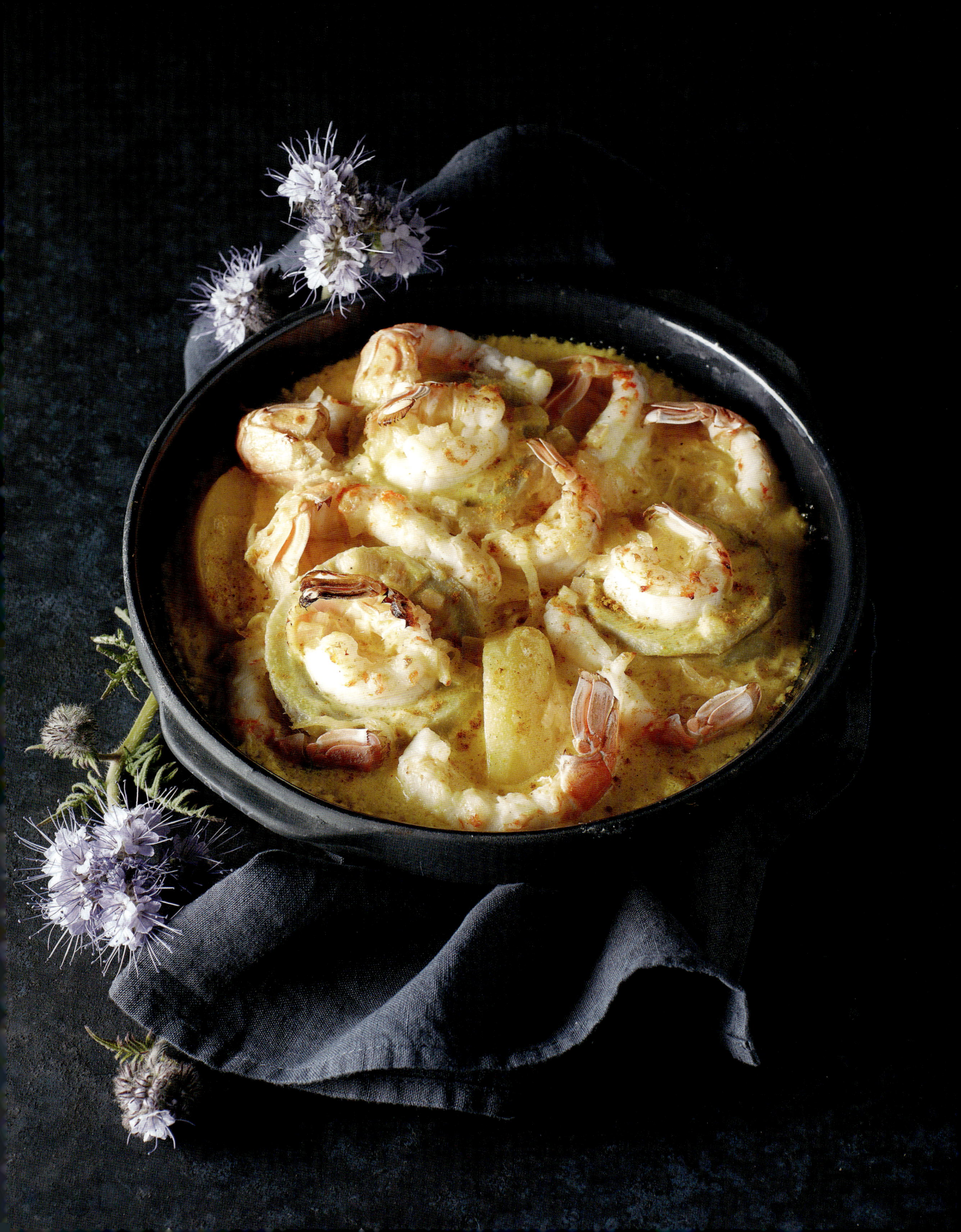

Nage de langoustines, parfum de citronnelle

Pour 4 personnes
Temps de préparation : 45 min
Temps de cuisson : 1 h

Ingrédients
16 langoustines
500 g de petits pois
40 g de pois gourmands
50 g de riz noir cuit
2 oignons nouveaux
Sel, poivre

Nage
5 g de verveine citronnelle déshydratée
3 échalotes
½ fenouil
2 cm de gingembre
Sel, poivre

Crémeux de cosses de petits pois
Les cosses des petits pois
1 gousse d'ail
2 cuillerées à soupe de crème fraîche
2 cuillerées à soupe d'huile d'olive
Sel, poivre

Réaliser le crémeux
Écosser les petits pois. Cuire les cosses dans une grande casserole d'eau bouillante salée pendant 20 min à feu doux. Égoutter. Mixer finement avec la gousse d'ail épluchée, la crème fraîche et l'huile d'olive.
Passer au chinois. Poivrer. Réserver au frais.

Préparer les langoustines
Porter à ébullition une grande casserole d'eau salée. Plonger les langoustines. Dès la reprise de l'ébullition, égoutter. Laisser refroidir. Décortiquer les langoustines. Retirer les pinces et les têtes. Réserver.
Retirer les carapaces des corps en conservant la queue. Ôter le boyau. Réserver.

Préparer la nage
Porter à ébullition une casserole d'eau salée avec les têtes et les pinces de langoustines. Blanchir 3 min. Égoutter. Réserver.

Éplucher, ciseler les échalotes. Émincer le fenouil. Éplucher, râper le gingembre. Dans une casserole, porter à ébullition 1,5 l d'eau. Ajouter la verveine citronnelle, les échalotes, le fenouil, le gingembre, les têtes et les pinces des langoustines. Saler. Faire cuire à petits frémissements pendant 30 min. Filtrer la nage.

Porter de nouveau à ébullition. Verser les petits pois et les pois gourmands ciselés. Cuire à petits frémissements pendant 3 min. Ajouter les langoustines, les oignons nouveaux ciselés et le riz noir. Poursuivre la cuisson 1 min.

Répartir dans des assiettes creuses. Poivrer.

Savourer aussitôt, accompagné du crémeux de cosses de petits pois et de tartines toastées.

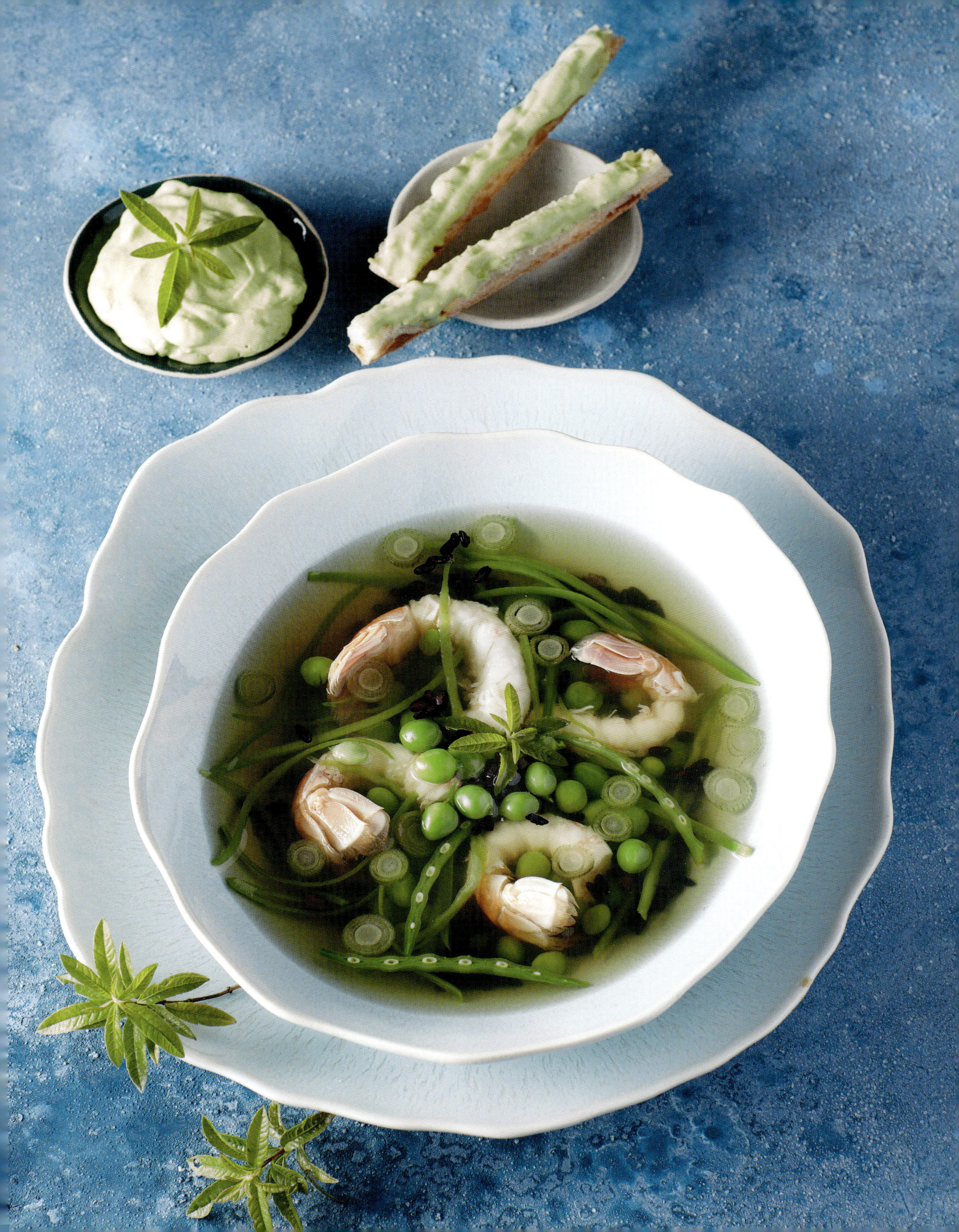

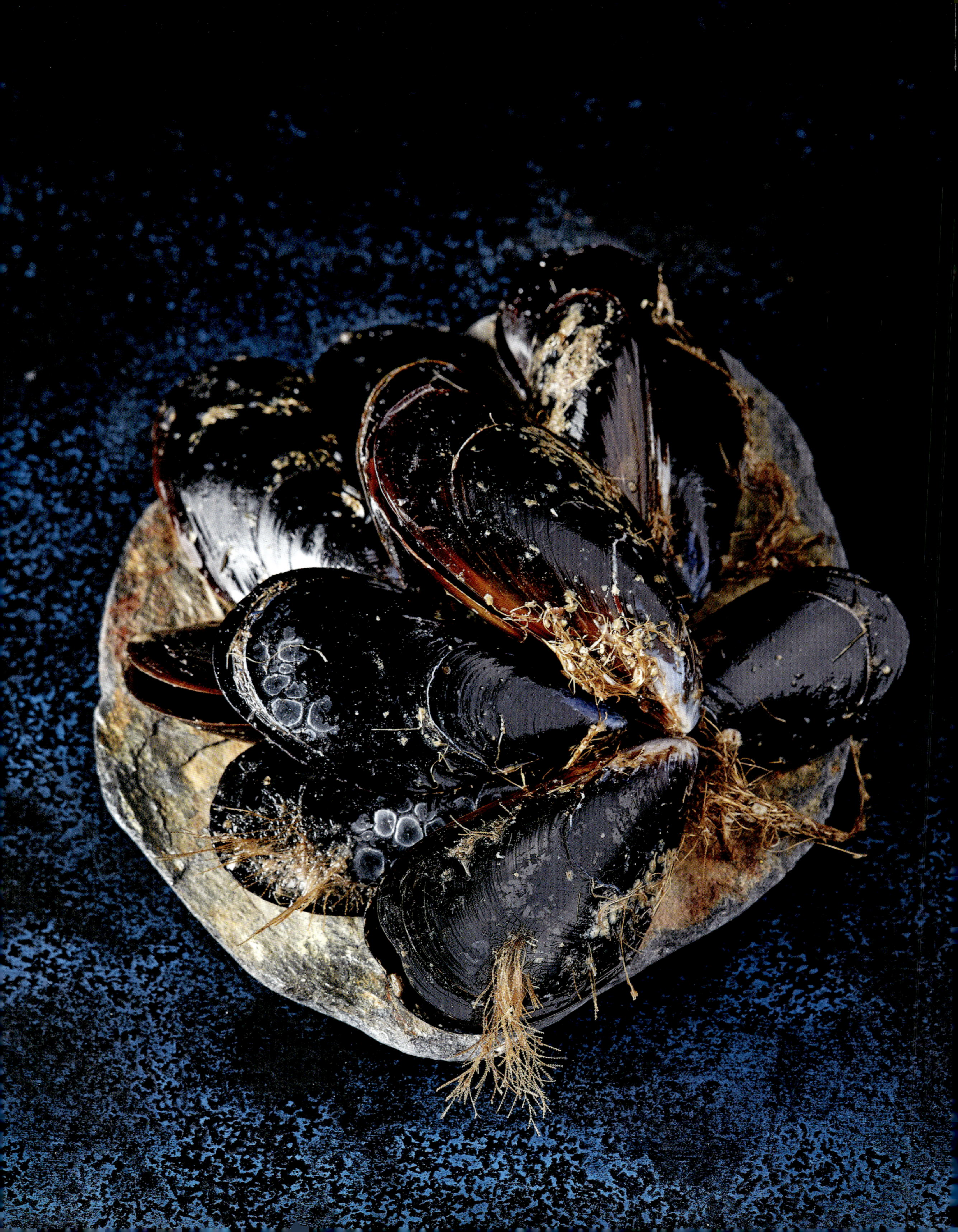

La moule de bouchot

MOULES AU CIDRE
SALADE VERTE
SOUPE DE MOULES À LA CAPUCINE

Dans la baie du Mont-Saint-Michel, là où commence la Bretagne, lorsque la brume pose son voile, le ciel, la mer et le sable se confondent. La baie devient alors un paysage énigmatique rythmé par des pieux noirs, silhouettes immobiles qui poinçonnent l'horizon. Ce sont les bouchots sur lesquels se développent les moules. Une fois n'est pas coutume pour un produit français, ce n'est pas la ville ou la région d'origine qui est mise en avant, mais la technique de production. Une tradition qui, dit-on, remonterait au XIIIe siècle, lorsque suite à un naufrage dans la baie de l'Aiguillon sur la façade atlantique, un Irlandais doit sa survie à la pose d'un filet entre deux piquets plantés dans la mer. Entre deux marées, il constate que les moules s'accrochent et s'y développent. Une observation qui donne lieu à l'expérimentation et cela marche ! Il baptise son invention de la contraction de « bout » et « choat », littéralement clôture en bois. L'histoire de la moule de bouchot peut commencer.

Depuis, le travail en étapes successives des mytiliculteurs pour obtenir la *mytilus edulis* à maturité a peu évolué, si ce n'est la mécanisation. Il lui faut au moins une année pour qu'elle arrive dans votre assiette. Tout débute sur les côtes charentaises, plus propices au développement des naissains, recueillis sur des cordes tendues. Puis les cordes sont acheminées dans la baie pour y être disposées sur des portiques jusqu'à la fin de l'été. Les cordes sont alors enroulées en spirale sur les bouchots afin que la moule, qui a la taille d'une tête d'épingle, le colonise jusqu'à sa taille adulte. Un travail minutieux et précaire, soumis à de nombreux aléas climatiques ou à l'attaque des canards sauvages, qui peuvent ruiner l'élevage. La seule protection est la mise en place de filets afin d'éviter le pire en cas de tempête. Mais ce qui la différencie des deux autres cultures de moules, celle de fond et celle de filière, pour lui donner une saveur exceptionnelle, c'est sa mise hors de l'eau lors du mouvement des marées. Pour résister à son exondation, mais aussi aux vents et aux courants, elle doit développer son muscle afin de maintenir sa coquille bien fermée. Voilà le secret de sa chair charnue au goût subtil de noisette.

Si la moule de bouchot de la baie du Mont-Saint-Michel est très réputée jusqu'à obtenir une AOC en 2006 puis une AOP, il faut savoir que le littoral atlantique et la Manche accueillent de nombreux lieux de production. Les mytiliculteurs, très investis, se sont regroupés et ont obtenu auprès de la Commission européenne en 2013, une STG : Spécialité Traditionnelle Garantie. Une première du genre qui récompense cette exception française et la dimension artisanale d'un métier à fournir un authentique produit de qualité. Mieux encore, pour que le consommateur n'y trouve que le plaisir de la savourer, la filière s'est organisée pour proposer la moule prête à l'emploi sous vide, lavée, débarrassée de son byssus. Alors, lorsque vous les cuisinerez en quelques minutes seulement, en bonne compagnie d'échalote, de vin blanc et de persil, songez à la patience séculaire de la Bretagne pour offrir chaque année, dans chacune des quelque trente mille tonnes de moules de bouchot produites, la saveur unique de l'estran.

Moules au cidre

Pour 4 personnes
Temps de préparation : 15 min
Temps de cuisson : 10 min

Ingrédients
2 kg de moules
60 g de beurre demi-sel
2 gousses d'ail
3 échalotes
1 bouquet de persil
2 brins de thym
1 feuille de laurier
30 cl de cidre
Poivre

Nettoyer et gratter les moules.
Les rincer à grande eau. Égoutter.
Éplucher, ciseler les échalotes
et les gousses d'ail.
Ciseler le persil.

Dans une cocotte, faire fondre le beurre.
Ajouter l'ail, les échalotes, le thym, le laurier
et les ⅔ du persil.
Faire suer pendant 3 min à feu moyen.
Verser le cidre. Porter à ébullition.
Ajouter les moules. Couvrir.
Cuire à feu vif pendant 3 min.

À l'aide d'une écumoire, mélanger délicatement
les moules pour une cuisson homogène.
Couvrir de nouveau et poursuivre la cuisson
environ 3 min.

Lorsque toutes les moules sont ouvertes,
les dresser dans un plat de service.
Filtrer le jus de cuisson. Le verser sur les moules.
Parsemer du persil réservé.
Donner un tour de moulin à poivre.

Savourer aussitôt, accompagné
de pommes de terre au four
ou de frites et d'une bolée de cidre.

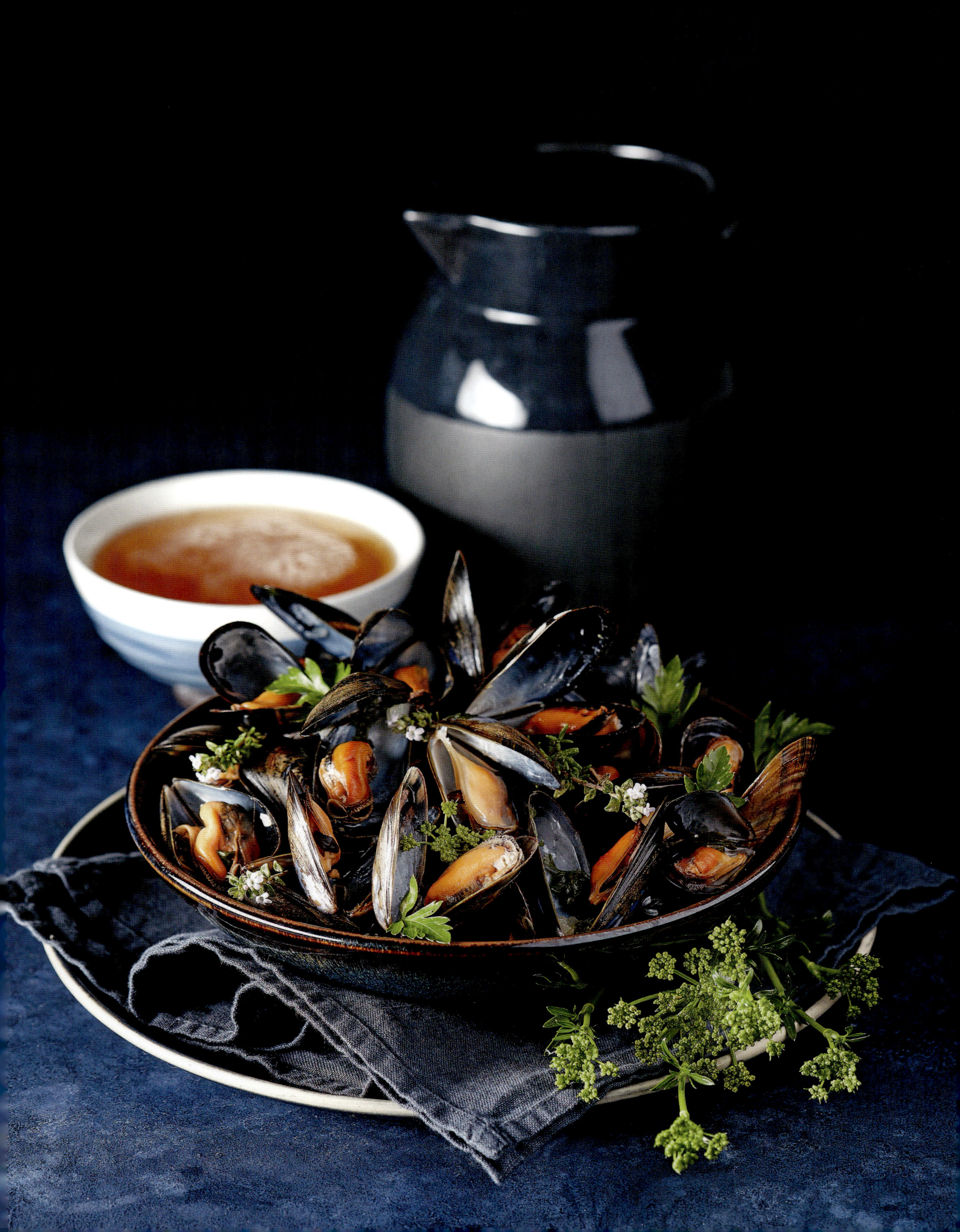

Salade verte

Pour 4 personnes
Temps de préparation : 30 min
Temps de cuisson : 20 min

Ingrédients
1 kg de moules de Locquémeau
20 g de beurre demi-sel
1 oignon
2 gousses d'ail
2 brins de thym
5 brins de persil
15 cl de vin blanc
250 g de pâtes à la spiruline
3 cuillerées à soupe d'huile d'olive
120 g de pois gourmands
100 g de petits pois écossés
Le cœur d'une salade rougette
Quelques brins de cerfeuil
Sel, poivre

Mayonnaise
1 jaune d'œuf
1 cuillerée à café de moutarde
20 cl d'huile
Sel, poivre

Cuire les petits pois et les pois gourmands dans une casserole d'eau bouillante salée pendant 3 min. Égoutter. Rafraîchir. Réserver.

Cuire les pâtes dans une casserole d'eau bouillante salée en suivant les indications de cuisson sur le paquet. Égoutter. Les verser dans un plat.
Ajouter l'huile d'olive. Mélanger bien.
Laisser refroidir.

Laver, effeuiller le cœur de salade.

Nettoyer et gratter les moules.
Les rincer à grande eau. Égoutter.
Éplucher, ciseler l'oignon et les gousses d'ail.
Ciseler le persil.

Dans une cocotte, faire fondre le beurre.
Ajouter l'ail, l'oignon, le thym et le persil.
Faire suer pendant 3 min à feu moyen.
Verser le vin blanc. Porter à ébullition.
Ajouter les moules. Couvrir.
Cuire à feu vif pendant 3 min. À l'aide d'une écumoire, mélanger délicatement les moules pour une cuisson homogène. Couvrir de nouveau et poursuivre la cuisson environ 3 min. Lorsque toutes les moules sont ouvertes, laisser tiédir avant de les décortiquer.
Filtrer le jus de cuisson au chinois.

Préparer la mayonnaise
Mélanger le jaune d'œuf et la moutarde.
Saler légèrement. Poivrer. Émulsionner avec l'huile.
Détendre la mayonnaise en ajoutant un peu de jus de cuisson des moules jusqu'à obtenir une consistance fluide et crémeuse.

Répartir les pâtes dans les assiettes. Ajouter les pois gourmands, les petits pois, les feuilles de salade et les moules. Arroser généreusement de mayonnaise. Parsemer de pluches de cerfeuil. Donner un tour de poivre du moulin.

Savourer aussitôt.

▶ *Les moules de Locquémeau sont élevées en pleine mer. Elles ont une chair très généreuse. Vous trouverez les pâtes à la spiruline en boutique bio.*

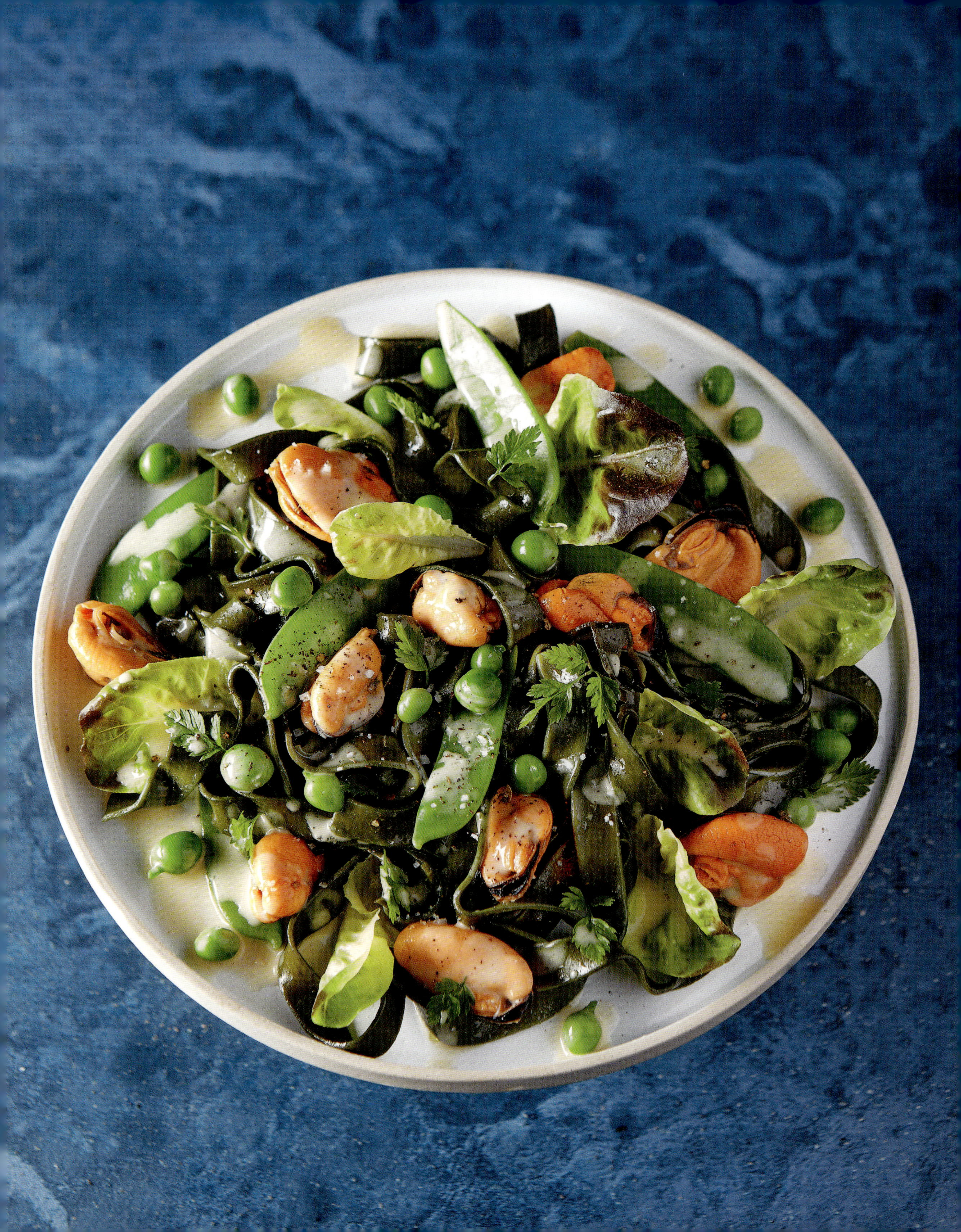

Soupe de moules à la capucine

Pour 4 personnes
Temps de préparation : 25 min
Temps de cuisson : 30 min

Ingrédients
1 kg de moules
2 échalotes
10 cl de vin blanc
5 brins de persil
20 g de beurre demi-sel
Sel, poivre

Soupe
600 g de courgettes
12 feuilles de capucine
4 fleurs de capucine
2 cuillerées à soupe de gwell ou de crème fraîche
20 cl de jus de cuisson des moules
1 cuillerée à soupe de graines de nigelle
Sel, poivre

Nettoyer et gratter les moules.
Les rincer à grande eau. Égoutter.
Éplucher, ciseler les échalotes. Ciseler le persil.
Dans une cocotte, faire fondre le beurre.
Ajouter les échalotes et le persil.
Faire suer pendant 3 min à feu moyen.
Verser le vin blanc. Saler, poivrer. Porter à ébullition.
Ajouter les moules. Couvrir.
Cuire à feu vif pendant 3 min.
À l'aide d'une écumoire, mélanger délicatement les moules pour une cuisson homogène.
Couvrir de nouveau et poursuivre la cuisson environ 3 min jusqu'à l'ouverture de toutes les moules. Les écarter, puis les décoquiller.
Filtrer le jus de cuisson. Réserver les moules au chaud dans le jus de cuisson.

Préparer la soupe
Éplucher, couper en petits cubes les courgettes.
Les cuire à la vapeur pendant environ 20 min.
Elles doivent être tendres.

Laver, sécher soigneusement les feuilles de capucine.
Les mixer avec les courgettes, le gwell et 20 cl de jus de cuisson des moules. Saler légèrement. Poivrer.

Répartir dans les bols la soupe et les moules.
Parsemer de graines de nigelle.
Ajouter les fleurs de capucine.

Savourer aussitôt.

▶ *À défaut de capucine, remplacer par du basilic ou de l'estragon.*

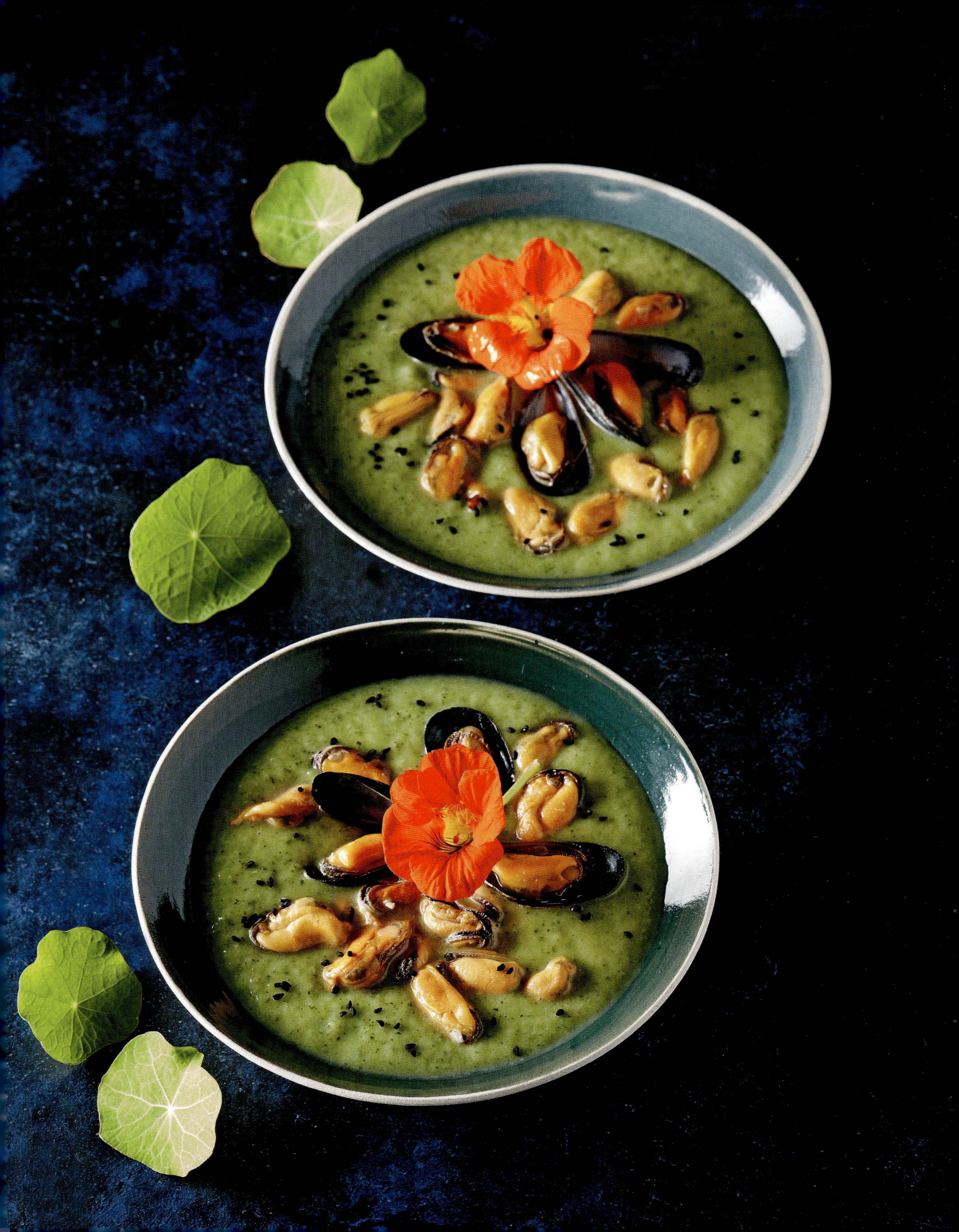

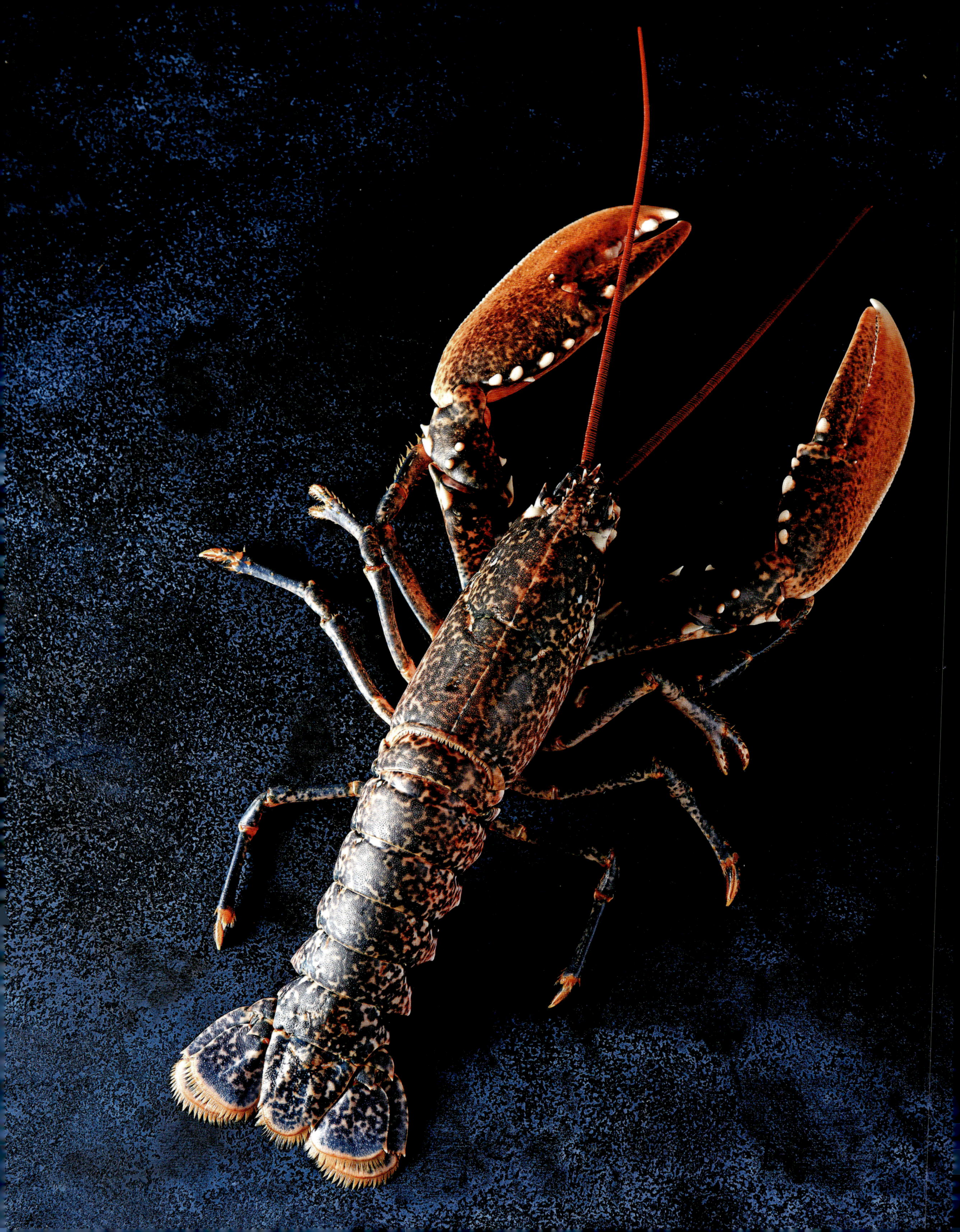

Le homard

HOMARD À L'ARMORICAINE
HOMARD FRAÎCHEUR, MOUSSELINE AU CERFEUIL
RISOTTO À LA BISQUE DE HOMARD

Le homard est un sujet d'inspiration. Du peintre Delacroix à l'artiste conceptuel Jeff Kons, en passant par Picasso, il est de toutes les natures mortes, en habit écarlate uniforme. Cuit ! Comment expliquer que les artistes n'aient pas tenté de restituer toutes les nuances de la couleur de ce crustacé à la sortie de l'eau ? Une pure beauté qui fait qu'aucun homard ne ressemble à un autre. Une curiosité qui s'explique par la richesse de la carapace en un pigment orange l'astaxanthine. En présence d'une protéine, la crustacyanine, elle interagit pour estomper cette couleur trop voyante lorsqu'il faut éviter les prédateurs ou chasser une proie. En s'approchant au mieux du bleu de la mer, c'est beaucoup plus discret. À la cuisson, la protéine se délite. Voilà qui explique que la robe mouchetée de brun, bleu et rouge vire à l'orange vif. Plus exceptionnel, certains se distinguent par une couleur d'un bleu roi intense ou jaune citron. Les pêcheurs, surpris de leur prise, ont eu la bonne idée de les confier à l'aquarium de Saint-Malo et à l'Océanopolis de Brest. Et qui sait ? Ainsi sauvés de la casserole grâce à cette anomalie génétique, ils pourront peut-être atteindre leur espérance de vie d'une quarantaine d'années pour un poids de 4 kg. Bien loin du poids de ceux que nous consommons dont la taille minimale exigée est de 8,7 cm.

Il existe de nombreux récits qui racontent qu'en des temps que les moins de 200 ans ne peuvent pas connaître, il était si abondant qu'il est devenu un plat ordinaire, sans grande valeur marchande, et il pouvait même finir dans les champs pour les amender. Les recettes bretonnes, dont le fameux homard à l'armoricaine, en disent long sur sa présence dans les foyers modestes.

Aujourd'hui, la pollution, la surpêche et l'épuisement des réserves halieutiques sont à l'origine de la régression de la ressource. Sa rareté en a fait un mets de luxe que l'on réserve pour les tables de fête.

L'aquaculture, peu rentable pour l'élevage en raison de la durée de sa croissance et du cannibalisme entre les mâles, s'axe timidement sur la réintroduction locale. Elle serait une alternative salutaire pour son repeuplement. Communément appelé homard breton alors qu'il est en réalité européen, il pourrait de nouveau faire le bonheur des caseyeurs de Roscoff, de Lorient ou de Paimpol.

Et faisons un rêve, celui des pêcheurs à pied… Il suffirait, lors des grandes marées, de se baisser pour les ramasser sous les rochers…

Homard à l'armoricaine

Pour 4 personnes
Temps de préparation : 30 min
Temps de cuisson : 30 min

Ingrédients
2 homards de 800 g
3 échalotes
3 gousses d'ail
50 g de beurre demi-sel
4 tomates
1 carotte
1 cuillerée à soupe de concentré de tomate
5 cl de whisky
30 cl de muscadet
3 brins de thym
2 feuilles de laurier
5 brins de persil
Sel, poivre

Éplucher, ciseler les échalotes et les gousses d'ail.
Éplucher, couper la carotte en brunoise.
Couper les tomates en petits cubes.
Ciseler le persil.

Détacher la tête, les pinces du corps du homard.
Couper le corps en tronçons.
Couper la tête en deux.
Retirer la poche à graviers.

Dans une cocotte faire chauffer le beurre.
Saisir à feu vif, tous les morceaux de homard pendant 5 min en remuant régulièrement.
Ajouter les échalotes, l'ail, les tomates et la carotte.
Poursuivre la cuisson pendant 3 min. Flamber au whisky.
Verser le muscadet. Ajouter le concentré de tomate, le thym, le laurier et le persil.
Saler, poivrer.
Porter à ébullition, puis cuire à petits frémissements et à couvert pendant 20 min.

Écarter les pinces et les tronçons de homard.
Réserver au chaud.

Passer la sauce au chinois en pressant légèrement les ingrédients.
Réduire la sauce à feu vif pendant 3 min.
Replacer les pinces et les tronçons dans la cocotte pour bien les imprégner.

Savourer aussitôt avec un riz blanc.

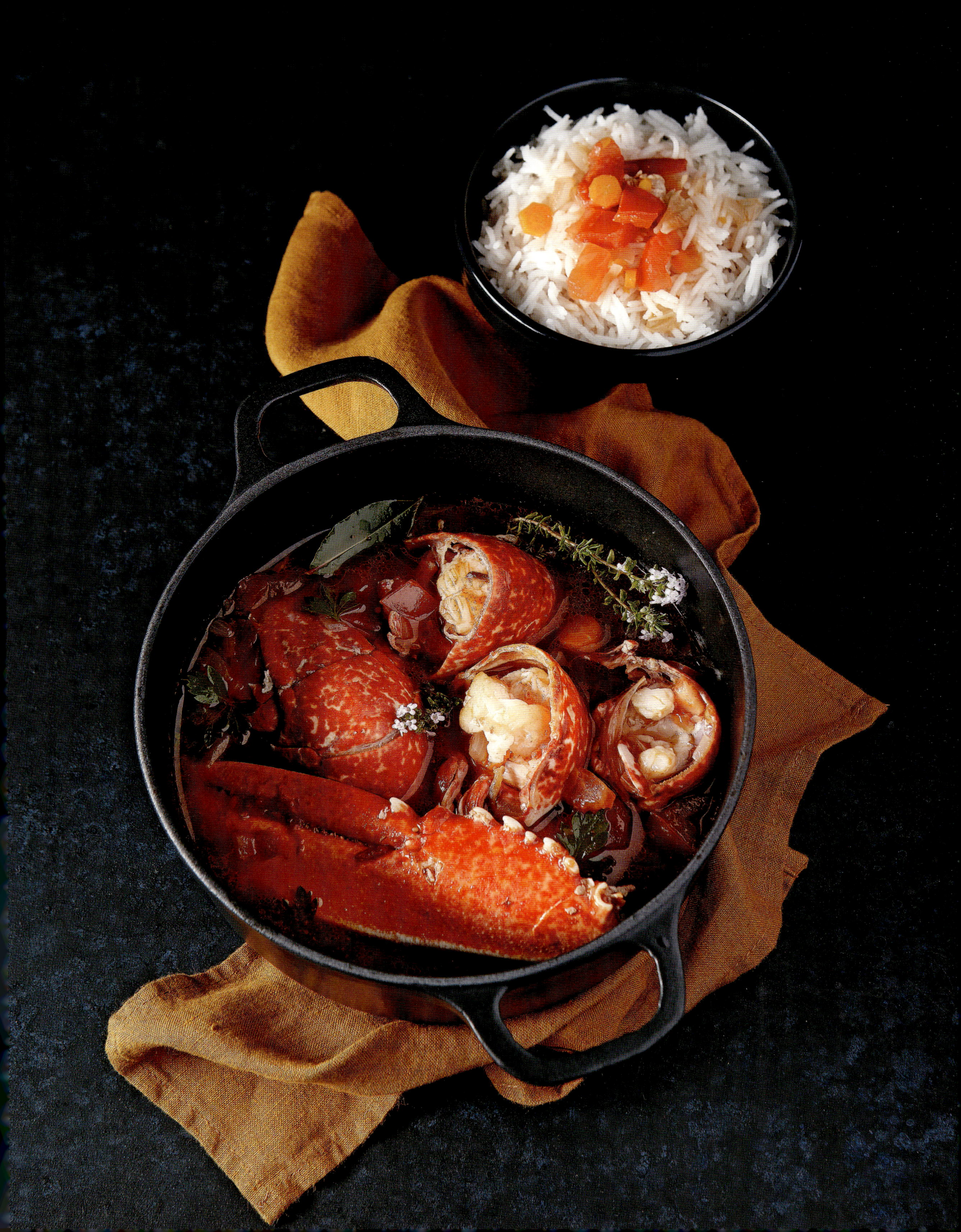

Homard fraîcheur, mousseline au cerfeuil

Pour 2 personnes
Temps de préparation : 20 min
Temps de cuisson : 15 min

Ingrédients
1 homard de 800 g
1 cube de court-bouillon
Sel

Mousseline
1 bouquet de cerfeuil
1 œuf
1 cuillerée à café de moutarde
5 cl d'huile d'olive
20 cl d'huile neutre
1 cuillerée à soupe de jus de citron
Sel, poivre

Plonger le homard dans une grande casserole d'eau bouillante salée avec le cube de court-bouillon.
Cuire 15 min après la reprise de l'ébullition.
Égoutter. Laisser refroidir.
Détacher la tête, les pinces et les pattes du corps.
Décortiquer le corps et les pinces.
Réserver au frais.

Réaliser la sauce mousseline
Mixer finement le bouquet de cerfeuil avec l'huile d'olive et le jus de citron.
Séparer le blanc du jaune d'œuf.
Dans un bol, mélanger le jaune d'œuf avec la moutarde. Saler, poivrer.
Émulsionner en versant l'huile.
Ajouter le cerfeuil mixé.
Battre le blanc en neige.
L'incorporer à la mayonnaise.
Réserver au frais 30 min.

Savourer le homard avec la sauce mousseline et des légumes de saison de votre choix : asperges, salicorne, radis, courgettes…

▸ *Utiliser la tête, la carapace et les pattes pour faire une bisque. Voir la recette du risotto (p. 114).*

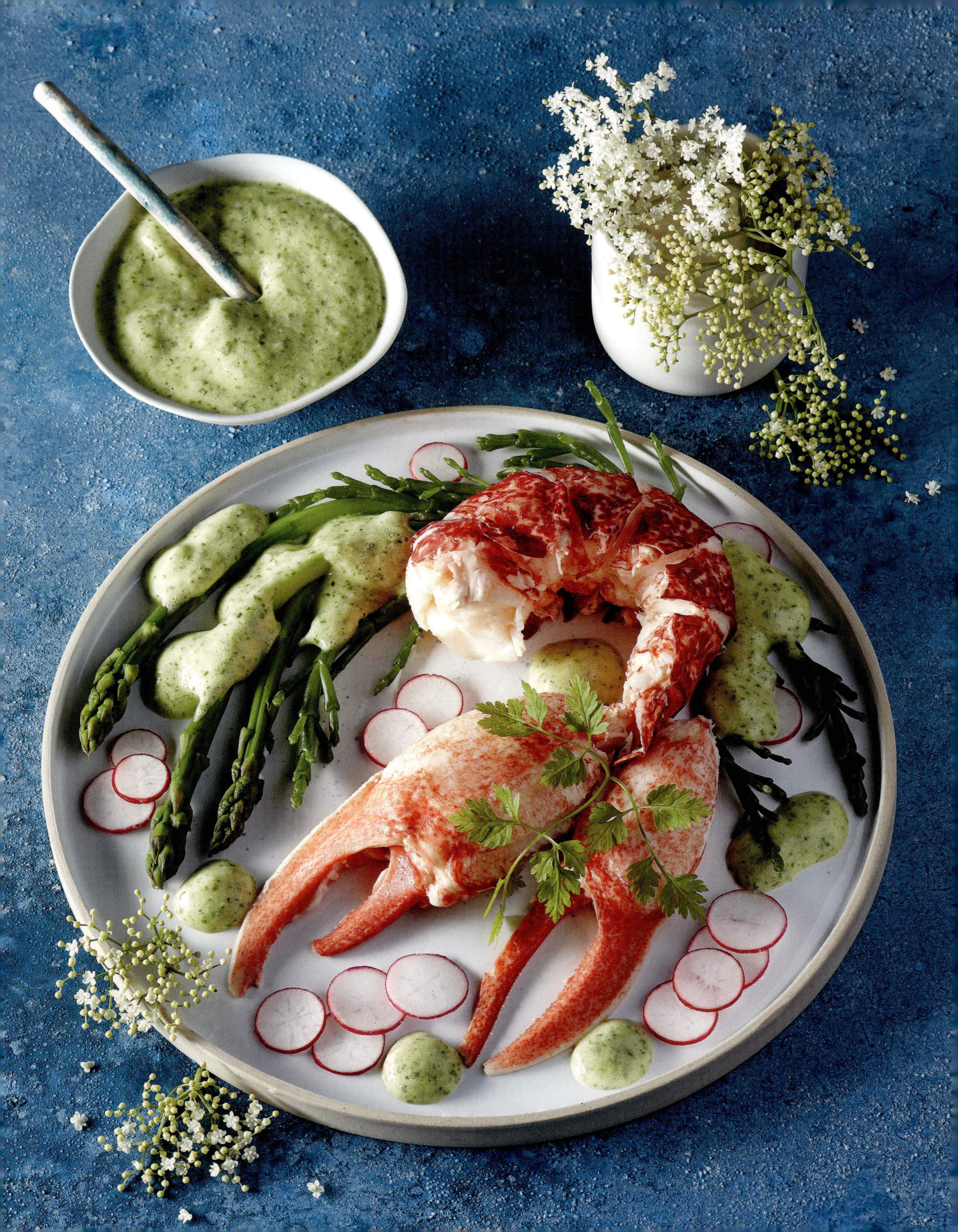

Risotto à la bisque de homard

Pour 4 personnes
Temps de préparation : 45 min
Temps de cuisson : 2 h

Bisque
1 carcasse de homard
2 oignons
3 gousses d'ail
2 petites branches de céleri
1 carotte
1 tomate
15 cl de Noilly Prat
2 feuilles de laurier
1 cuillerée à soupe de concentré de tomate
1 cuillerée à café de sauce piquante
2 cuillerées à soupe d'huile d'olive
Sel, poivre, paprika

Risotto
300 g de riz rond arborio
2 échalotes
20 g de beurre demi-sel
10 cl de vin blanc
1 l de bisque de homard
20 cl de crème fluide

1 vingtaine de tomates cerises
2 cuillerées à soupe d'huile d'olive
1 gousse d'ail
1 poignée de roquette
Fleur de sel, poivre

Préparer la bisque
Concasser la carcasse. Éplucher les oignons et la carotte. Les émincer. Couper la tomate en dés, le céleri en tronçons. Éplucher, hacher l'ail.

Chauffer l'huile d'olive dans un faitout. Saisir à feu vif la carcasse pendant environ 5 min en remuant régulièrement. Ajouter les oignons, l'ail, la carotte et le céleri. Poursuivre la cuisson pendant 3 min. Déglacer avec le Noilly Prat.

Ajouter la tomate, le laurier, le concentré de tomate, la sauce piquante. Saler, poivrer. Ajouter le paprika. Mélanger bien. Mouiller d'eau à hauteur. Porter à ébullition. Baisser le feu et cuire à petits frémissements pendant 1 h 30. Passer au chinois en pressant légèrement les ingrédients. Réserver au chaud.

Préparer le risotto
Éplucher, ciseler les échalotes. Faire fondre le beurre dans une casserole. Verser les échalotes. Faire suer pendant 2 min à feu moyen. Ajouter le riz. Le nacrer pendant 2 min en remuant régulièrement. Déglacer au vin blanc. Verser un peu de bisque. Mélanger. Cuire à feu doux. Lorsque la bisque est absorbée, en verser de nouveau. Procéder ainsi jusqu'à complète absorption de la bisque. Ajouter la crème. Poivrer. Couvrir et laisser reposer 5 min.

Chauffer l'huile d'olive avec la gousse d'ail hachée dans une poêle. Cuire pendant 2 min à feu vif les tomates cerises coupées en deux. Saler, poivrer.

Répartir le risotto dans des bols.
Ajouter les tomates cerises.
Parsemer de roquette ciselée.

Savourer aussitôt.

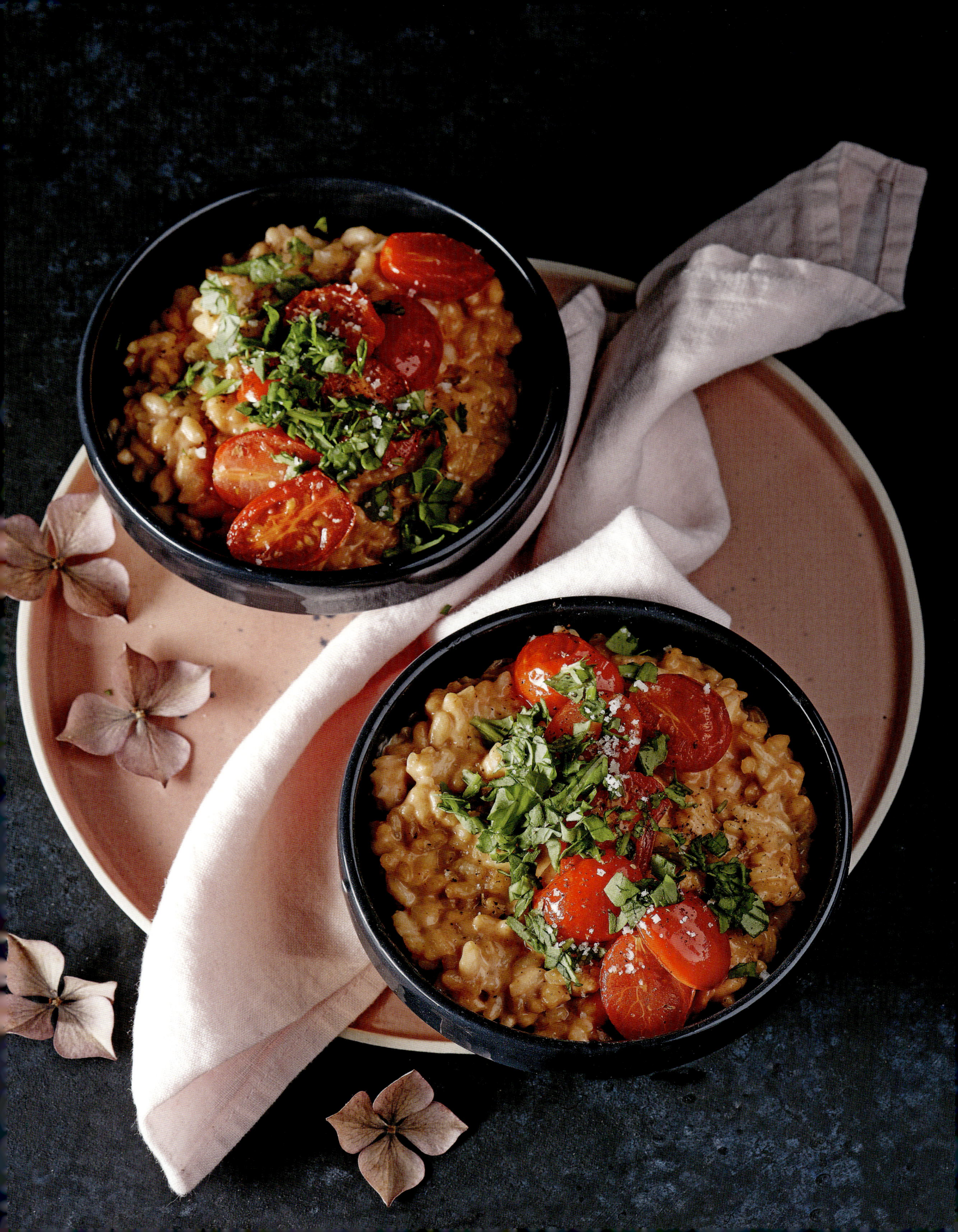

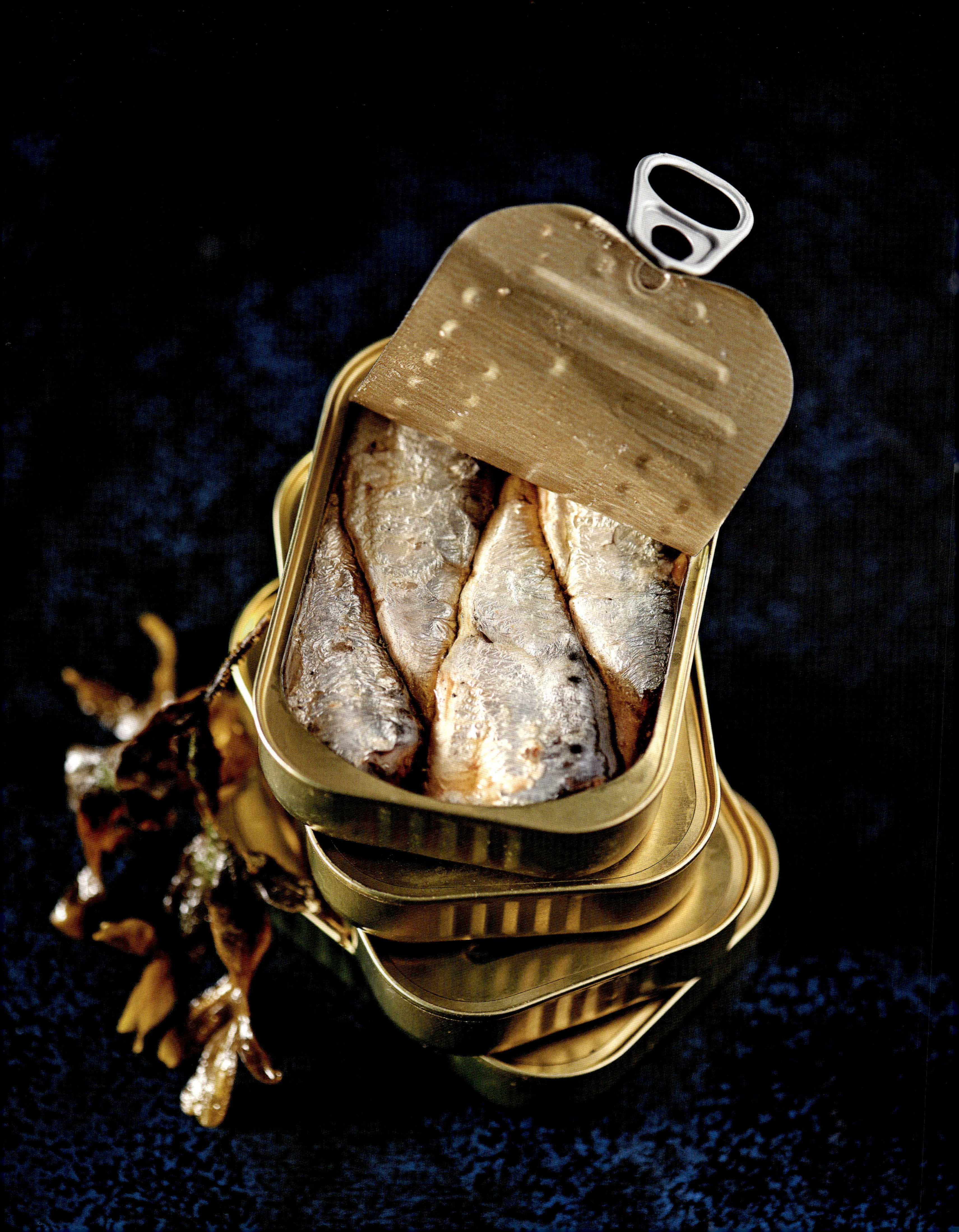

La sardine à l'huile

TOMATES FARCIES
RILLETTES TERRE MER
MUFFINS SARDINES ET NOIX

Une petite boîte qui contient une grande histoire. Tout commence par l'interdiction de la traite des noirs en 1815. Nantes dispose d'une structure portuaire, de négociants, d'un réseau mondial qu'il faut très vite relancer dans une nouvelle activité. L'industrie alimentaire commence à s'imposer dans la région avec les raffineries de sucre, la biscuiterie. Et pourquoi pas la conserverie ? Sur le littoral breton, on connaît depuis longtemps les sardines confites. Pour les conserver, on les arrange dans un pot en grès. On les couvre de beurre fondu, puis d'un bouchon de liège. On dit qu'au bout d'un mois, elles sont meilleures que les fraîches. Un confiseur, Joseph Colin, améliore leur durée de conservation, en les plaçant dans des boîtes métalliques, une invention anglaise rapportée par les marins. L'entreprise est ensuite reprise par le fils, Pierre Joseph Colin, qui va lui donner une nouvelle dynamique. En 1824, il agrandit les ateliers, remplace le beurre fondu par de l'huile, abandonne progressivement les bocaux en verre du procédé de monsieur Appert, pour de plus petits contenants : la fameuse boîte en fer blanc sertie, plus adaptée aux modes de consommation. Mais une fois la technique parfaitement au point, encore faut-il la vendre. La méfiance des clients pour les conserves est notable, lui trouvant un arrière-goût qui ne vaudra jamais le produit frais. Qui plus est, elle est vendue à un prix élevé en raison de la minutie qu'elle requiert.

L'idée de génie est de créer une nouvelle habitude alimentaire, relayée par la presse. L'argument fait mouche : la sardine à l'huile se bonifie avec le temps. Les plus fortunés s'entichent de cette petite boîte tel un précieux ordinaire. Les ventes explosent. L'histoire de la sardine à l'huile est lancée ! Une trentaine d'années plus tard avec l'invention de l'autoclave en 1852, la production artisanale passe en mode industriel. Le succès se confirme avec l'exportation de plus de 75 % de la production vers les grandes villes des colonies. Le vin de Bordeaux et la sardine nantaise deviennent des signes manifestes de distinction sociale et se doivent d'être servis sur toutes les bonnes tables. Quant aux 25 % restants, avec l'avènement d'une nouvelle habitude aussi bien bourgeoise qu'ouvrière, le pique-nique, elle incarne le combo parfait : délicieux et pratique. En 1880, on dénombre cent trente-deux usines bretonnes. Il s'ensuit une prospérité qui améliore les conditions de vie de la population du littoral et attire celle des campagnes.

Mais hélas, la surpêche, les deux guerres mondiales et la concurrence espagnole se conjuguent pour ruiner un siècle d'économie sardinière. Aujourd'hui, quelques belles marques bretonnes ont repris les commandes en visant le haut de gamme. Les gourmets sont toujours aussi nombreux. On en espère autant des sardines.

Tomates farcies

Pour 8 tomates
Temps de préparation : 15 min
Réfrigération : 30 min

Ingrédients
8 tomates green zebra

Farce
1 boîte de sardines à l'huile d'olive
80 g de riz noir cuit
15 olives noires dénoyautées
2 cébettes
12 feuilles de basilic
Sel, poivre

Couper le sommet des tomates.
Les évider.
Les retourner sur un papier absorbant.

Retirer l'arrête centrale des sardines.
Les écraser à la fourchette avec l'huile d'olive de la boîte.

Émincer les cébettes et les feuilles de basilic.
Hacher les olives.

Mélanger tous les ingrédients de la farce.
Saler, poivrer.
Réserver 30 min au frais.

Garnir les tomates de la farce.

Savourer aussitôt.

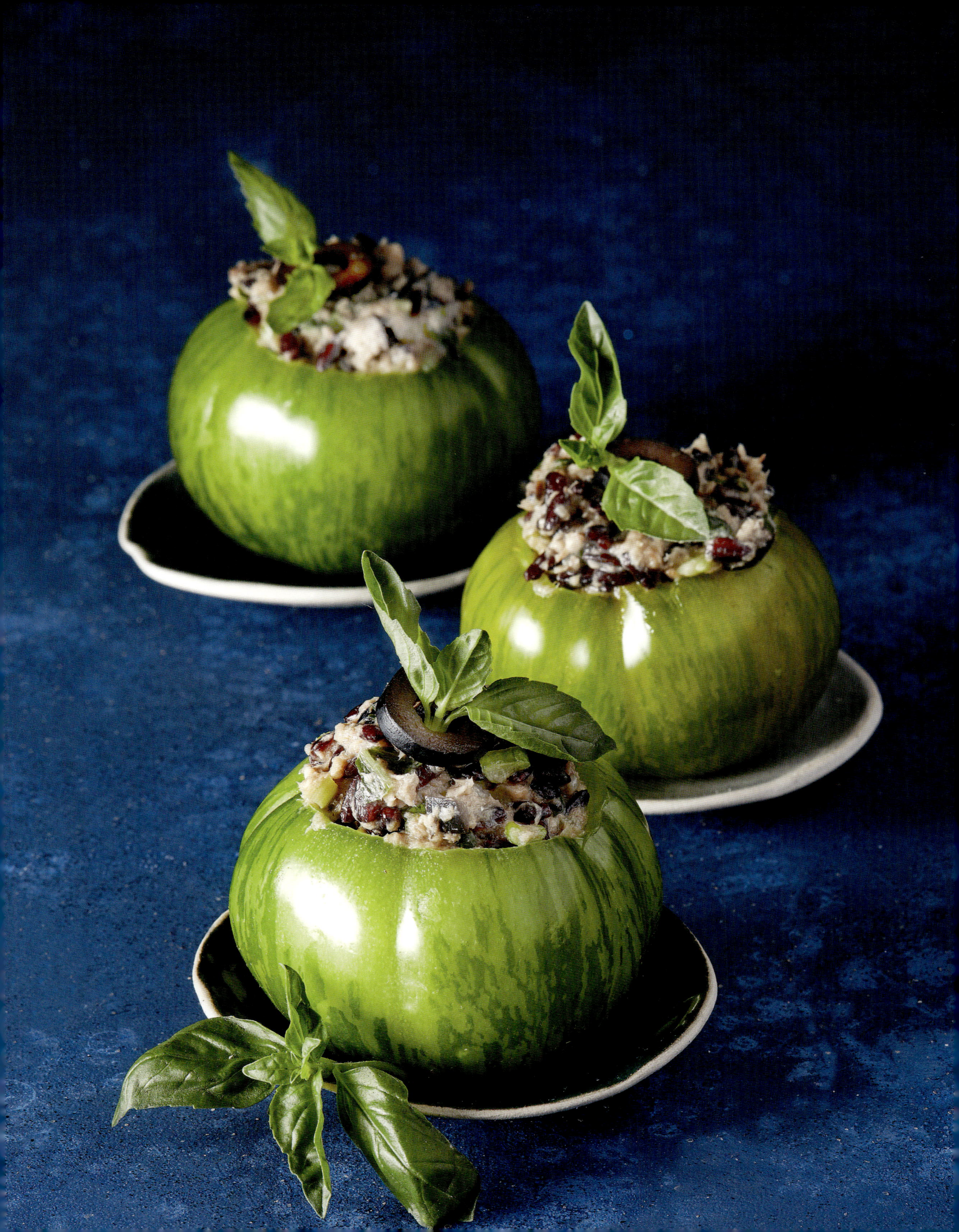

Rillettes terre mer

Pour 4 personnes
Temps de préparation : 45 min
Réfrigération : 1 h

Ingrédients
1 boîte de sardines à l'huile d'olive
200 g de fromage Madame Loïk
2 échalotes
60 g de fenouil + quelques pluches
¼ de citron confit au sel
1 cuillerée à café de fenugrec
en poudre
Sel, poivre

Retirer la queue et les arêtes des sardines.
Les écraser à la fourchette.

Hacher le citron confit.
Éplucher, ciseler les échalotes.
Couper le fenouil en brunoise.
Ciseler les pluches.

Mélanger tous les ingrédients dans un bol
avec l'huile d'olive de la boîte de sardines.

Réserver 1 h au frais.

Savourer à l'apéritif avec
des tartines de pain toastées.

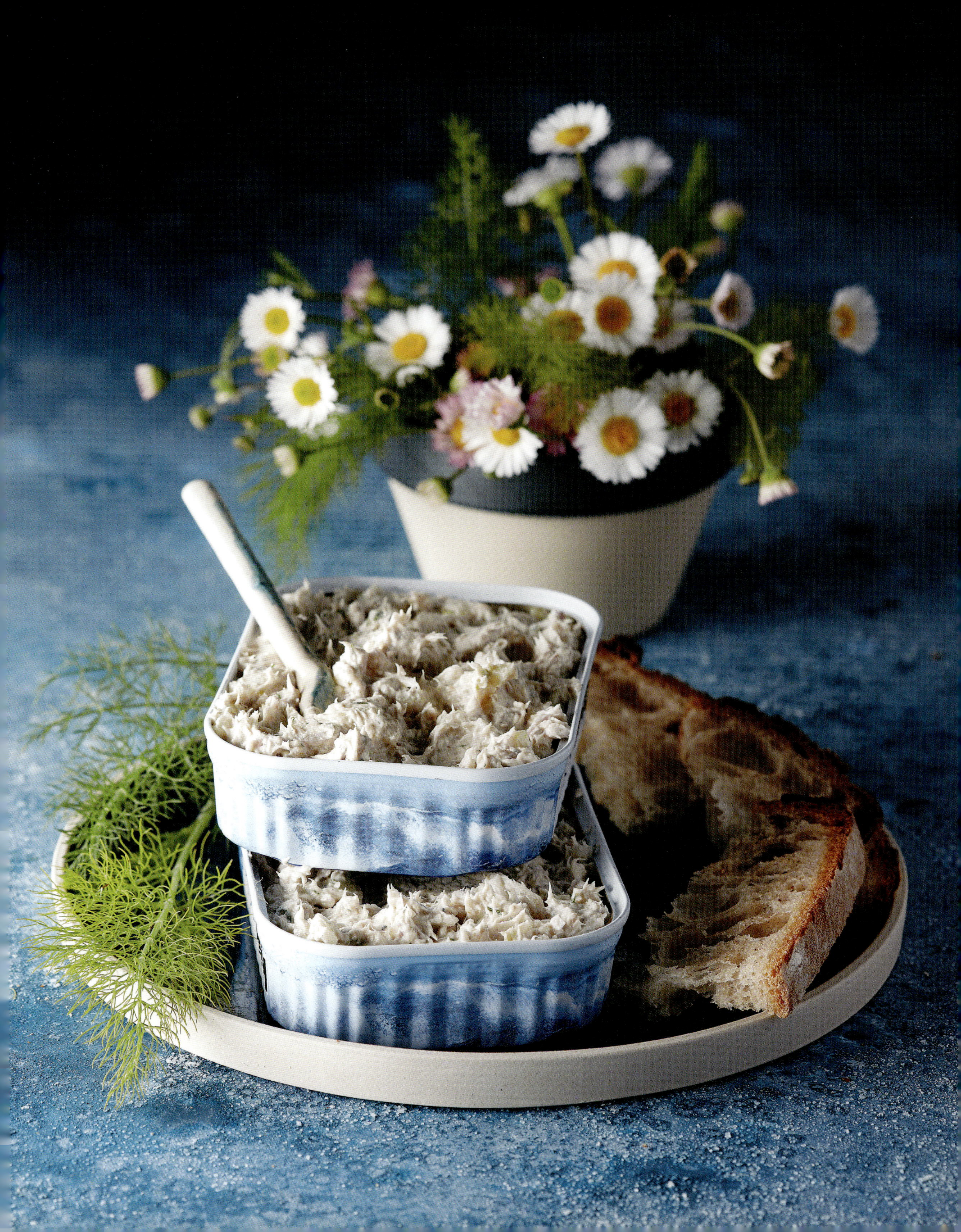

Muffins
sardines et noix

Pour 6 muffins
Temps de préparation : 15 min
Temps de cuisson : 20 min

Ingrédients
1 boîte de sardines à l'huile d'olive
2 œufs
100 g de farine de blé
½ sachet de levure
3 petits-suisses
3 cuillerées à soupe d'huile d'olive
30 g de roquette
50 g de cerneaux de noix
Sel, poivre

Retirer l'arête centrale des sardines.
Les écraser à la fourchette.
Concasser grossièrement les cerneaux de noix.
Laver, ciseler la roquette.

Dans un bol, mélanger les petits-suisses et les œufs.
Tamiser la farine et la levure.
Les ajouter dans le bol. Mélanger.
Verser la roquette, les cerneaux, les sardines,
l'huile d'olive et l'huile de la boîte.
Saler, poivrer. Mélanger.

Verser l'appareil dans des moules à muffins en silicone.
Cuire dans un four préchauffé à 160 °C (th. 5-6)
pendant 20 min. Vérifier la cuisson avec la lame
d'un couteau. Elle doit ressortir sèche.

Laisser tiédir avant de servir.

Savourer à l'apéritif ou en entrée
avec une salade verte.

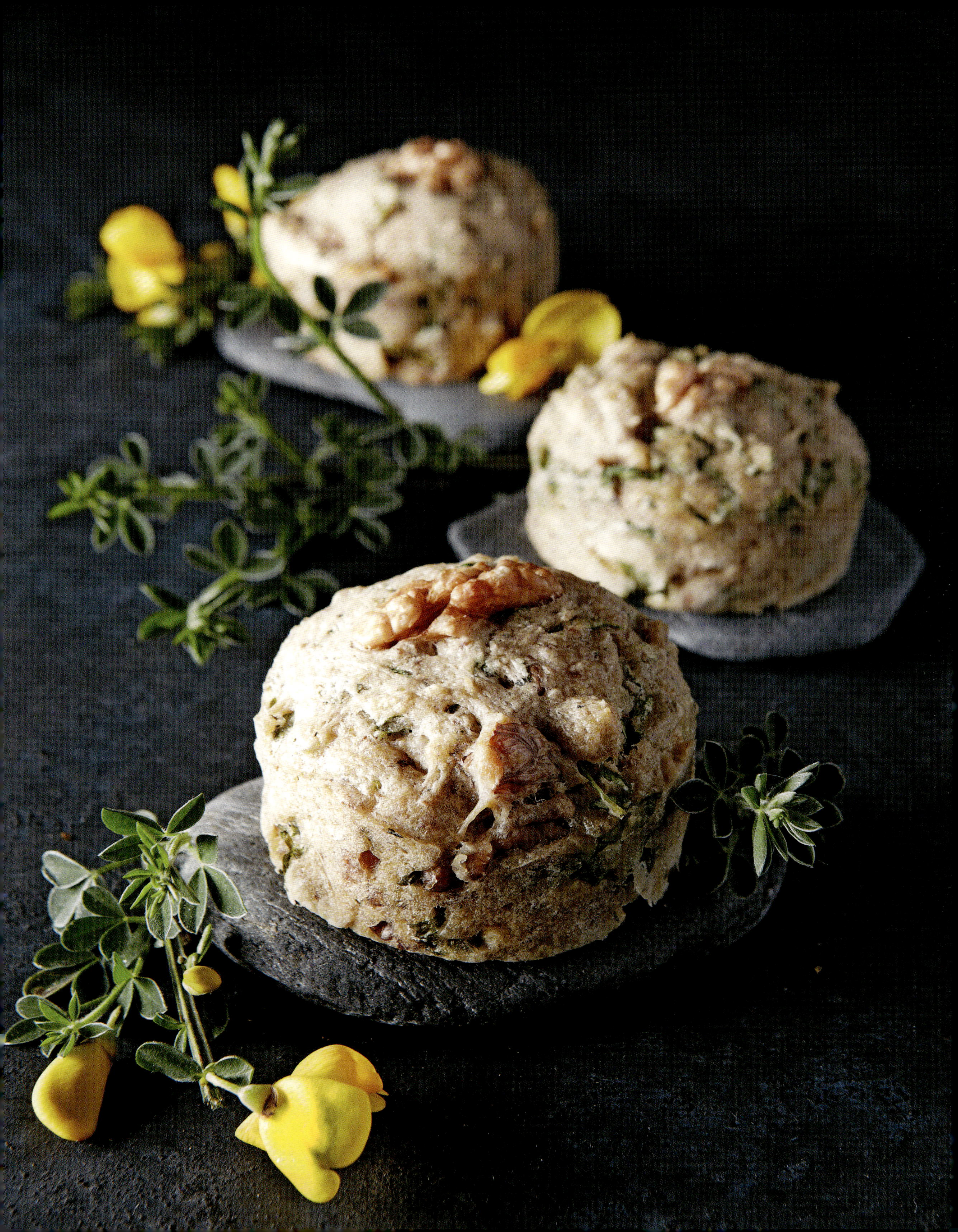

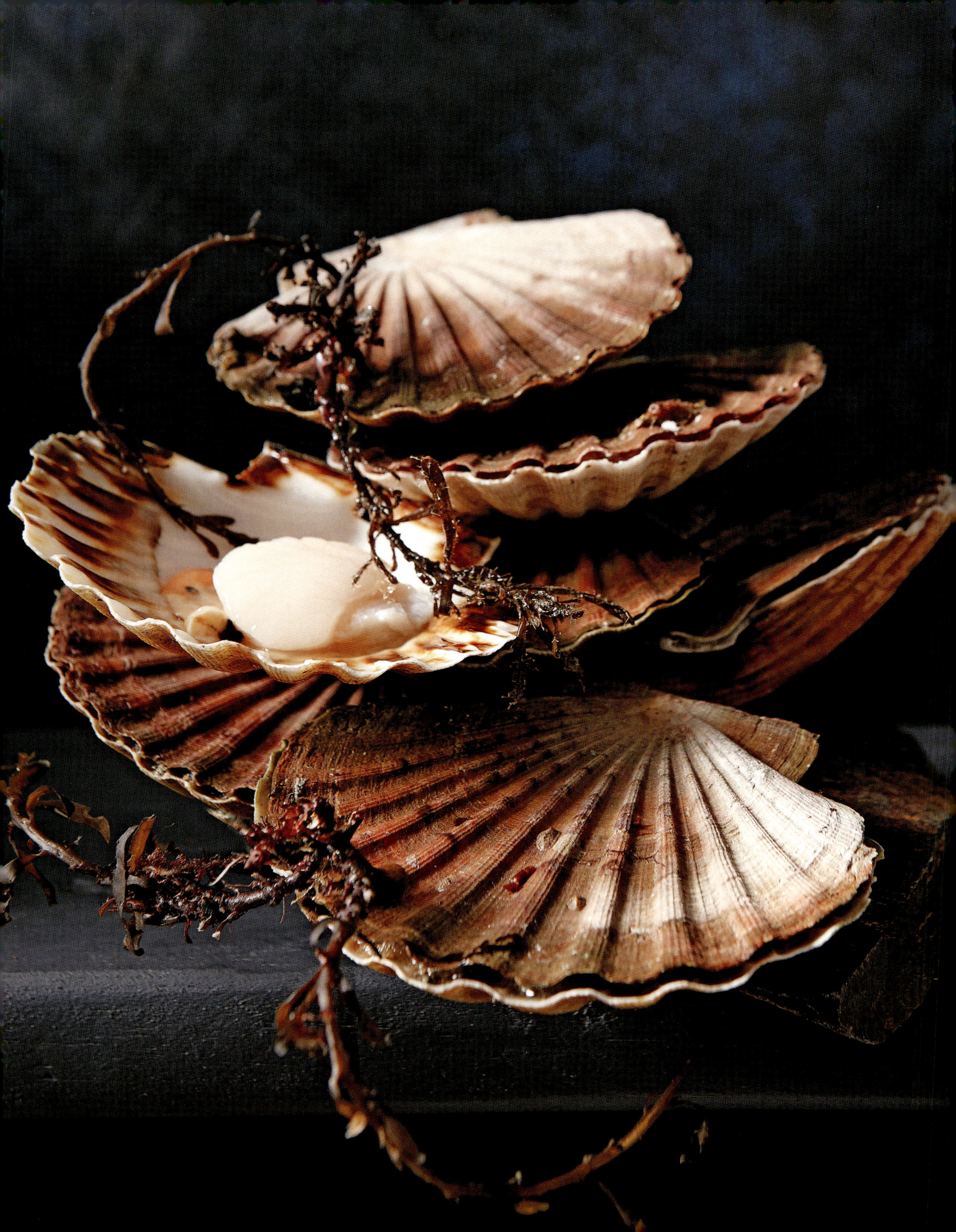

La coquille Saint-Jacques

CARPACCIO DE SAINT-JACQUES AUX LÉGUMES DE PRINTEMPS
SAINT-JACQUES À LA BRETONNE
NOIX DE SAINT-JACQUES MIEL GINGEMBRE

Lorsque le peintre Botticelli décide de peindre la naissance de Vénus, il la pose en majesté sur une coquille Saint-Jacques. Il aurait pu choisir l'écrin nacré de l'ormeau, ou celui de l'huître dévoilant sa perle de beauté, plus seyant pour une déesse de l'amour. Mais alors, pourquoi ne pas lui avoir donné son nom ? L'histoire a préféré retenir une version plus chrétienne que mythologique : des pèlerins de Saint-Jacques-de-Compostelle nouaient sa coquille autour du cou en signe de reconnaissance sur les chemins – et qui plus est, leur était très utile pour manger et mendier.

Depuis, la *pecten maximus*, cette vieille dame de quelque trois cents millions d'années a fait beaucoup de chemin. Nourrissant les hommes de tous les pays côtiers du monde, elle est révérée jusqu'à servir de talisman, de monnaie d'échange, d'ornement en architecture, sur les armoiries, les autels, les sarcophages. Dans les Côtes-d'Armor, on la retrouve sur le mobilier rural, preuve de son abondance sur les fonds sableux de la baie de Saint-Brieuc et de son importance économique. Alors on la pêche, intensivement du lever au coucher du soleil, sans trêve annuelle, pour satisfaire la demande, puisqu'elle est un produit prisé pour ses qualités nutritionnelles et gustatives. Mais dès les années 1970, les premiers signes d'épuisement des gisements sont indéniables.

Et le pardon annuel à la chapelle Saint-Jacques le Majeur, près d'Erquy, semble infructueux à inverser la tendance vers une pêche de nouveau miraculeuse.

Et là, fait remarquable, l'exigence et l'intelligence des pêcheurs se combinent à une surveillance scientifique pour la préserver. Une démarche singulière pour l'époque lorsque la conscience écologique n'était pas encore une nécessité impérieuse. Des règles très strictes sont définies : limitation par arrêt ministériel de la période de pêche selon les zones, mise en place de licences, évaluation des quotas par l'Ifremer, surveillance étroite des Affaires maritimes pour sanctionner les contrevenants et tout cela dans une course contre la montre. Les marins n'ont que 45 minutes par jour, et ce, deux fois par semaine pour rapporter la précieuse coquille dont la taille ne doit pas être inférieure à 10,2 cm. Et cela marche !

Depuis, la Saint-Jacques des Côtes-d'Armor, a reçu une IGP, Indication Géographique Protégée, et fait le bonheur des gastronomes en offrant sa belle noix nacrée, dépourvue de corail, sa glande génitale. Il n'y a pas preuve plus évidente du respect de sa période de reproduction. Cette délicate hermaphrodite revient de loin. Placée désormais sous bonne étoile des pêcheurs, elle peut poursuivre son chemin encore… quelques millions d'années ?

Carpaccio de Saint-Jacques aux légumes de printemps

Pour 4 personnes
Temps de préparation : 25 min
Temps de cuisson : 15 min

Ingrédients
12 noix de Saint-Jacques
12 asperges
1 botte de radis
120 g de fèves fraîches cuites
1 mini-fenouil
2 cuillerées à soupe d'huile d'olive
Quelques brins de ciboulette
Sel, fleur de sel, poivre

Sauce
1 citron jaune bio
6 cuillerées à soupe d'huile d'olive
Fleur de sel, poivre

Placer les noix de Saint-Jacques 15 min au congélateur. Les émincer finement. Réserver au frais.

Éplucher les asperges.
Couper les pointes sur 10 cm de longueur. Réserver la base des tiges pour la crème verte. Plonger les pointes dans une casserole d'eau bouillante salée pendant 3 min. Égoutter. Rafraîchir. Réserver sur un papier absorbant.

Laver, émincer le fenouil à l'aide d'une mandoline.

Éplucher les radis. Couper, laver les fanes. Émincer 8 radis en fines rondelles.
(Réserver le reste de la botte pour une autre utilisation.)

Réaliser la crème verte
Dans une casserole d'eau bouillante salée, verser les fanes de radis et les bases des tiges d'asperges. Cuire 10 min. Égoutter. Mixer finement. Passer au chinois. Ajouter l'huile d'olive. Poivrer. Réserver.

Réaliser la sauce
Prélever le zeste du citron. Presser son jus. Émulsionner l'huile d'olive et le jus. Saler, poivrer.

Le dressage
À l'aide d'un cercle, répartir la crème verte dans chaque assiette. Poser dessus les pointes d'asperges et l'émincé de fenouil.
Intercaler les lamelles de noix de Saint-Jacques avec celles des radis. Ajouter les fèves.
Parsemer de la ciboulette ciselée et du zeste de citron. Arroser de la sauce.
Parsemer de fleur de sel. Poivrer.

Savourer aussitôt.

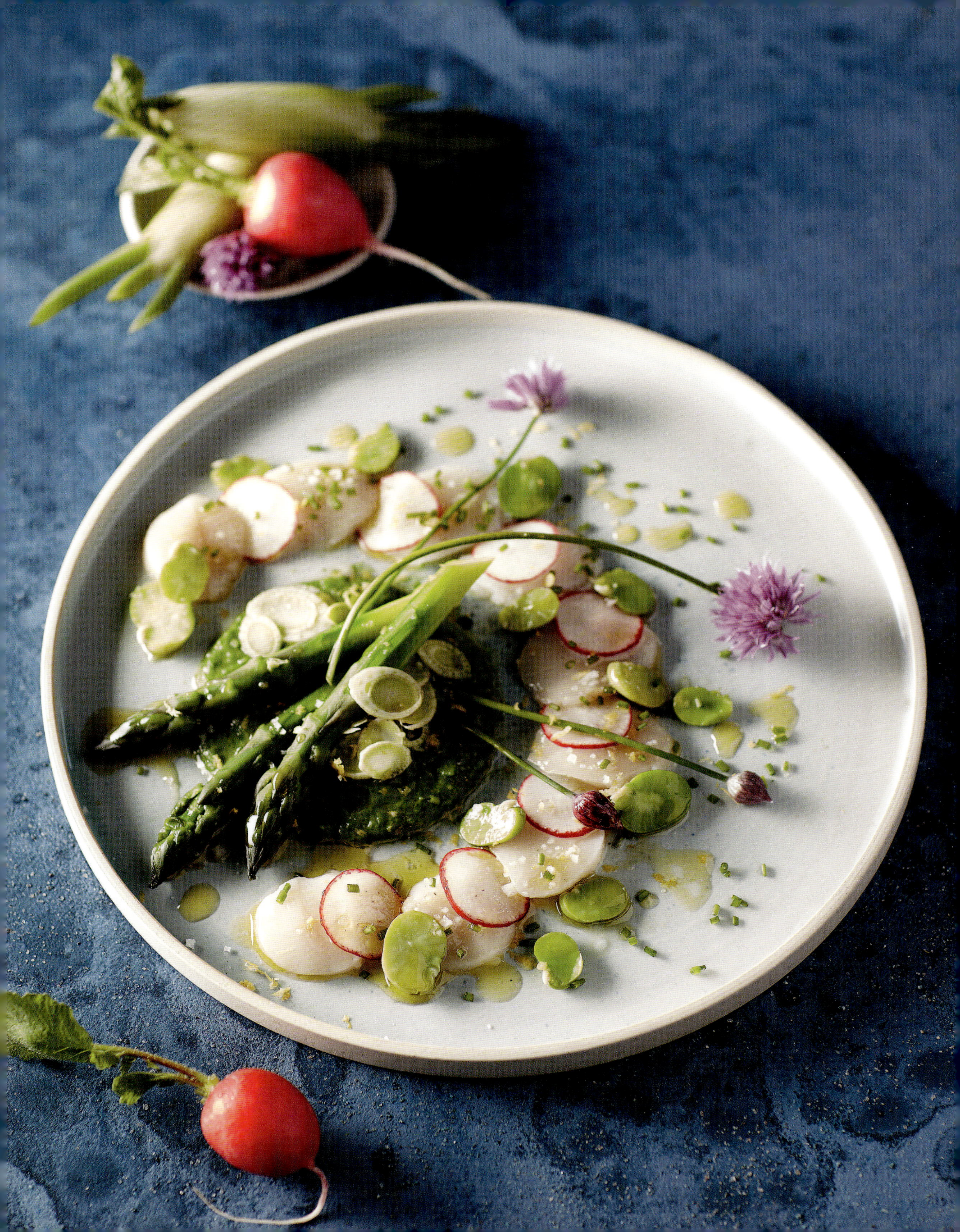

Saint-Jacques à la bretonne

Pour 4 personnes
Temps de préparation : 20 min
Temps de cuisson : 20 min

Ingrédients
8 coquilles Saint-Jacques
3 oignons de Roscoff
3 échalotes
1 gousse d'ail
30 g de mie de pain
10 cl de lait
20 g de chapelure
80 g de beurre demi-sel
Poivre

Demander à votre poissonnier de prélever les noix et le corail des Saint-Jacques. Garder 4 coquilles.

Couper en 4 morceaux les noix et le corail. Éplucher, ciseler les oignons et les échalotes. Éplucher et hacher la gousse d'ail.

Couper la mie de pain en petits cubes. Les tremper dans le lait.

Dans une poêle, faire fondre 70 g de beurre. Verser les oignons et les échalotes. Laisser compoter à feu doux pendant environ 10 min en remuant régulièrement pour obtenir une texture fondante.
Ajouter les noix, le corail, la gousse d'ail et les cubes de pain de mie. Poursuivre la cuisson pendant 5 min.

Répartir la préparation dans les coquilles. Saupoudrer de chapelure. Parsemer des 10 g de beurre restants en copeaux. Cuire 5 min dans un four préchauffé à 160 °C (th. 5-6).

Savourer aussitôt.

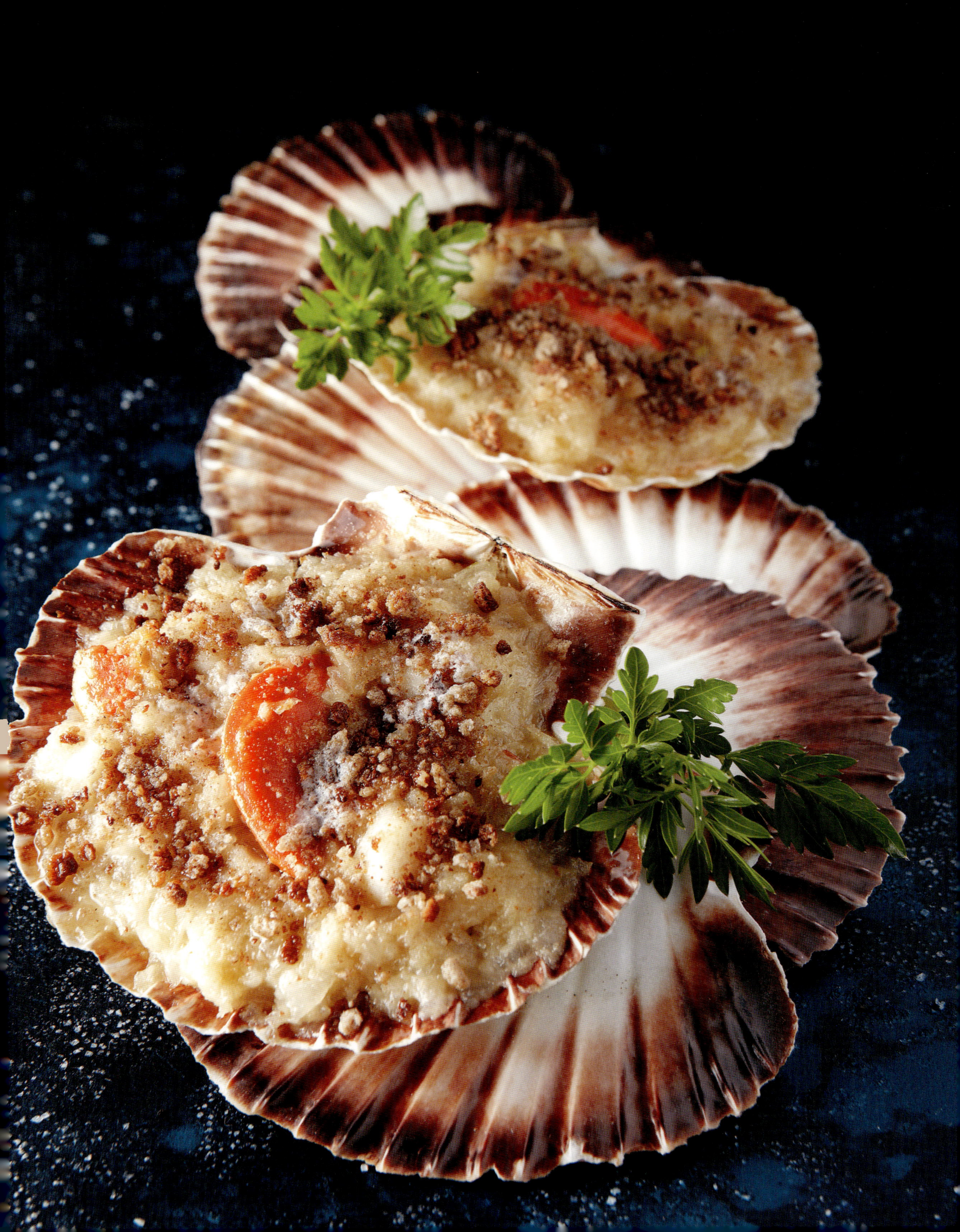

Noix de Saint-Jacques miel gingembre

Pour 4 personnes
Temps de préparation : 30 min
Temps de cuisson : 50 min

Ingrédients
12 noix de Saint-Jacques
600 g de chair de courge butternut
3 feuilles de laurier
2 brins de thym
2 gousses d'ail
12 mini-carottes
1 petite betterave jaune
2 cm de gingembre
1 cuillerée à soupe de miel
1 cuillerée à soupe de sauce soja
Le jus de 2 clémentines
60 g de beurre demi-sel
Sel, poivre

Détailler la chair de butternut en cubes.
Éplucher, hacher une gousse d'ail.
Dans une casserole, faire fondre à feu moyen
40 g de beurre avec la gousse d'ail, le thym
et le laurier. Ajouter les cubes de butternut.
Bien mélanger pour enrober les cubes de beurre.
Baisser le feu et laisser compoter doucement
pendant environ 40 min, en remuant régulièrement
afin d'obtenir une purée fondante.
Réserver au chaud.

Poêler les noix de Saint-Jacques dans 10 g
de beurre, à feu moyen, 2 min de chaque côté.
Saler, poivrer. Réserver au chaud.

Éplucher, hacher la seconde gousse d'ail.
Éplucher, râper le gingembre.
Brosser les carottes.
Éplucher, couper en rondelles la betterave.

Dans une poêle, faire fondre les 10 g de beurre restants
avec le gingembre et la gousse d'ail. Rissoler les carottes
et les betteraves à feu moyen pendant 3 min.
Couvrir. Poursuivre la cuisson 3 min.
Écarter. Réserver au chaud.

Déglacer avec le jus de clémentine à feu vif.
Ajouter le miel et la sauce soja.
Cuire 2 min environ pour obtenir
une sauce sirupeuse.

Dresser harmonieusement dans les assiettes
2 quenelles de purée de butternut,
les noix de Saint-Jacques, les betteraves
et les carottes. Napper de sauce. Poivrer.

Savourer aussitôt.

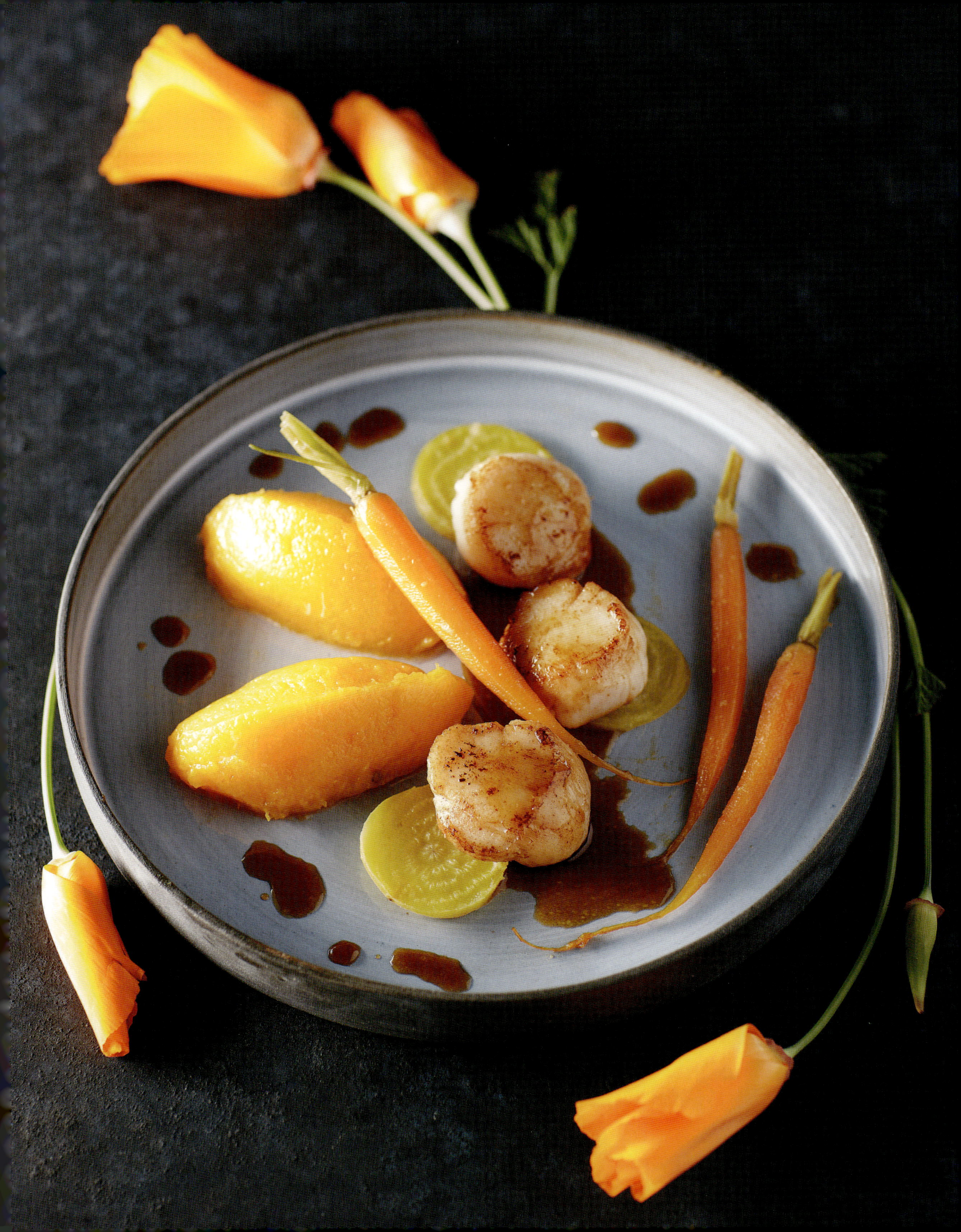

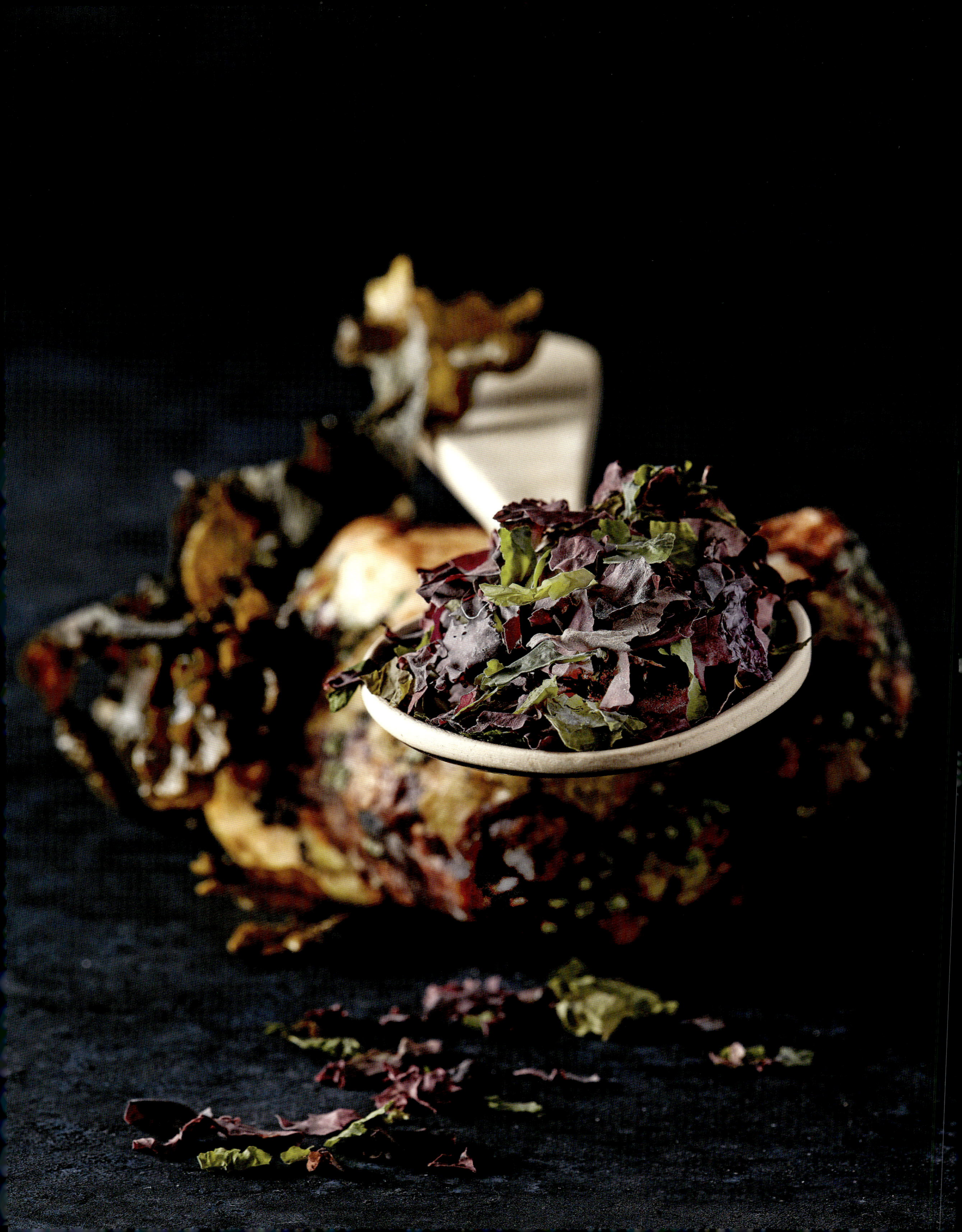

Les algues

**BREIZH ROLLS
TARTARE AUX ALGUES
ACRAS DU PÊCHEUR**

Au commencement était l'eau, apparaissent alors les premières algues il y a trois milliards d'années, puis les côtes bretonnes. Avec ses caractéristiques particulières, elles deviennent un haut lieu de la biodiversité marine, une richesse floristique de près de huit cents espèces d'algues parmi les vingt-sept mille recensées dans le monde. On s'étonne que les populations du littoral se soient focalisées sur le seul goémon. Il s'est maintes fois invité dans la peinture et la littérature, tant le travail du goémonier est ancré dans l'imaginaire collectif. Certes, il a été une ressource essentielle, notamment dans le Finistère Nord. Séché, il sert de combustible, d'engrais, de nourriture pour les bêtes face au manque de terres agricoles. Aussi de complément de revenus : sa cendre recèle un matériau de base précieux, la soude, dont a grand besoin l'industrie naissante, car entrant dans la composition du savon et du verre. Et lorsque sonne le glas de cette production, il servira à l'extraction de l'iode pour la fabrication de l'antiseptique, puis à celle des alginates aux propriétés épaississantes et stabilisatrices dont les filières cosmétique et agroalimentaire sont friandes. Mais aucune présence dans la gastronomie, si ce n'est sur un plateau pour une mise en scène des fruits de mer. Pourquoi cette nourriture abondante et à portée de main à marée basse n'a jamais été exploitée par les populations côtières qui peinaient à cultiver les terres insalubres ? Mystère des préjugés…

Au Japon, où les algues sont prisées et consommées au quotidien, on perçoit l'effet papillon ou plutôt l'effet sushi qui incite depuis quelques années à leur considération. L'ouverture à d'autres cuisines, la conscience du lien alimentation-santé place petit à petit les algues en championnes toutes catégories de l'excellence nutritionnelle, quand elle n'est pas le nouvel or vert pour l'économie.

La Bretagne a saisi l'opportunité. Au large de Roscoff s'étend un des plus vastes champs d'algues d'Europe. Sa diversité incomparable vient de la qualité de l'eau renouvelée en permanence par des marées aux fortes amplitudes. De quoi glaner la salade du pêcheur : laitue de mer, dulse, wakamé, spaghetti de mer et kombu royal. Une cueillette rythmée par les saisons. Il faut donc les connaître pour les prélever au bon moment, avec le bon geste et en quantité mesurée pour s'assurer de leur repousse.

Est-ce la beauté irrésistible du lieu, dentelles de rochers battus par l'insistance du flux, douceur du sable fin et ciel indécis, qui s'est imposée pour la protection de cette exception française ? Les professionnels de la filière se sont structurés pour établir un guide des bonnes pratiques de gestion de la ressource, assurer la formation, la recherche et la communication.
Les chefs cuisiniers ne manquent pas d'arguments pour leur donner une place méritée dans nos assiettes. Et pour les amateurs, leur transformation en paillettes facilite une nouvelle habitude alimentaire, en les saupoudrant comme une épice ou un condiment. Tout est en place dans la littérature, la peinture et les cahiers de recettes pour que figure enfin cette manne maritime, des ballerines de grandes vertus dans l'ondoiement de l'océan.

Breizh rolls

Pour 4 personnes
Temps de préparation : 25 min
Trempage : 1 h
Cuisson : 15 min
Réfrigération : 2 h

Ingrédients
2 feuilles de nori
80 g de graines de sarrasin
130 g de petits pois écossés
4 tranches de truite fumée
100 g de fromage Madame Loïk
1 échalote
Quelques pluches de fenouil
Sel, poivre

Sauce
2 fraises
4 cuillerées à soupe d'huile d'olive
4 cuillerées à soupe de sauce soja
Poivre

Faire tremper le sarrasin dans un bol d'eau froide pendant 1 h.
Le cuire à la vapeur pendant 12 min.
Laisser refroidir.
Cuire les petits pois dans une casserole d'eau bouillante salée pendant 3 min. Égoutter.
Refroidir dans un bol d'eau glacée.
Éplucher, ciseler l'échalote.
Ciseler les pluches de fenouil.
Mélanger le sarrasin, l'échalote ciselée, les pluches de fenouil et le fromage.
Saler, poivrer.

Placer un film alimentaire sur votre plan de travail. Poser dessus une feuille de nori. Étaler la moitié de la préparation au sarrasin jusqu'à 2 cm des bords. Répartir la moitié des petits pois. Poser 2 tranches de truite fumée. Relever le film alimentaire et enrouler doucement la feuille de nori. Pincer et vriller les extrémités du rouleau. Effectuer quelques mouvements de va-et-vient pour bien le modeler. Recommencer l'opération pour la réalisation du second breizh roll. Placer 2 h au frais.

Préparer la sauce
Écraser les fraises à la fourchette. Émulsionner avec l'huile et la sauce soja. Poivrer.

Couper les extrémités des breizh rolls, puis les détailler en tranches d'environ 3 cm.

Savourer avec la sauce.

▶ *Pour plus de facilité de découpe, placer les breizh rolls 15 minutes au congélateur.*

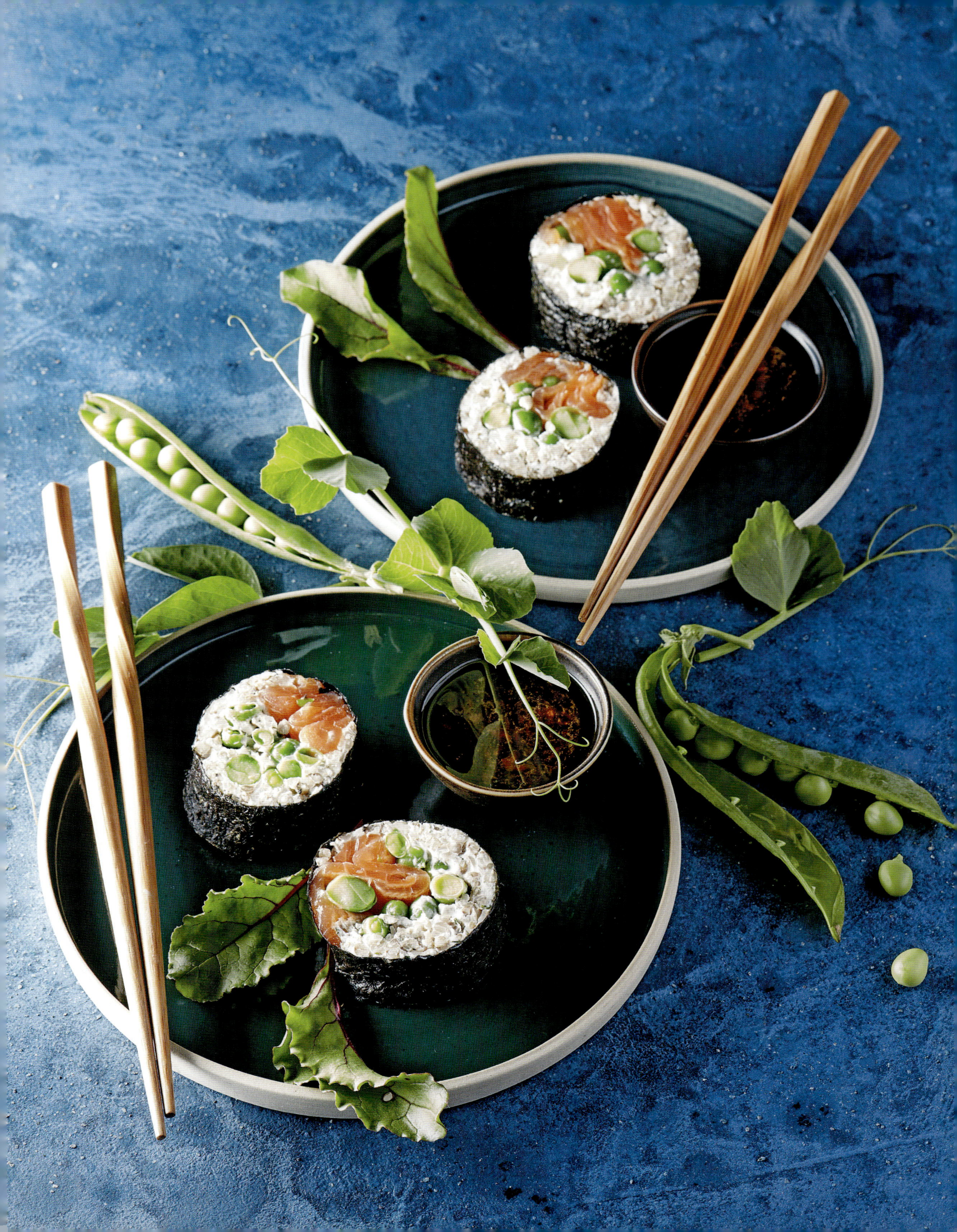

Tartare aux algues

Pour 6 personnes
Temps de préparation : 15 min
Réfrigération : 2 h

Ingrédients
15 g d'algues en paillettes*
1 concombre
1 oignon de Roscoff
4 cuillerées à soupe d'huile d'olive
3 cuillerées à soupe de vinaigre balsamique blanc
1 zeste de citron jaune
Sel, poivre

Éplucher le concombre.
Le couper en quatre dans le sens de la longueur. Retirer les graines.
Le hacher grossièrement.
Éplucher, ciseler l'oignon.
Mélanger tous les ingrédients du tartare.

Placer au frais 2 h.

Savourer sur des tranches de pain toastées.

▶ *Vous trouverez les algues en paillettes en boutique bio. Souvent appelée salade du pêcheur, elle rassemble trois algues nori, dulse et laitue de mer.*

Les algues, très riches en sels minéraux, vont saler le tartare. Il est préférable d'ajuster l'assaisonnement après la réfrigération.

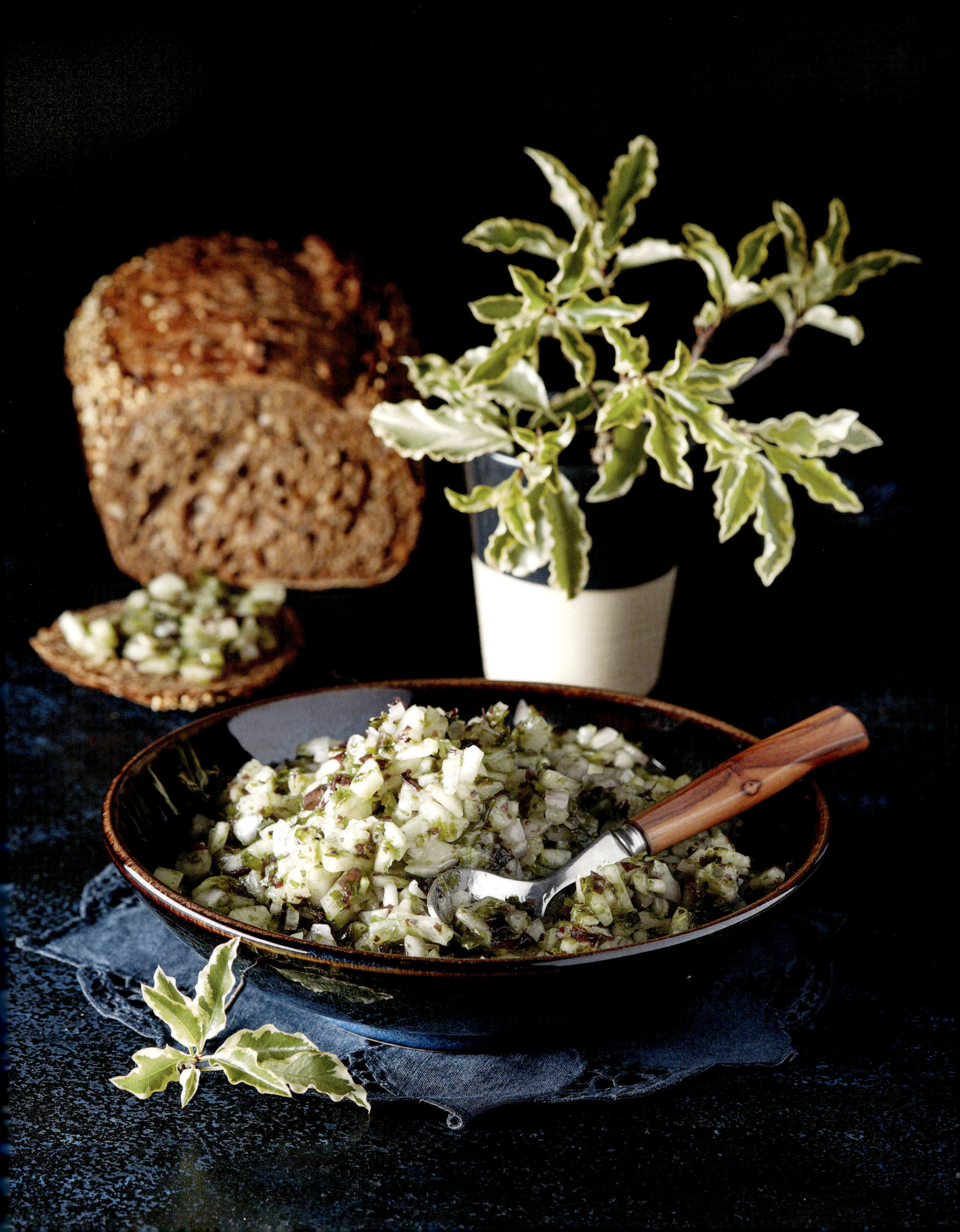

Acras du pêcheur

Pour 1 douzaine d'acras
Temps de préparation : 20 min
Cuisson : 3 min par fournée

Ingrédients
30 g d'algues en paillettes*
550 g de crevettes roses cuites
1 oignon de Roscoff
140 g de farine de blé
2 cuillerées à café de bicarbonate de soude
10 cl de lait ribot
2 œufs
100 g de chapelure
Sel, poivre

Pour accompagner
Quartiers de citron vert
Selon votre goût, sauce ketchup, nem ou aigre-douce

Éplucher, ciseler l'oignon.
Éplucher, hacher grossièrement les crevettes.
Dans un bol, mélanger la farine,
le bicarbonate, les œufs et le lait ribot.
Ajouter les crevettes, l'oignon et les algues.
Saler légèrement, poivrer.
Mélanger.

Façonner de petites boules de la préparation.
Les rouler dans la chapelure.

Faire chauffer à 170 °C (th. 5-6) une huile neutre de friture. Plonger les acras pour environ 2 à 3 min de cuisson.
Ils doivent être bien dorés.
Déposer sur un papier absorbant.
Procéder en plusieurs fournées.

Savourer aussitôt arrosé de quelques gouttes de citron et de la sauce de votre choix.

▶ *Vous trouverez les algues en paillettes en boutique bio. Souvent appelée salade du pêcheur, elle rassemble trois algues nori, dulse et laitue de mer.*

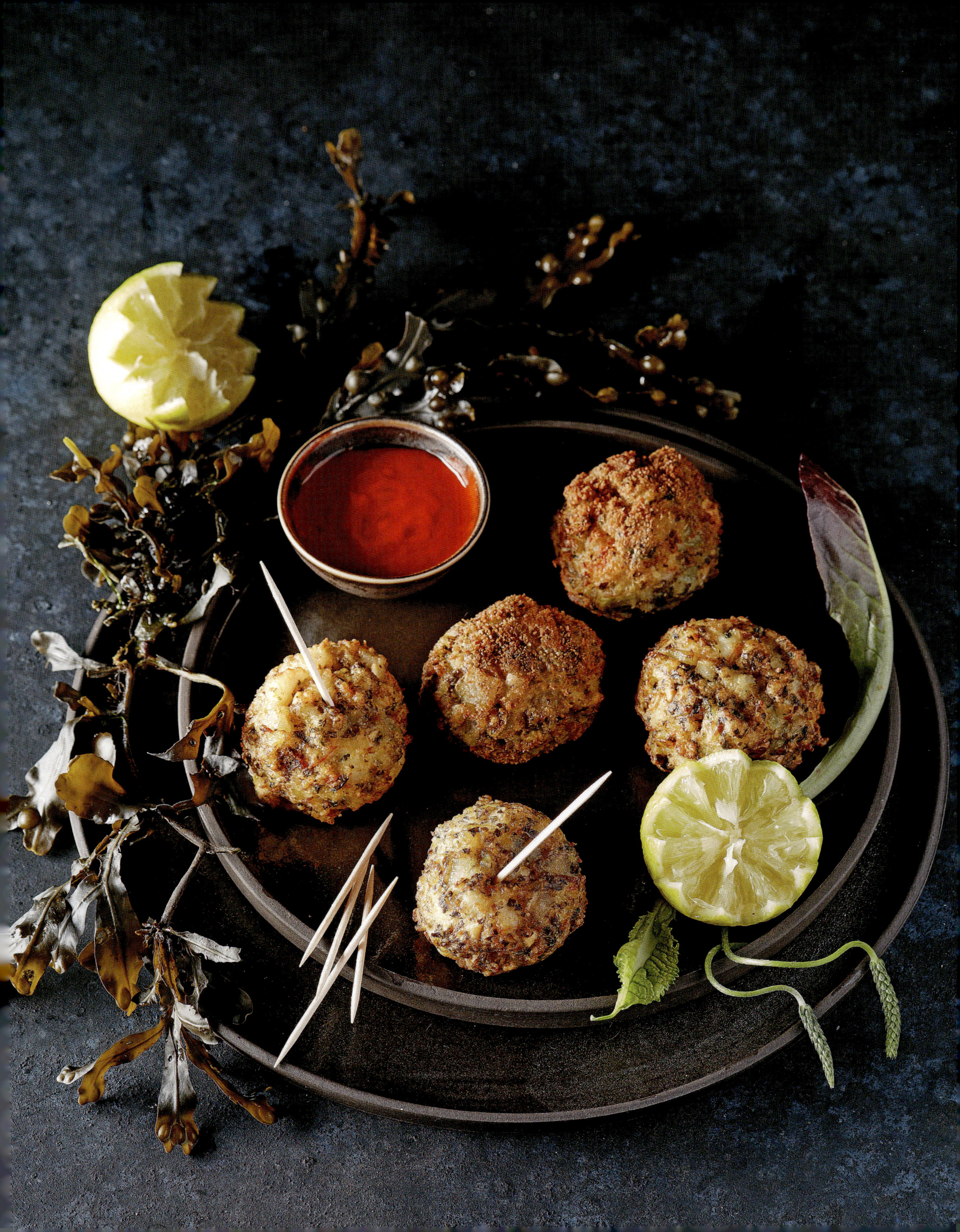

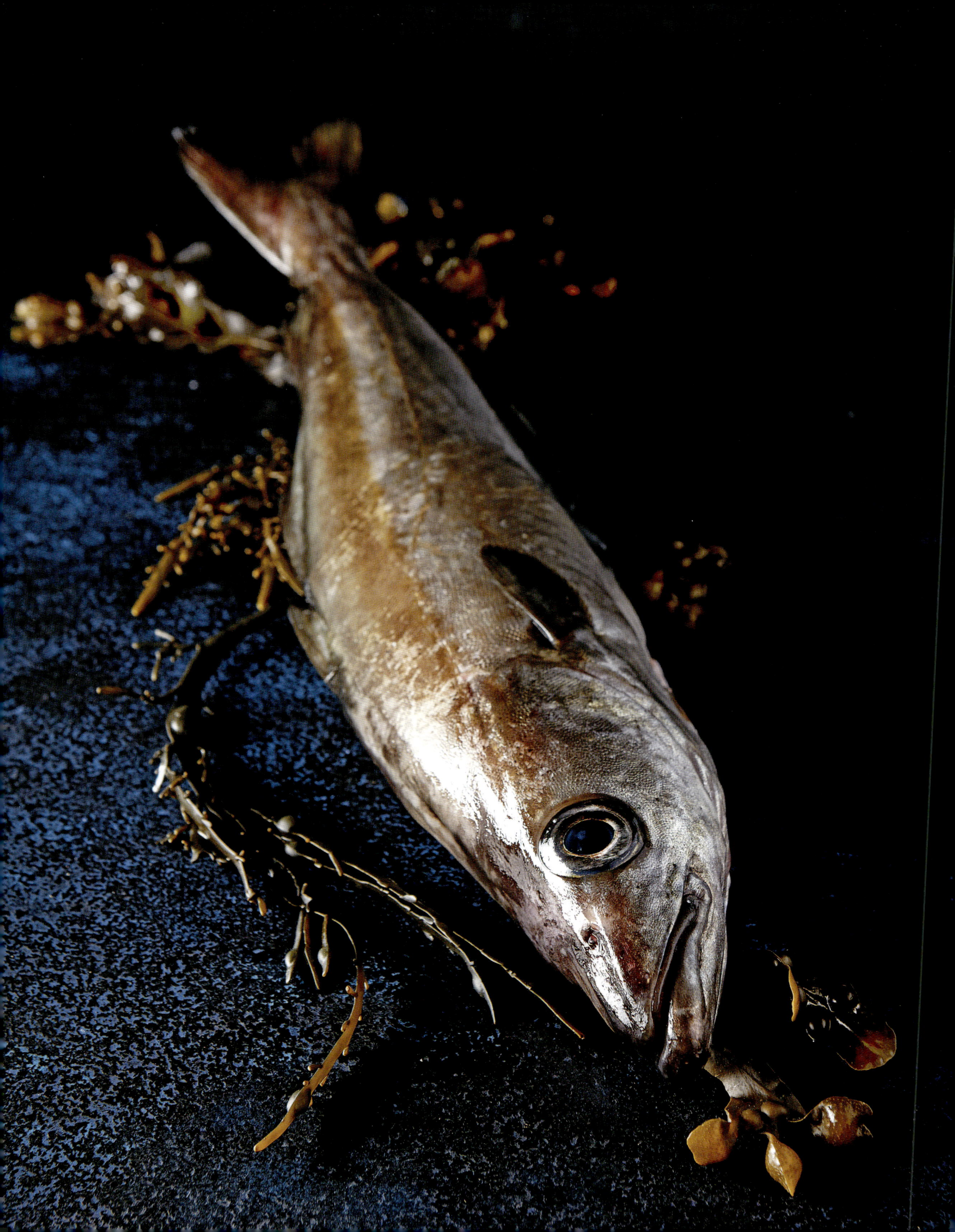

Le lieu

LIEU EN CHAUD-FROID
CEVICHE DE LIEU, PAMPLEMOUSSE ET FÈVES
LIEU À L'UNILATÉRAL, PARFUM DE THYM CITRON

Au XVIe siècle ont été établies des distinctions entre les produits de la mer. Les saumons, les truites sont dits royaux, car ils reviennent au roi dès lors qu'ils échouent sur la grève. Puis vient le groupe de la Grande Marée qui compte une vingtaine de poissons que le Pourvoyeur de Bouches de Sa Majesté Louis XIV estime de grande finesse : bar, homard, turbot… Et pour finir, la Petite Marée rassemble tous ceux de moindre qualité, pêchés communément le long des côtes, dont l'abondance les rend bon marché : langouste, maquereau ou lieu, et dont le sort est souvent de finir en sec, c'est-à-dire salés et desséchés sous le soleil ! Autre temps, autre appréciation, le lieu a gagné aujourd'hui ses lettres de noblesse. Poisson de mers froides, le lieu du lieu, c'est ici !

Les habitats rocheux des côtes celtiques sont une aubaine pour que ce chasseur de sprats ou de crustacés puisse se cacher. Encore faut-il préciser lieu jaune. Reconnaissable à son dos cuivré, il offre une chair ferme et feuilletée, d'une délicate saveur dont le cuisinier se doit de maîtriser une cuisson nacrée. Pêché artisanalement à la ligne, c'est dire l'attention qu'on lui accorde. Jusqu'à sa fin ultime, avec la technique japonaise *ikejime* qui a convaincu ligneurs et gourmets. Elle consiste à le tuer aussitôt pêché, pour éviter le stress d'une lente asphyxie et de le vider de son sang, principale cause de sa dégradation. Mourir de sa belle mort préserve son goût, sa texture et prolonge étonnamment sa conservation. Une technique qui requiert un savoir-faire et augmente son prix.
Mais les restaurateurs étoilés à qui il est destiné ne regardent pas à cette dépense, tant il en devient sublime. Louis XIV doit s'en retourner dans sa tombe…

Quant au lieu noir, c'est une autre histoire. Une histoire de famille qui réserve la lumière aux tons mordorés du premier, pour sous-estimer le second. Est-ce la raison de son dos d'un gris profond ? De par sa nature grégaire, on le pêche industriellement au large. Sa chair plus sèche, moins goûteuse convient à sa commercialisation en filet congelé ou en plat cuisiné. Poisson des cantines que l'on appelle à tort colin, il n'a pas la classe de son cousin.
Mais imaginons la nomination d'un nouveau Pourvoyeur de Bouches de Sa Majesté prêt à déployer des arguments pour l'apprécier. Qui attirerait l'attention des consommateurs à le préférer pour faire baisser la pression sur le jaune ou sur d'autres poissons dont la ressource peine à se renouveler. Qui saurait convaincre que les nobles turbots ou le cabillaud sont tellement petite marée alors que lui nage encore à son aise dans la grande ? Il pourrait s'appeler *Aotrou Pesk** et promouvoir le lieu noir en délicieuse alternative. La tête de Louis XIV…

* *Aotrou Pesk* : Monsieur Poisson.

Lieu en chaud-froid

Pour 4 personnes
Temps de préparation : 20 min
Temps de cuisson : 20 min

Ingrédients
4 filets de lieu sans peau
4 galettes de sarrasin
60 g de beurre demi-sel
1 cuillerée à soupe d'huile d'olive
Sel, poivre

Sauce
4 tomates
6 tranches fines d'andouille de Guémené
2 oignons nouveaux
1 petite botte de ciboulette
6 cuillerées à soupe d'huile d'olive
Fleur de sel, poivre

Préparer la sauce
Couper les tomates et les tranches d'andouille en petits dés.
Ciseler la ciboulette.
Émincer les oignons.
Dans un bol, mélanger tous les ingrédients avec l'huile d'olive.
Saler, poivrer. Réserver au frais.

Faire chauffer 20 g de beurre et l'huile d'olive dans une poêle. Cuire les filets de lieu à feu moyen pendant environ 2 min de chaque côté. Réserver au chaud.

Faire chauffer 10 g de beurre dans une poêle. Cuire une galette 2 min de chaque côté. Placer au centre un filet de lieu. Rabattre la galette. Réserver au chaud. Renouveler l'opération pour les autres galettes.

Savourer aussitôt généreusement arrosé de sauce.

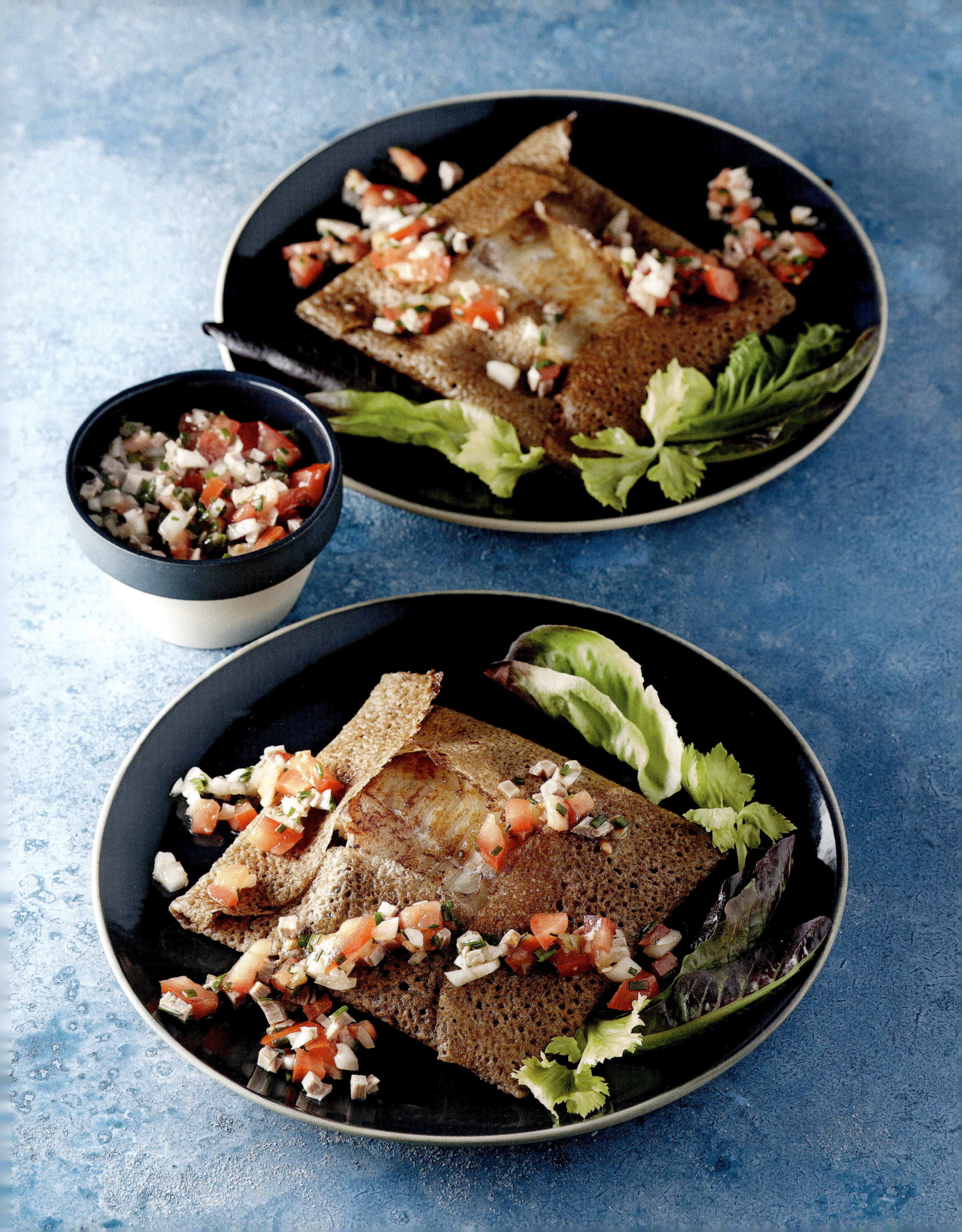

Ceviche de lieu pamplemousse et fèves

Pour 4 personnes
Temps de préparation : 25 min
Réfrigération : 1 h

Ingrédients
400 g de filet de lieu sans peau
2 pamplemousses roses
80 g de fèves fraîches écossées
1 échalote
10 brins de ciboulette
2 cm de gingembre
4 cuillerées à soupe d'huile de sésame grillé
Fleur de sel, poivre

Cuire les fèves dans une casserole d'eau bouillante salée pendant 2 min. Égoutter. Laisser refroidir. Retirer leur peau.

Couper le lieu en petits dés.
Éplucher, ciseler l'échalote.
Éplucher, râper le gingembre.
Ciseler la ciboulette.
Lever les suprêmes des pamplemousses en recueillant le jus.
Réserver 12 suprêmes.
Couper les autres en petits dés.

Mélanger les dés de lieu et de pamplemousse, les fèves, l'échalote, la ciboulette, le gingembre. Ajouter 2 cuillerées à soupe de jus de pamplemousse et les 4 cuillerées à soupe d'huile de sésame. Saler, poivrer. Bien mélanger. Réserver 1 h au frais.

Dresser dans chaque assiette, à l'aide d'un emporte-pièce, le ceviche de lieu.
Ajouter 3 suprêmes de pamplemousse.
Verser un filet d'huile de sésame.
Saupoudrer d'un peu de fleur de sel et de poivre.

Savourer aussitôt accompagné d'une salade de mesclun.

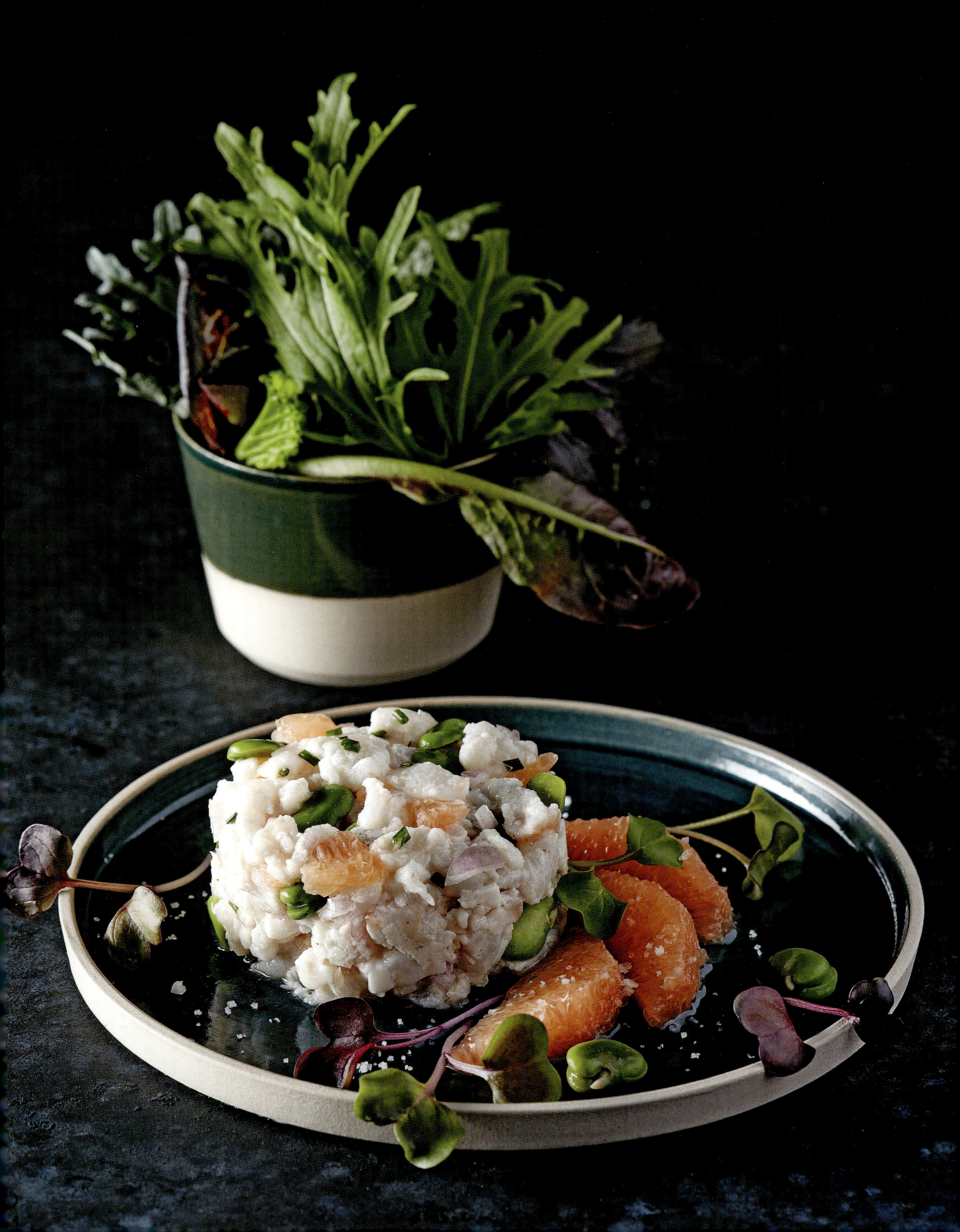

Lieu à l'unilatéral, parfum de thym citron

Pour 4 personnes
Temps de préparation : 30 min
Temps de cuisson : 40 min
Infusion : 30 min

Ingrédients
4 filets de lieu avec la peau
1 petit bouquet de thym citron
50 g de beurre demi-sel
1 cuillerée à soupe d'huile d'olive
15 cl de crème fluide
20 cl de lait ribot
Fleur de sel, poivre

Purée aux cosses de petits pois
400 de petits pois
600 g de pommes de terre
15 cl de crème fluide
5 cuillerées à soupe d'huile d'olive
Sel, poivre

Préparer la purée
Cuire les pommes de terre à la vapeur pendant environ 20 min. Les éplucher, puis les écraser grossièrement à la fourchette. Réserver au chaud.

Écosser les petits pois.
Les cuire 3 min dans une casserole d'eau bouillante salée. Réserver au chaud.

Retirer l'extrémité des cosses de petits pois. Les cuire dans une casserole d'eau bouillante salée pendant 10 min. Les mixer avec un peu d'eau de cuisson. Passer au chinois.
Ajouter la crème et l'huile d'olive.
Mélanger la crème de cosses avec les pommes de terre écrasées.
Saler, poivrer. Réserver au chaud.

Préparer la sauce
Chauffer la crème fluide. Hors du feu, ajouter une dizaine de brins de thym citron.
Laisser infuser pendant 30 min à couvert.
Filtrer. Ajouter le lait ribot. Saler, poivrer.
Au moment de servir, chauffer à feu doux, puis émulsionner la sauce à l'aide d'un mixeur plongeant.

Faire mousser le beurre et l'huile d'olive dans une poêle. Ajouter le thym citron restant.
Déposer les filets de lieu côté peau.
Cuire à feu moyen en arrosant constamment de beurre pendant environ 5 min.
Saler, poivrer.

Répartir dans chaque assiette la purée aux cosses, le filet de lieu, les petits pois.
Napper de l'émulsion au lait ribot.

Savourer aussitôt.

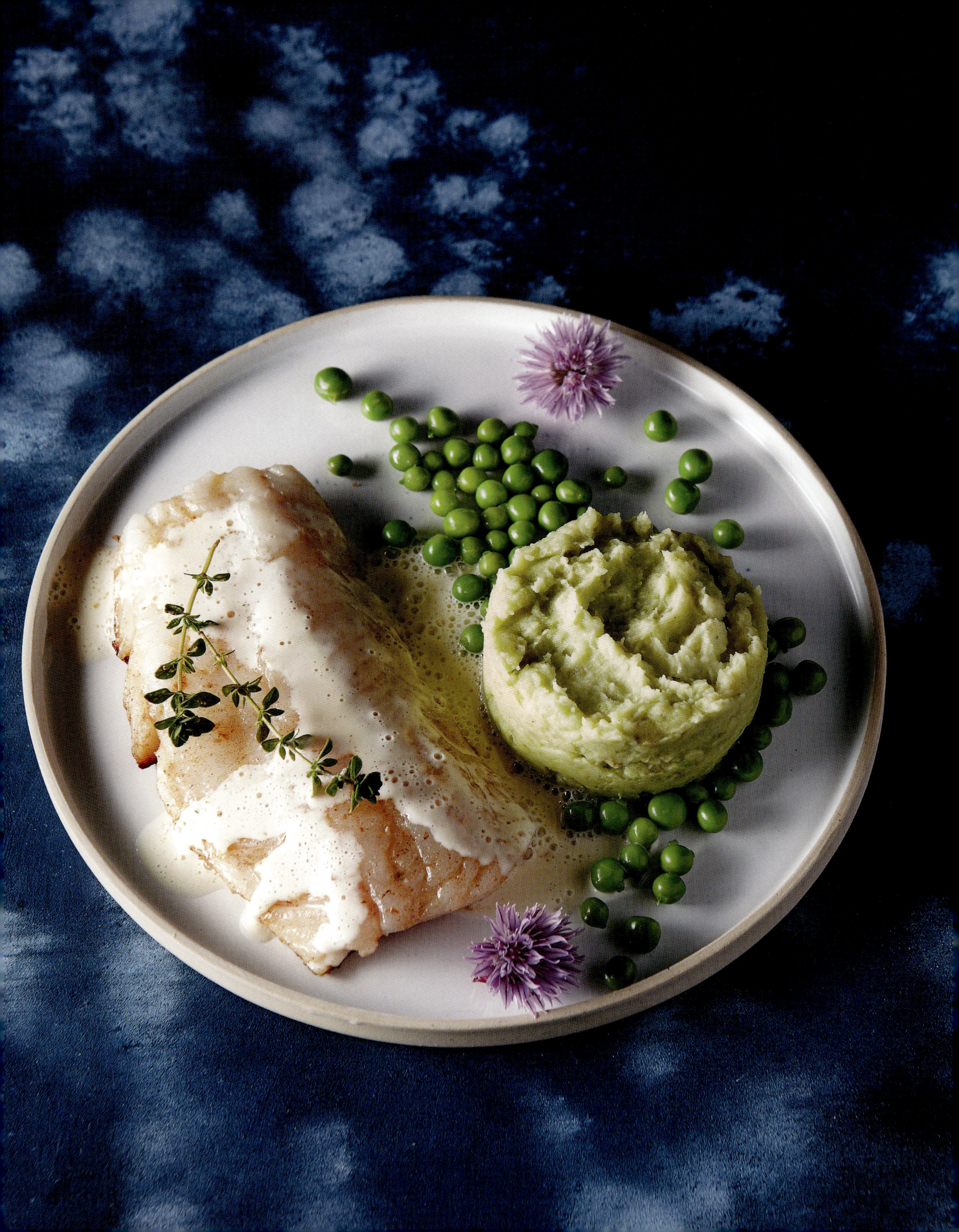

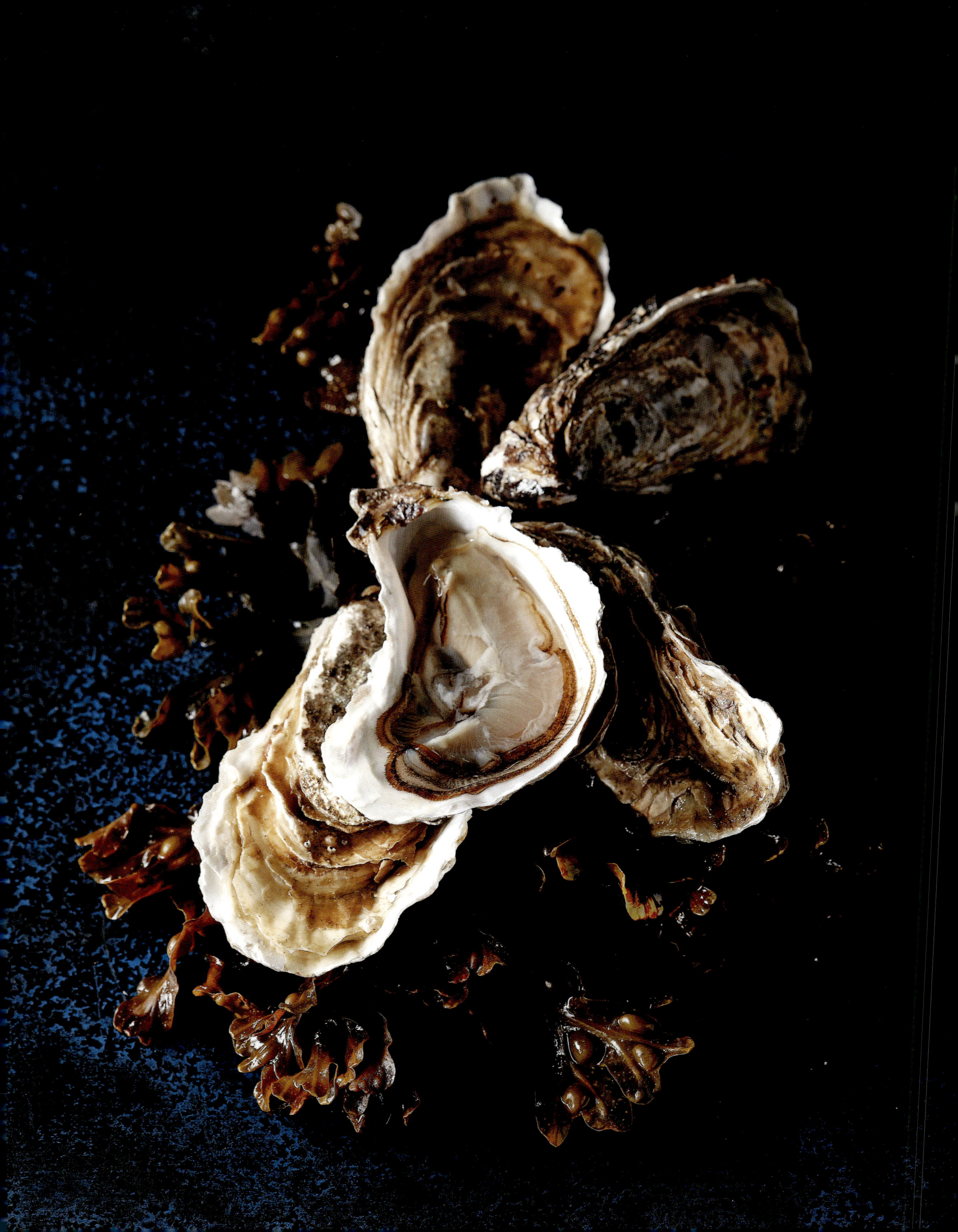

Les huîtres

HUÎTRES MARINÉES, SÉSAME, GINGEMBRE
HUÎTRES POCHÉES, BOUILLON D'ÉPINARDS
HUÎTRES FARCIES AUX POIREAUX ET SARRASIN

La France est le pays de l'huître. Sept grandes régions de production, ancrées sur tout le littoral depuis des siècles, donnent à ce coquillage une place privilégiée dans la gastronomie hexagonale. Pour le vin, ce n'est pas le cépage seul qui lui donne son identité, mais le terroir et le travail du vigneron. Il en est de même pour l'huître. Chacune exprime à la dégustation, sa singularité, l'aboutissement d'un travail patient d'au moins trois années, où l'improbabilité de la nature se conjugue aux gestes de l'ostréiculteur. La notion de fruit de mer prend en Bretagne toute sa dimension.

Elles sont nombreuses à se gorger des vents iodés, du flux incessant des marées et de l'âme celte, en front de mer comme dans les rivières. On pourrait les chanter comme à la marelle en sautant d'un lieu à l'autre : Cancale, Mont-Saint-Michel, Arguenon, Fréhel, Paimpol, Tréguier, Morlaix-Penzé, Aber-Wrac'h, Aber-Benoit, rade de Brest, Crozon, Goyen, Guilvinec, Pont-L'Abbé, Penfoulic, Forêt, Odet, Aven, Bélon, Merrien, Groix, Étel, Plouharnel, Crac'h, Philibert, Auray, golfe du Morbihan, Penerf, Pénestin, Pen-Bé, Le Croisic... que des grands crus ! Et derrière chaque lieu, s'expriment des histoires d'hommes et de femmes, qui ont choisi ce magnifique et difficile métier de jardiniers de la mer. Il faut vraiment aimer la nature pour s'y engager. Les conditions sont souvent rudes lorsque le cinglant des vents et le pilon des pluies ne vous lâchent pas durant le temps court de la marée où les parcs affleurent pour y retourner les poches. On ne s'arrange pas au confort du « j'irai demain ». Il faut vraiment aimer la nature pour espérer qu'elle n'anéantisse pas en quelques heures les mois d'attention passés sur l'estran. Tempête, pollution, météo, qualité de l'eau, prédateurs, autant de dangers contre lesquels on ne peut rien. Pas de produit miracle à ajouter pour préserver ou forcer la croissance de l'huître. La nature est à l'œuvre. Sans adjuvant.

Ceci explique peut-être le plaisir de la déguster sans d'autre apprêt que quelques gouttes d'acidité. Malgré la créativité des cuisiniers depuis Escoffier de l'honorer dans une sauce Mornay ou en gelée, elle passe de génération en génération, désirée en entrée dans toute sa fraîcheur, simplement posée nue sur un lit de goémon.
« J'adore les huîtres : on a l'impression d'embrasser la mer sur la bouche » - Léon-Paul Fargue
On ne saurait mieux dire que le poète...

Huîtres marinées, sésame, gingembre

Pour 4 personnes
Temps de préparation : 20 min
Marinade : 1 h

Ingrédients
24 huîtres

Marinade
2 cm de gingembre
3 cuillerées à soupe d'huile de sésame
1 cuillerée à soupe de miel
3 cuillerées à soupe de sauce soja light
5 cuillerées à soupe de ketchup
1 gousse d'ail
2 tomates
1 cébette
1 petite botte de ciboulette
1 cuillerée à soupe de graines de sésame
Poivre

Préparer la marinade
Éplucher, râper le gingembre.
Éplucher, hacher l'ail. Dans une assiette creuse, mélanger l'huile, le miel, la sauce soja, le ketchup, le gingembre et l'ail.

Ouvrir les huîtres en réservant 12 coquilles pour le service.
Mettre les huîtres à mariner dans le mélange pendant 1 h au frais.

Laver, couper les tomates en petits dés.
Ciseler la cébette et la ciboulette.
Au moment de servir, les mélanger avec les huîtres marinées.

Déposer dans chaque coquille, 2 huîtres et un peu de marinade.
Parsemer de graines de sésame. Poivrer.

Savourer aussitôt.

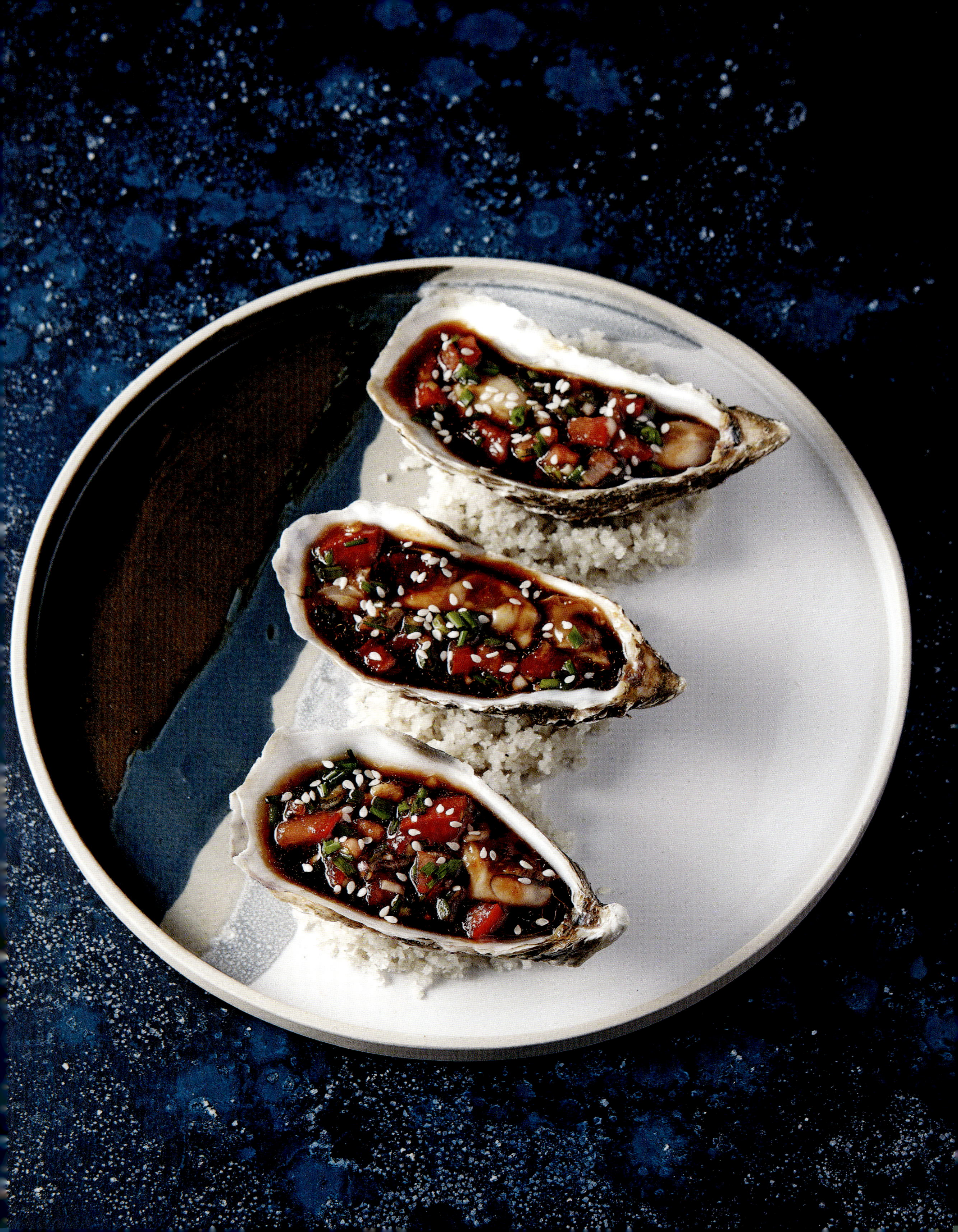

Huîtres pochées, bouillon d'épinards

Pour 4 personnes
Temps de préparation : 25 min
Temps de cuisson : 5 min

Ingrédients
2 douzaines d'huîtres
400 g d'épinards
30 g de beurre demi-sel
3 cuillerées à soupe de crème fraîche
2 jaunes d'œufs
1 jus de citron jaune
1 pomme reinette d'Armorique
Sel, muscade

Équeuter, laver les épinards.
Dans une casserole, chauffer le beurre.
Verser les épinards. Les faire fondre à feu moyen. Ajouter 10 cl d'eau. Saler.
Cuire 5 min à feu moyen.

Mixer avec les jaunes d'œufs et la crème fraîche.
Ajouter une bonne râpée de noix de muscade.
Réserver au chaud.

Éplucher, couper la pomme en brunoise.
La mélanger avec le jus de citron.

Ouvrir les huîtres. Récupérer leur eau.
La porter à ébullition, puis y pocher 30 s les huîtres. Les écarter. Filtrer l'eau et l'ajouter dans le bouillon d'épinards.

Répartir le bouillon dans les bols.
Ajouter les huîtres pochées et la brunoise de pomme.

Savourer aussitôt.

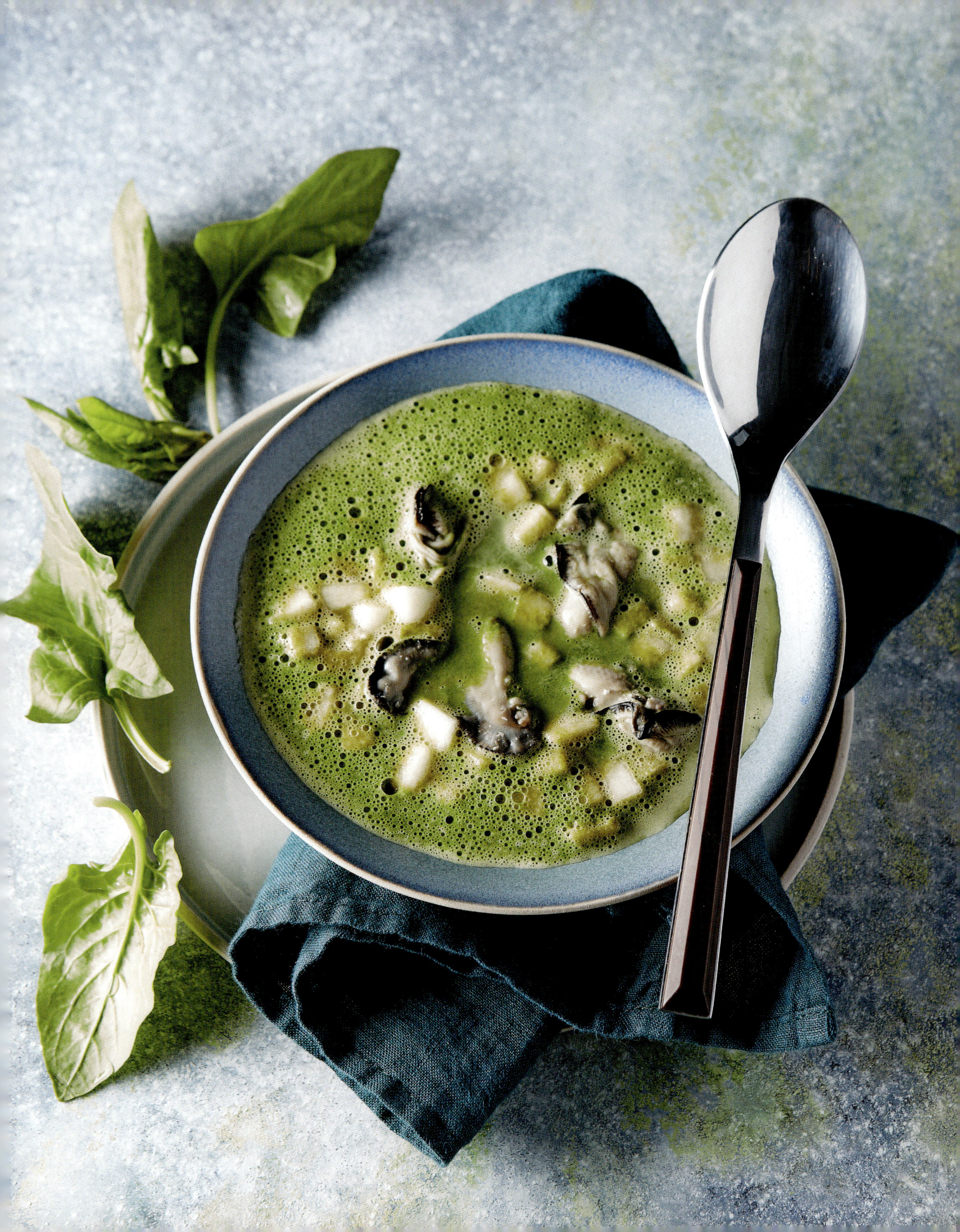

Huîtres farcies
aux poireaux et sarrasin

Pour 4 personnes
Temps de préparation : 25 min
Temps de cuisson : 10 min

Ingrédients
2 douzaines d'huîtres
2 petits poireaux
2 cuillerées à soupe de graines de sarrasin grillé
4 jaunes d'œufs
6 cuillerées à soupe de crème fraîche
10 g de beurre demi-sel
Sel, poivre

Laver, émincer très finement les poireaux. Chauffer le beurre dans une poêle. Verser les poireaux et les graines de sarrasin. Cuire à feu doux pendant 5 min en remuant régulièrement. Saler légèrement. Poivrer.

Dans un bol, mélanger les jaunes d'œufs, la crème et la fondue de poireaux. Poivrer.

Ouvrir les huîtres. Les décoquiller, les vider de leur eau puis les replacer. Attendre quelques minutes pour éliminer de nouveau leur eau. Les placer dans un plat à four sur un lit de gros sel. Les farcir de la préparation aux poireaux.

Cuire 5 min dans un four préchauffé en position gril, en plaçant à 15 cm de distance le plat du gril.

Savourer aussitôt.

▶ *Je ne sale pas la préparation, car les huîtres s'en chargeront pendant la cuisson.*

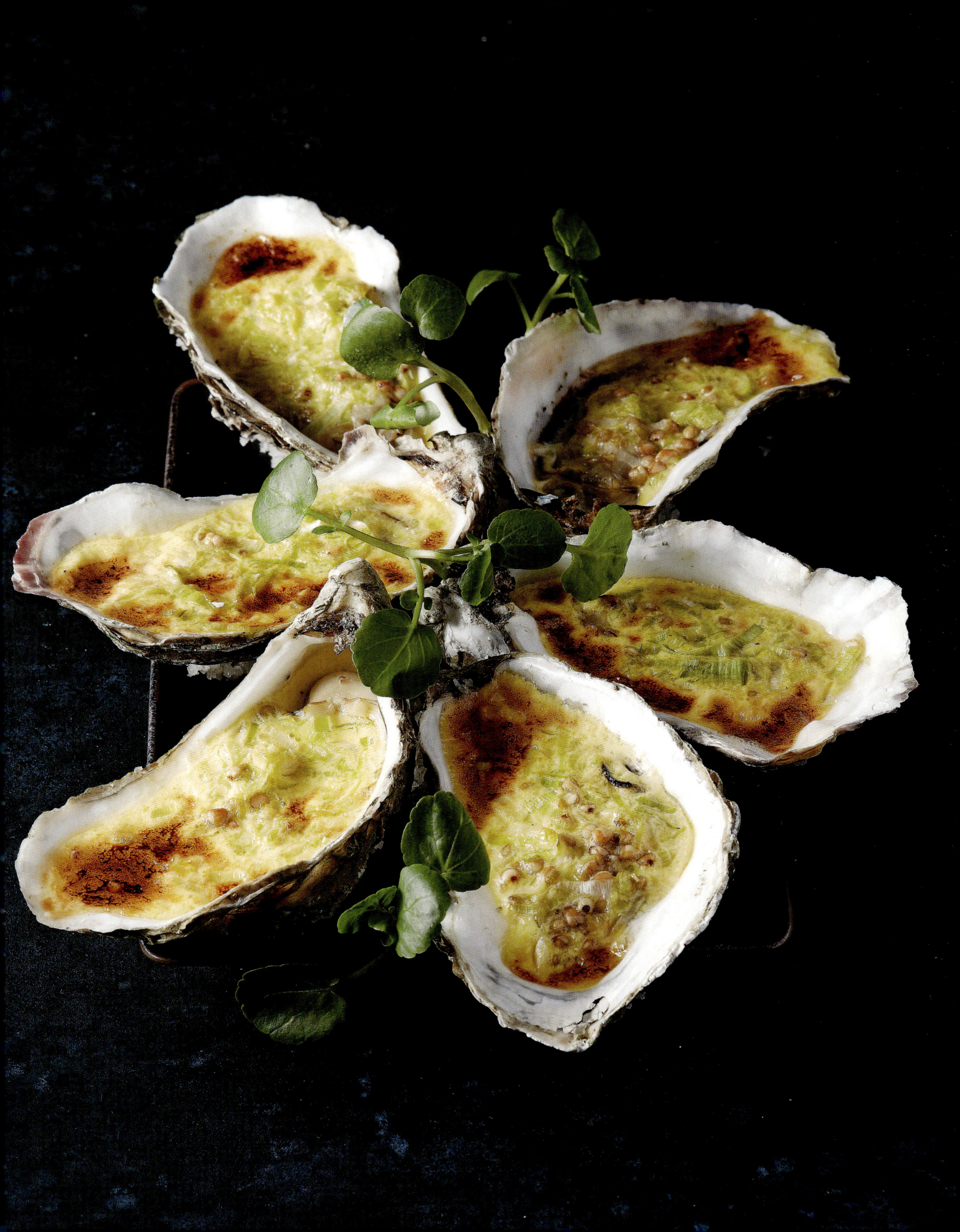

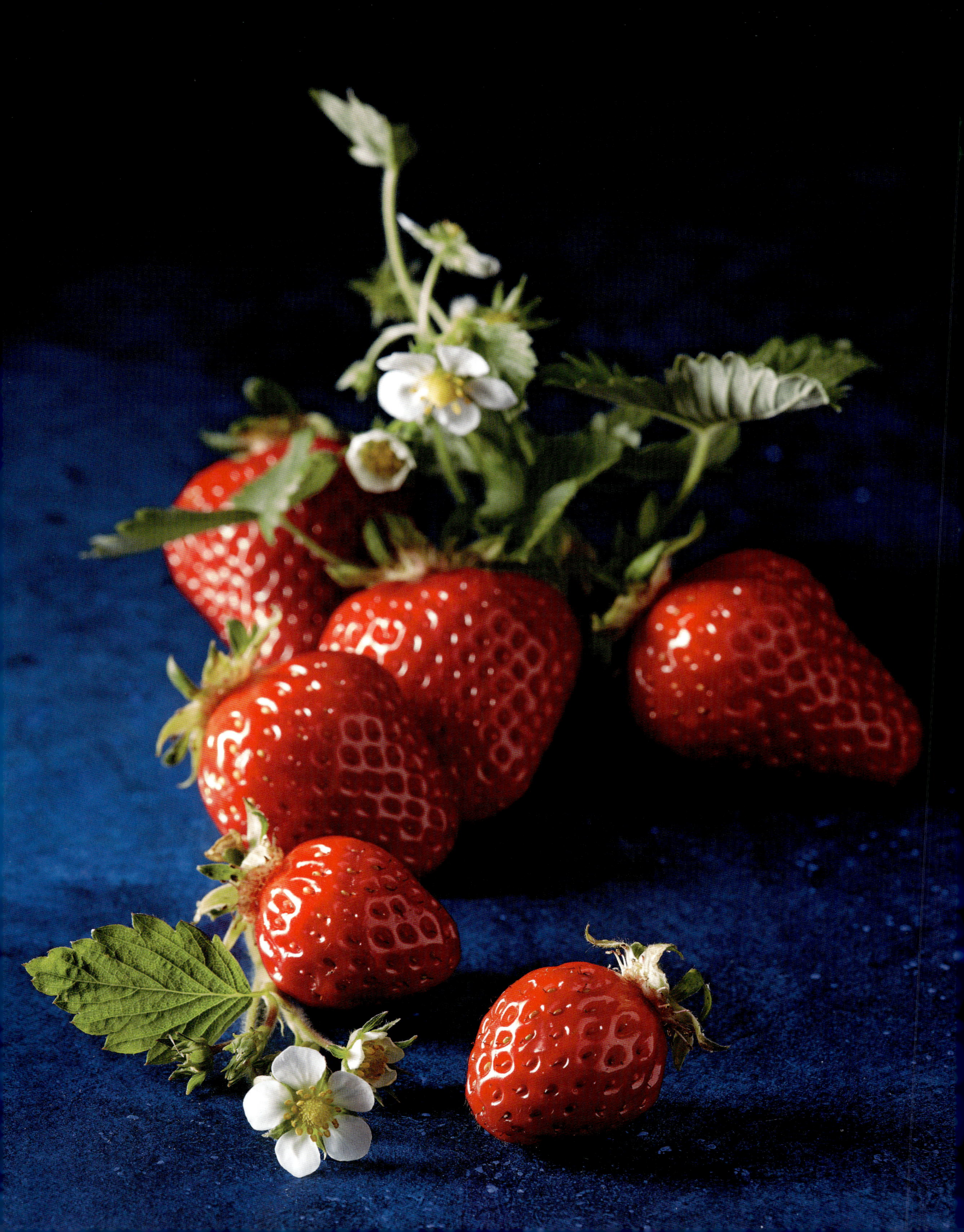

La fraise de Plougastel

TARTARE DE DORADE À LA FRAISE
GLACE À LA FRAISE ET CRÊPE DENTELLE
TARTE AUX FRAISES, PARFUM DE VIOLETTE

On la présente comme le rubis du Finistère, précédée d'une histoire bien rodée qui commence le 17 août 1714. Celle d'un ingénieur militaire au nom prédestiné, Amédée-François Frézier, qui l'aurait rapportée d'un séjour au Chili pour justifier en expédition botanique une mission d'espionnage des installations militaires espagnoles. Nommé ensuite directeur des fortifications de Bretagne à Brest, il choisit le village de Plougastel à quelques kilomètres pour acclimater les premiers plans. Elle était blanche, avait souffert du voyage et sans le secours d'un croisement avec un autre plant originaire de Virginie et de la fraise des bois française, elle n'aurait jamais pu devenir le fruit rouge que nous connaissons aujourd'hui. Et qui incarne divinement son nom issu du latin, *fragare*, répandre une odeur suave.

Mais les historiens présentent une autre version moins romancée. En 1736, le jardin des simples de Brest est détruit par un tremblement de terre. Pour le reconstruire, on fait venir des plants du jardin du roi à Versailles, dont ceux débarqués une vingtaine d'années plus tôt par le fameux Frézier. Bien acclimatée, elle aurait prospéré ensuite dans les environs, dont le climat favorable et la culture en petites unités clos de murs pour la protéger des vents lui confèrent un goût exceptionnel, pour devenir LA fraise de Plougastel. Mais peut-être faudrait-il l'évoquer au pluriel aujourd'hui. Depuis son origine en variété endémique à la ville, elle a connu de nombreuses évolutions culturales pour améliorer sa résistance aux maladies, sa productivité et son aptitude au transport. À partir du XXe siècle, on savoure la Ricarde, on découvre la première remontante, la « Saint-Joseph ». Puis l'« Elsanta » suivie des rudes concurrentes espagnoles et italiennes. Alors la recherche française avec l'INRA s'engage dans le développement de celles à haute valeur gustative. La gariguette fait son entrée en 1976 suivie par la mara des bois en 1991 et aujourd'hui la charlotte, cultivées partout en France. Alors à quoi tient la réputation de la petite Finistérienne lorsque la réalité aujourd'hui est une production pratiquée essentiellement hors sol que l'on appelle pudiquement jardins suspendus ? À sa précocité quand le consommateur est impatient au sortir de l'hiver de la retrouver. Et à la dynamique de deux grandes marques, Salvéol et Prince de Bretagne, qui ont empreint les esprits de son origine bretonne en la rebaptisant la « Freizh ». Mais elle la doit aussi à tous les petits producteurs de pleine terre. L'océan immuable qui régule le passage du Gulf Stream et la douceur des températures, le sol siliceux qui la nourrit sans l'oppresser, le soleil en discrétion sont les marqueurs de son terroir : unique. Surtout si vous l'escortez du meilleur de l'Ouest : posée sur sablé dans un nuage de chantilly. Là, vous connaîtrez la véritable saveur de la fraise de Plougastel.

Tartare de dorade à la fraise

Pour 4 personnes
Temps de préparation : 25 min
Réfrigération : 30 min

Ingrédients
400 g de dorade royale en filet
250 g de fraises de Plougastel
1 petite courgette
40 g de pignons de pin
2 oignons botte
8 cuillerées à soupe d'huile d'olive
½ jus de citron
Fleur de sel, poivre

Couper les filets de dorade en petits dés.
Mixer 3 fraises avec 4 cuillerées à soupe d'huile d'olive et le jus de citron.
Saler, poivrer.
Mélanger la préparation aux cubes de dorade.
Réserver au frais 30 min.

Préparer la sauce
Écraser à la fourchette 3 fraises dans un bol.
Ajouter les 4 cuillerées à soupe d'huile d'olive restantes. Saler, poivrer.

Laver, émincer très finement la courgette en rondelles. Émincer les fraises restantes et les oignons botte.
Torréfier les pignons de pin 2 min dans une poêle chaude.

Dresser dans chaque assiette, à l'aide d'un emporte-pièce, un cercle de tartare de dorade. Disposer autour les rondelles de courgette, les fraises. Parsemer des pignons et des oignons. Arroser de sauce.

Savourer aussitôt.

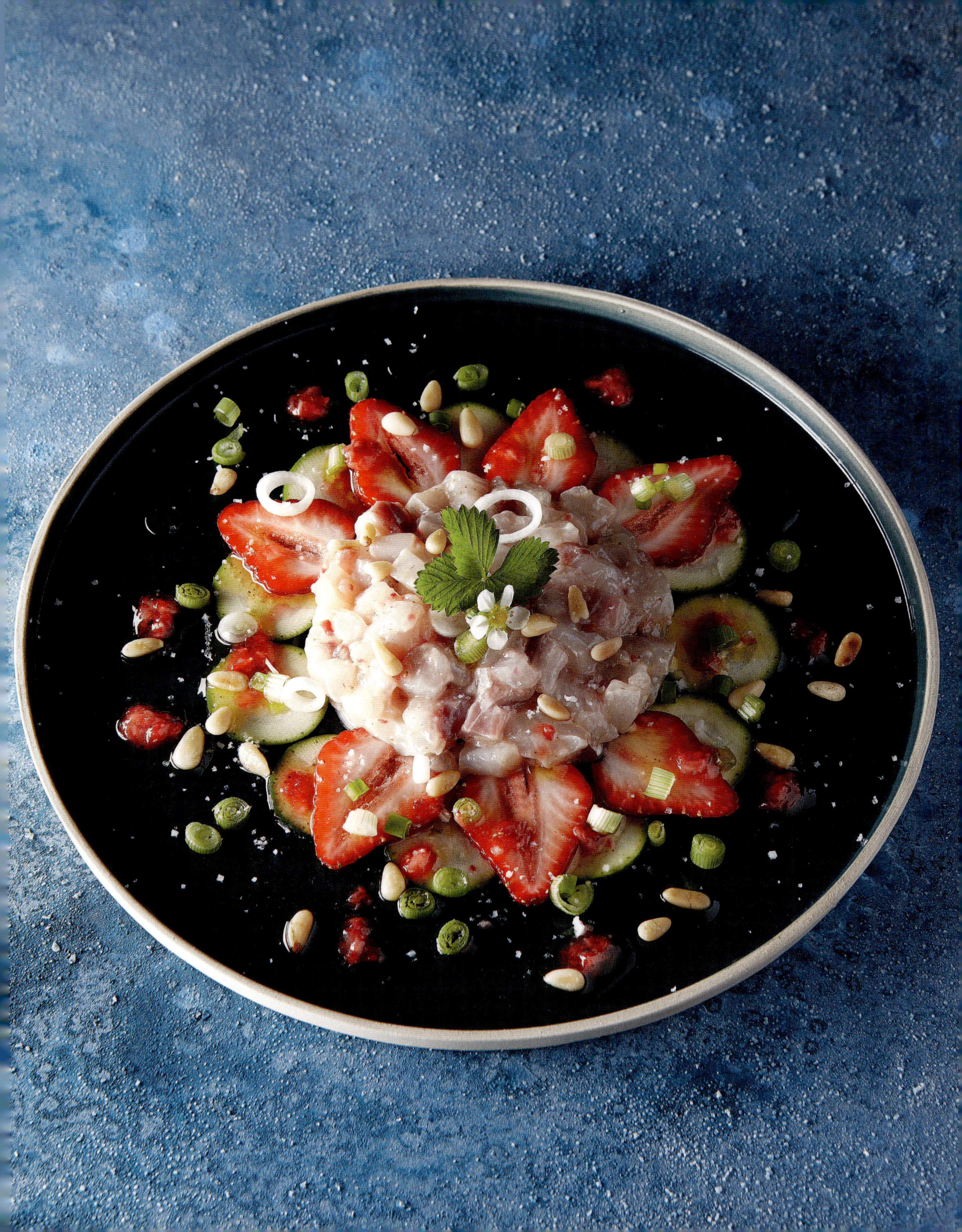

Glace à la fraise et crêpe dentelle

Pour 6 personnes
Temps de préparation : 40 min
Temps de repos de la pâte : 30 min
Temps de cuisson : 4 min par crêpe
Temps de congélation : 2 h

Ingrédients
300 g de fraises
5 cl de lait ribot
2 cuillerées à soupe de sirop de fraise

Glace
200 g de fraises
4 cuillerées à soupe de sirop de fraise
15 cl de lait ribot

Crêpes dentelle
90 g de farine de blé
1 œuf
20 g de beurre demi-sel fondu
3 sachets de sucre vanillé
15 cl de lait

Préparer la glace
Équeuter les fraises. Les mixer avec le lait et le sirop. Verser dans des petits moules en silicone. Placer 2 h au congélateur.

Préparer les crêpes dentelle
Mélanger tous les ingrédients.
Laisser reposer 30 min.
Verser la pâte dans un biberon.

Dans une poêle chaude légèrement beurrée, presser délicatement le biberon pour réaliser des boucles de pâte à partir du centre. Cuire à feu doux pendant environ 2 min de chaque côté. Recommencer jusqu'à épuisement des ingrédients.

Équeuter les 300 g de fraises.
Détailler la moitié en rondelles.
Mixer l'autre moitié avec le lait ribot et le sirop. Passer au chinois le coulis.

Dix minutes avant de servir, sortir les glaces. Dresser harmonieusement dans chaque assiette, la glace, les rondelles de fraises, le coulis et les crêpes dentelle.

Savourer.

▶ *Pour plus de gourmandise : saupoudrer de sucre vanillé les fraises et les crêpes dentelle.*

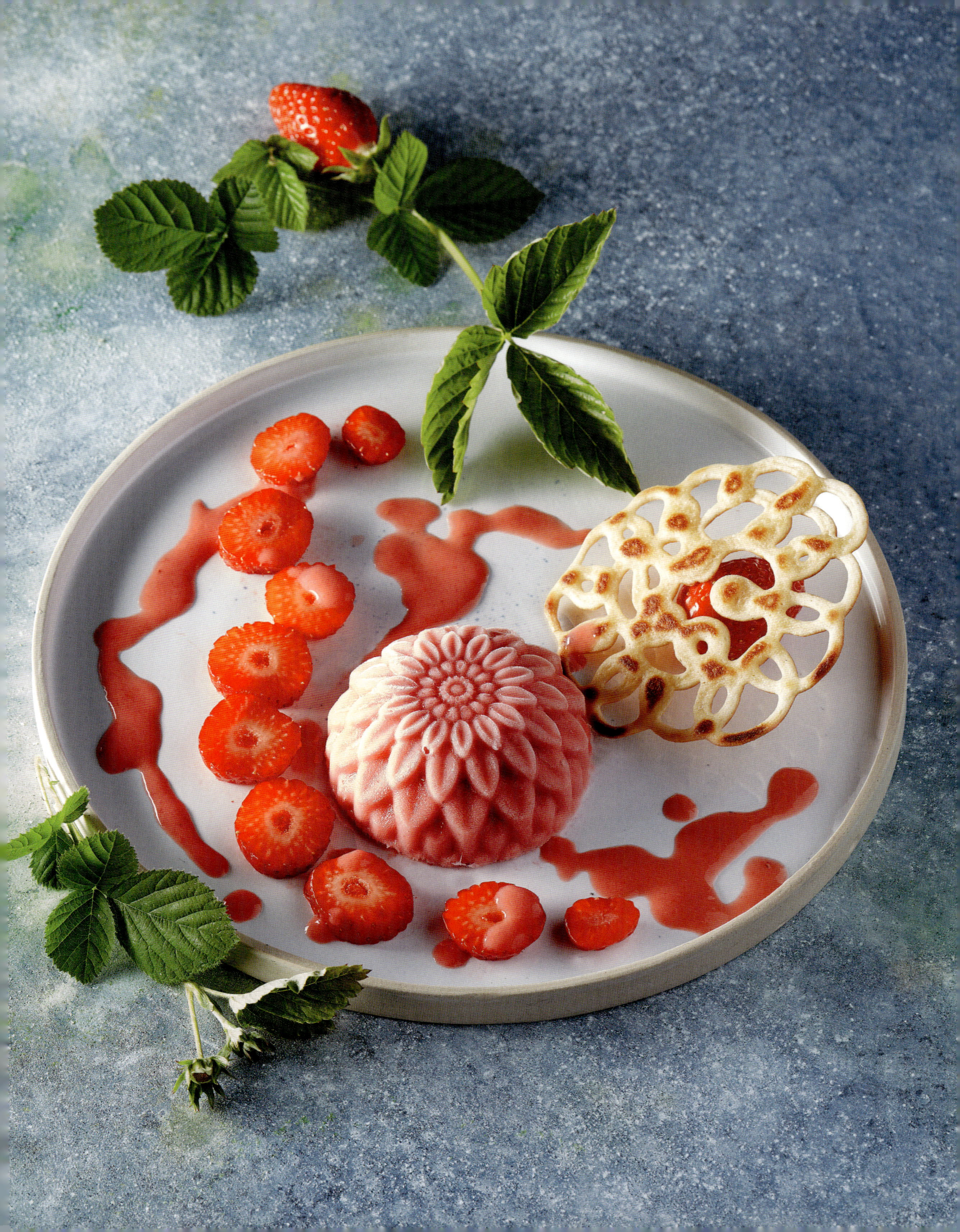

Tarte aux fraises, parfum de violette

Pour 6 personnes
Temps de préparation : 30 min
Temps de repos de la pâte : 2 h
Temps de cuisson : 15 min

Ingrédients
500 g de fraises
6 bonbons à la violette
25 cl de crème fleurette
6 cuillerées à soupe de sirop à la violette

Pâte
110 g de beurre demi-sel mou
180 g de farine de blé
50 g de poudre d'amande
70 g de sucre glace
1 œuf

Préparer la pâte
Dans un bol, mélanger le sucre glace et le beurre. Ajouter la farine, la poudre d'amande. Mélanger jusqu'à obtenir une texture sableuse. Ajouter l'œuf. Mélanger rapidement pour amalgamer la pâte. Former une boule. Filmer. Réserver 2 h au frais.

Sur votre plan de travail légèrement fariné, étaler la pâte et l'abaisser dans un moule beurré. Cuire à blanc avec des haricots de cuisson pendant 15 min dans un four préchauffé à 170 °C (th. 5-6). Laisser refroidir.

Fouetter en chantilly la crème fleurette avec 3 cuillerées à soupe de sirop de violette. Piler les bonbons à la violette. Équeuter les fraises. Les lustrer au pinceau avec le reste de sirop à la violette. Déposer la crème chantilly dans le fond de la tarte. Disposer les fraises. Saupoudrer des bonbons à la violette pilés.

Savourer aussitôt.

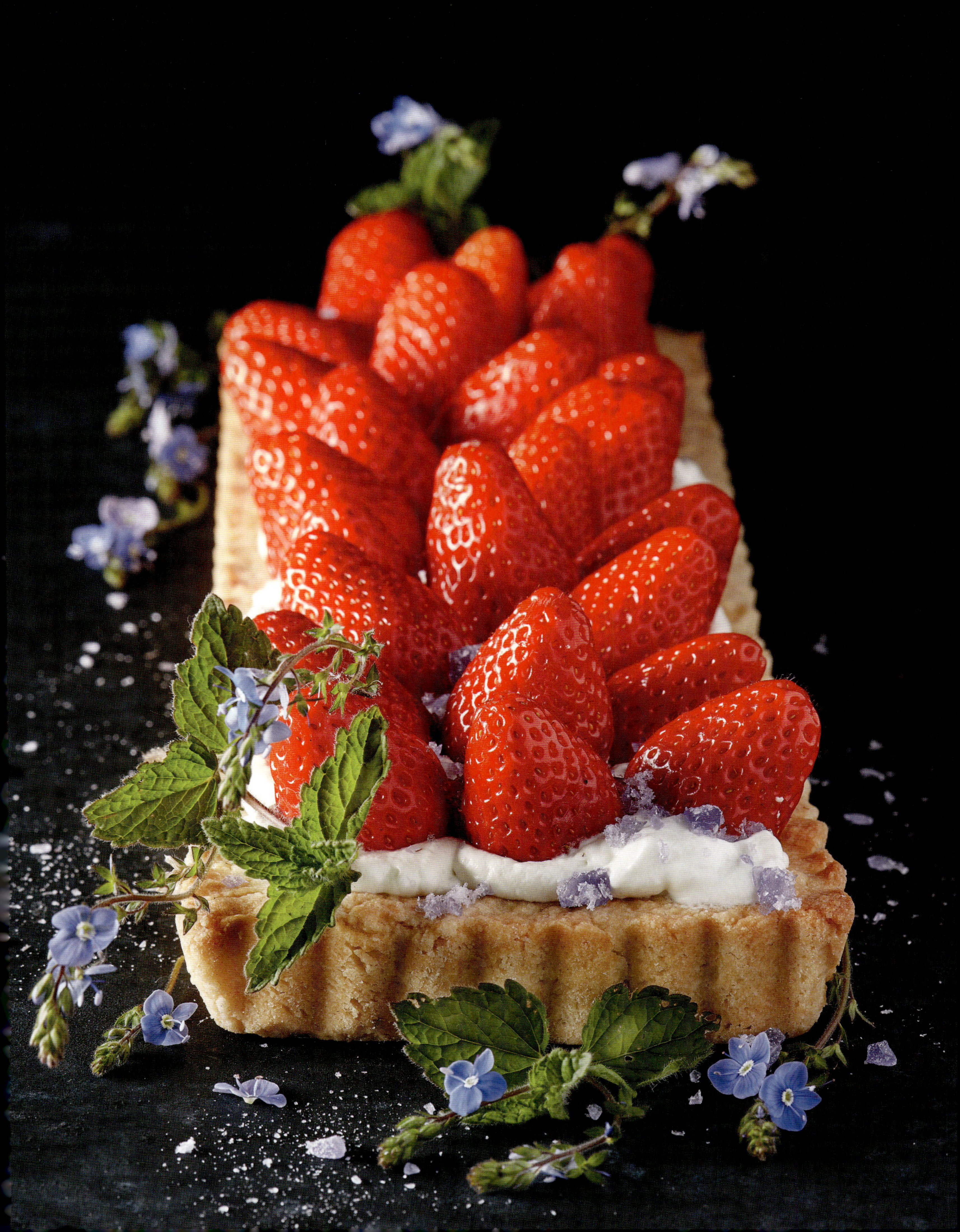

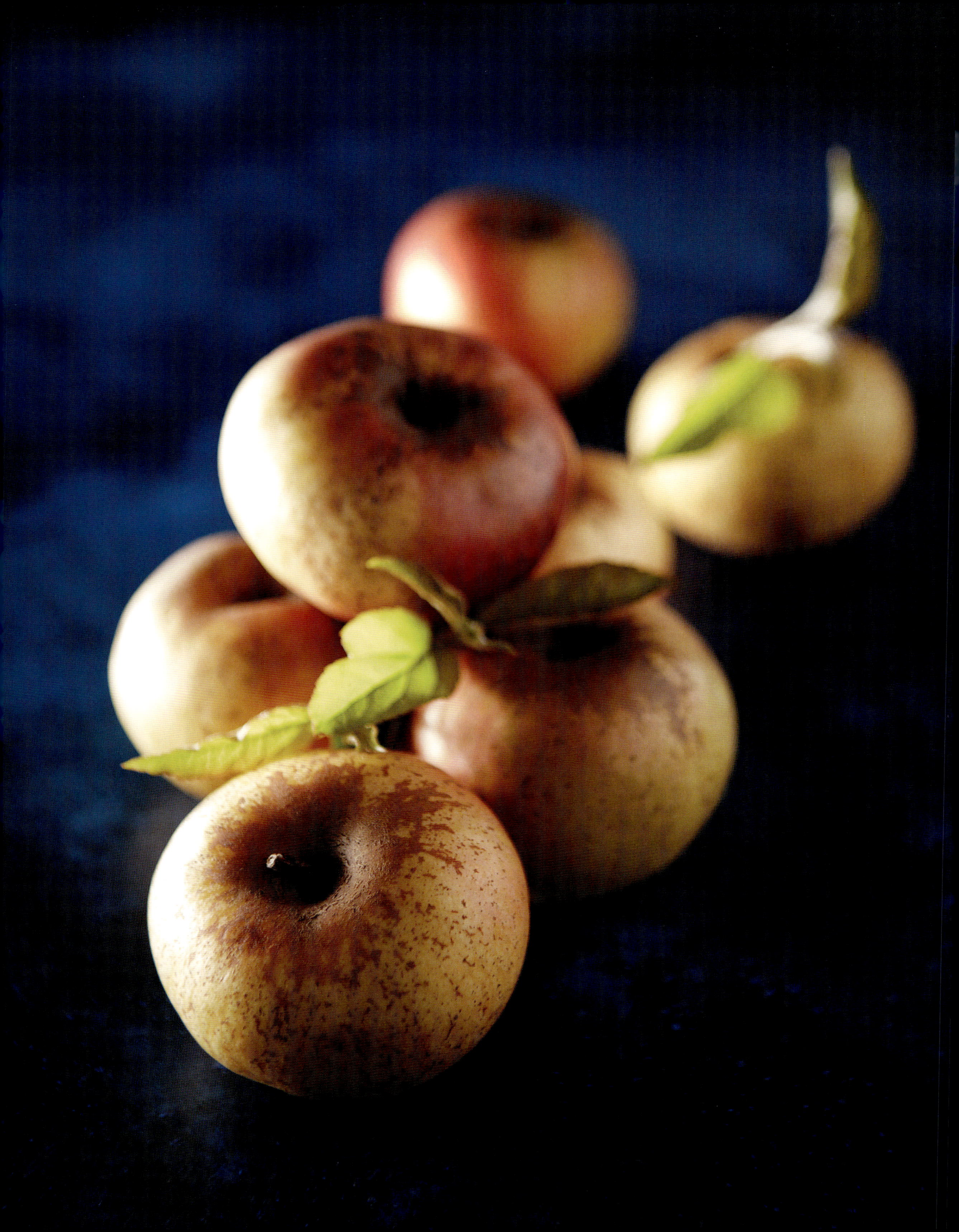

La pomme reinette d'Armorique

**CARAMEL DE POMME REINETTE
GÂTEAU BRIOCHÉ AUX POMMES
POMMES AU FOUR, CRUMBLE DE PAIN D'ÉPICES**

La reinette d'Armorique est une vieille dame qui ne dit plus son âge pour avoir eu depuis des temps immémoriaux l'attention et la préférence des jardiniers. Sans eux, elle n'aurait pas traversé autant de siècles. Elle n'est pourtant pas très jolie. Une peau jaune empreinte parfois de carmin, parsemée de points de liège, et gagnée par de larges tâches brunes, dont on se demande si ce n'est pas le premier signe de flétrissure. Mais son précieux atout qui explique la longévité de sa culture est lié à sa rigidité. Quand on ne connaît pas encore la chambre froide et que se nourrir est une préoccupation de tous les instants, surtout pendant la mauvaise saison, la rigidité de sa chair permet sa conservation. Et sur un mode astucieux qui lui vaut son surnom de pomme de tombe. Après sa récolte était creusée une fosse dans le sol. Tapissée de paille, on déposait délicatement les pommes les unes sur les autres. On les recouvrait à nouveau de paille, puis de terre et on patientait jusqu'à la fin de l'hiver. Lorsqu'on les déterrait pour les consommer au printemps dans l'attente des premières récoltes, le miracle se reproduisait à chaque fois. Aucune d'elles n'était abîmée et leur chair avait gagné en parfum. Pour cette raison, la petite rustique de la grande famille des rosacées a donc été plantée le long des champs en culture buissonnière, avant de devenir une reine des vergers d'Armorique, notamment dans le bassin de Rennes, Vitré et La Guerche. Sans faire pour autant de l'ombre aux presque cent trente variétés de reinettes recensées, dont chaque hameau peut s'enorgueillir avec leur jolie appellation qui en dit long sur leur personnalité : reinette Sainte-Anne, reinette piquée, reinette douce du marais, reinette de paille… Sa pérennité, elle la doit aussi à sa polyvalence : bonne à tout faire !

Sa chair est un parfait équilibre, ni trop sucrée ni trop acide, se tenant à la cuisson, juteuse et parfumée pour terminer en jus ou en cidre. Elle se glisse dans les plats salés, rôtie pour accompagner une volaille, et dans de nombreux desserts : beignet, charlotte, farz, tarte et crêpe.

« Pour être ridée, une bonne pomme n'a pas perdu son arôme », dit le proverbe breton. La séculaire reinette d'Armorique a de quoi nous tenir encore longtemps sous son charme.

Caramel de pomme reinette

Pour 1 pot de 30 cl
Temps de préparation : 15 min
Temps de cuisson : 1 h 15
Réfrigération : 2 h

Ingrédients
5 pommes reinette d'Armorique
200 g de sucre semoule
20 cl de crème fleurette
80 g de beurre salé

Verser le sucre dans une casserole. Humidifier avec 3 cuillerées à soupe d'eau. Chauffer à feu doux, sans mélanger, jusqu'à obtenir un caramel. Veiller à ne pas le laisser trop brunir. Il deviendrait amer.

Hors du feu, ajouter avec précaution et petit à petit, la crème fleurette. Ajouter le beurre salé. Faire fondre à feu doux en remuant constamment.

Éplucher et couper en petits dés les pommes. Les ajouter dans le caramel. Laisser compoter à petits frémissements pendant 1 h, en remuant régulièrement.

Mixer finement. Verser dans un pot. Laisser refroidir avant de placer au frais pendant 2 h.

Savourer sur des tartines grillées, des crêpes, avec un fromage blanc ou une glace à la vanille.

▶ *Ce caramel de pomme se conserve une semaine au réfrigérateur.*

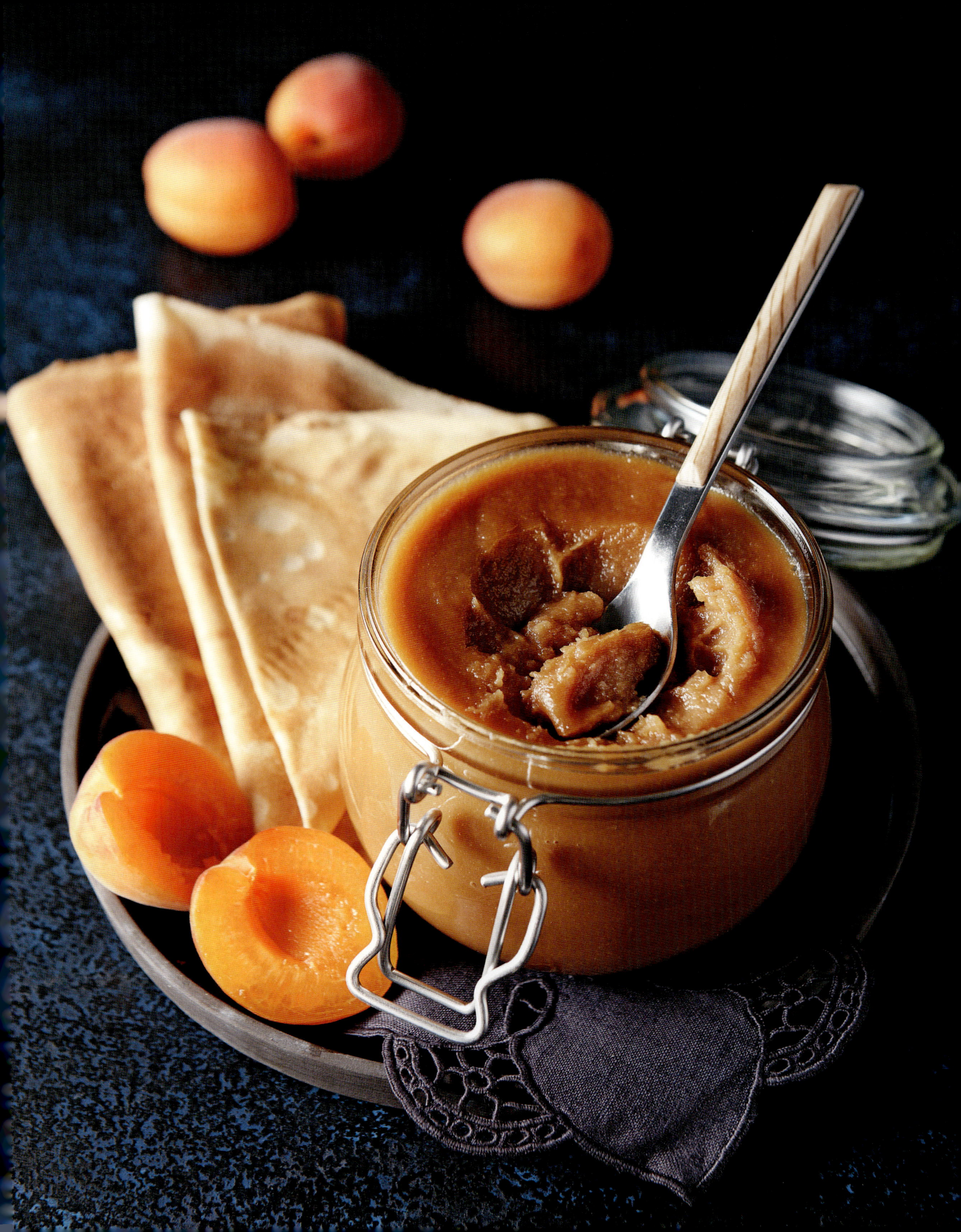

Gâteau brioché aux pommes

Pour 6 personnes
Temps de préparation : 20 min
Levée de la pâte : 1 h
Temps de cuisson : 30 min

Ingrédients

Gâteau brioché
250 g de farine de blé
12 g de levure fraîche de boulanger
6 cl de lait ribot
80 g de sucre semoule
2 œufs
125 g de beurre demi-sel mou

2 pommes reinette d'Armorique
125 g de fruits noirs : cassis, caseilles ou myrtilles
1 cuillerée à soupe de graines de pollen
30 g de beurre demi-sel
2 cuillerées à soupe de miel

Préparer le gâteau brioché
Délayer la levure dans le lait ribot.
Dans le bol d'un robot muni d'un pétrin, verser la levure délayée, la farine, le sucre et les œufs.
Pétrir pendant 5 min.

Ajouter le beurre coupé en petits cubes.
Pétrir de nouveau pendant 10 min.
Verser la pâte dans un plat beurré.
Laisser lever dans un four préchauffé à 30 °C (th. 1) pendant 1 h.

Éplucher, couper les pommes en quartiers.
Les disposer dans le plat en les enfonçant légèrement dans la pâte.
Parsemer de fruits noirs.
Faire fondre le beurre et le miel.
Badigeonner les fruits de la moitié du mélange beurre miel. Cuire dans un four préchauffé à 160 °C (th. 5-6) pendant 30 min. Laisser tiédir.

Badigeonner du reste du mélange beurre miel.
Saupoudrer de graines de pollen.

Savourer tiède en arrosant de lait ribot ou de crème fleurette.

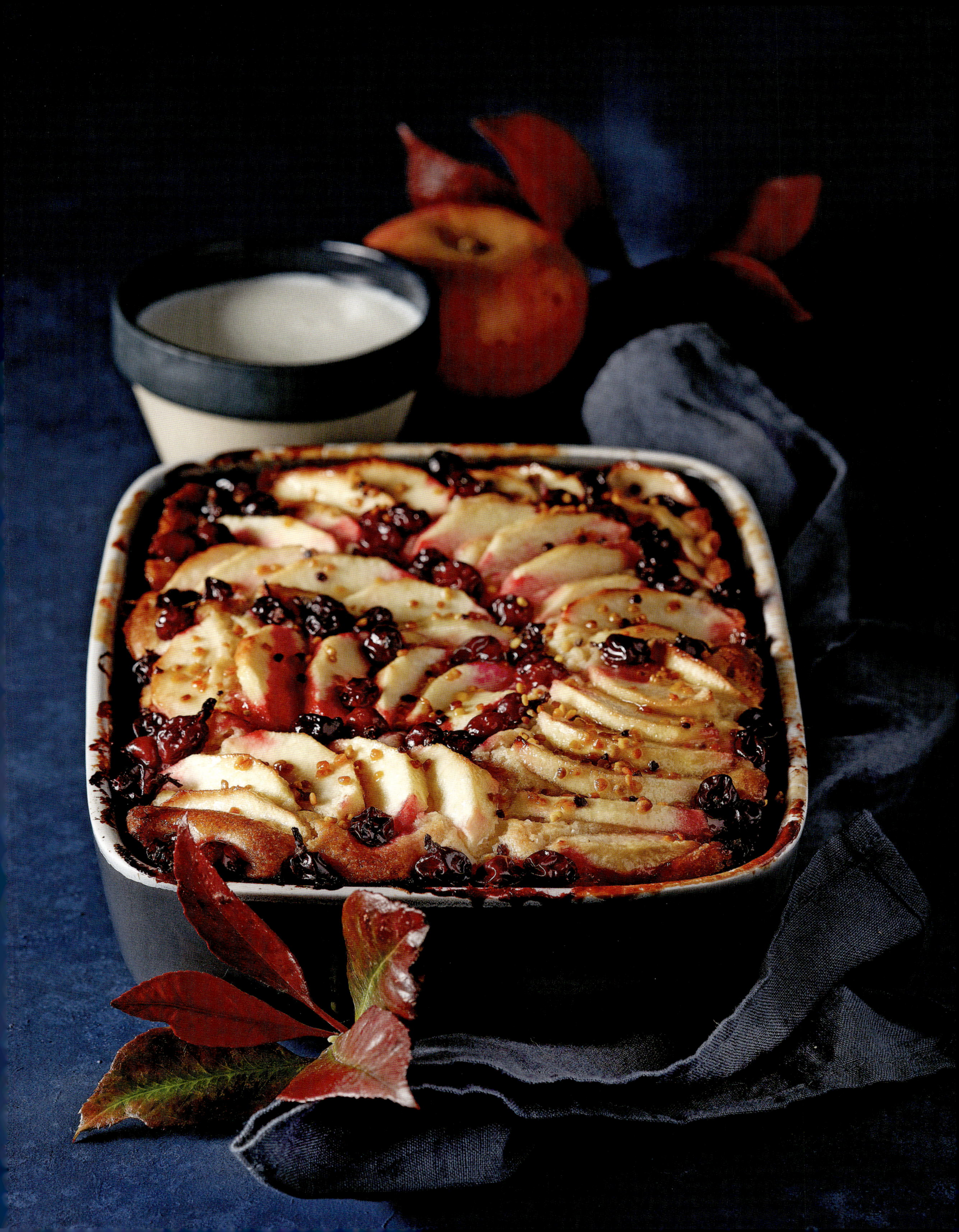

Pommes au four,
crumble de pain d'épices

Pour 6 personnes
Temps de préparation : 20 min
Temps de cuisson : 1 h 30
Infusion : 30 min

Ingrédients
6 pommes reinette d'Armorique
10 g de mélange de fleurs d'hibiscus aux fruits rouges
3 cuillerées à soupe de miel
20 g de beurre demi-sel
2 petits-suisses Malo®

Crumble
50 g de pain d'épices
30 g de beurre demi-sel mou

Porter à ébullition 50 cl d'eau. Verser le mélange d'hibiscus aux fruits rouges. Couvrir. Infuser pendant 30 min. Filtrer. Ajouter le miel. Réduire à feu vif jusqu'à obtenir une texture légèrement sirupeuse. Hors du feu, ajouter le beurre.

Laver, évider les pommes. Réaliser un sillon sur toute la circonférence des pommes pour éviter que la peau n'éclate à la cuisson. Les placer dans un plat à four. Les arroser du sirop à l'hibiscus. Cuire dans un four préchauffé à 160 °C (th. 5-6) pendant 1 h en arrosant régulièrement.

Préparer le crumble
Couper le pain d'épices en petits cubes. Les émietter. Dans un bol, amalgamer du bout des doigts le beurre et les miettes de pain d'épices.
Les étaler sur une plaque couverte d'un tapis de cuisson. Cuire dans un four préchauffé à 160 °C (th. 5-6) pendant 25 min, en les remuant deux fois.

Dresser les pommes dans un plat. Mélanger les petits-suisses avec un peu de sirop à l'hibiscus. Le répartir à l'intérieur des pommes. Napper du jus restant. Saupoudrer de crumble de pain d'épices.

Savourer aussitôt.

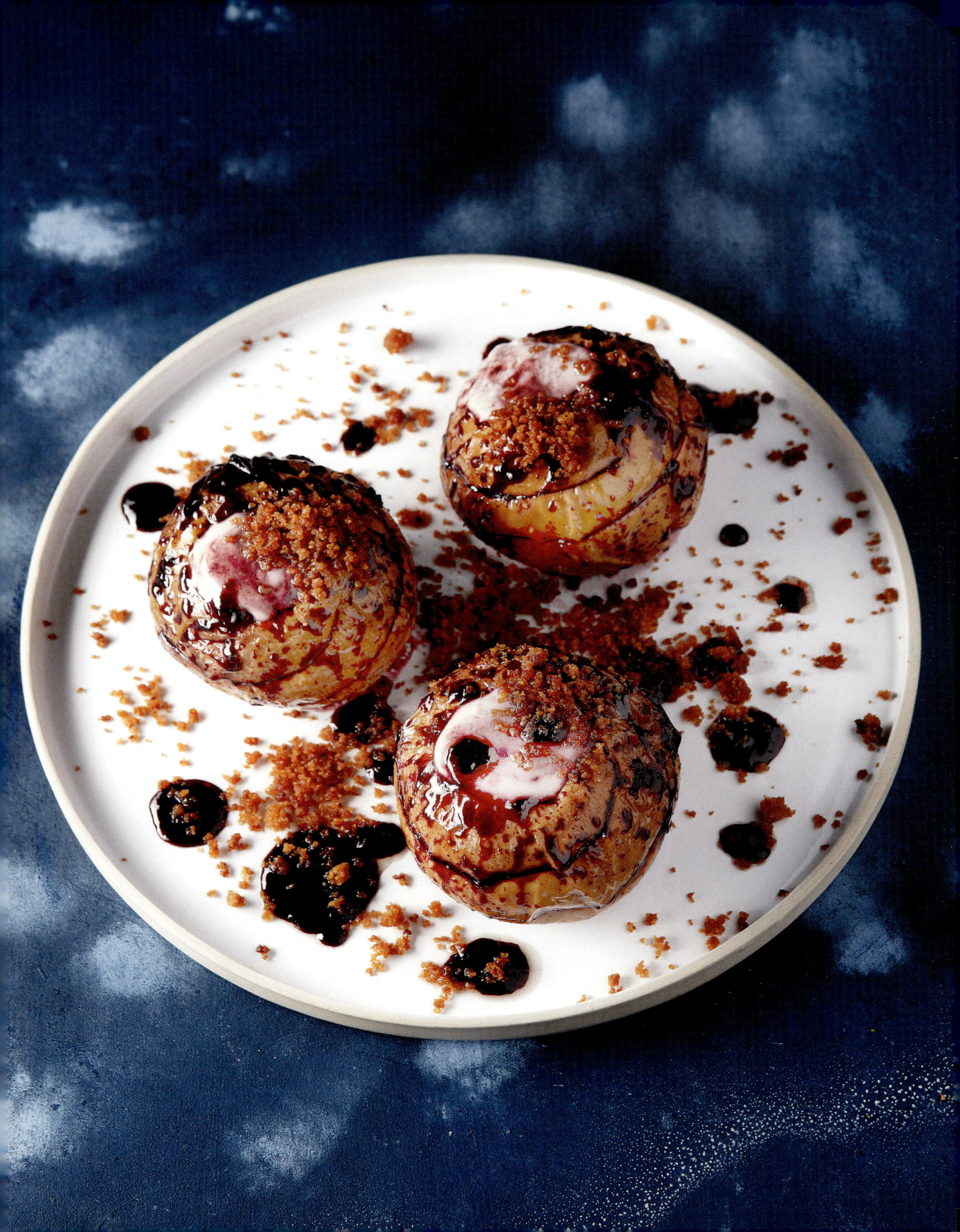

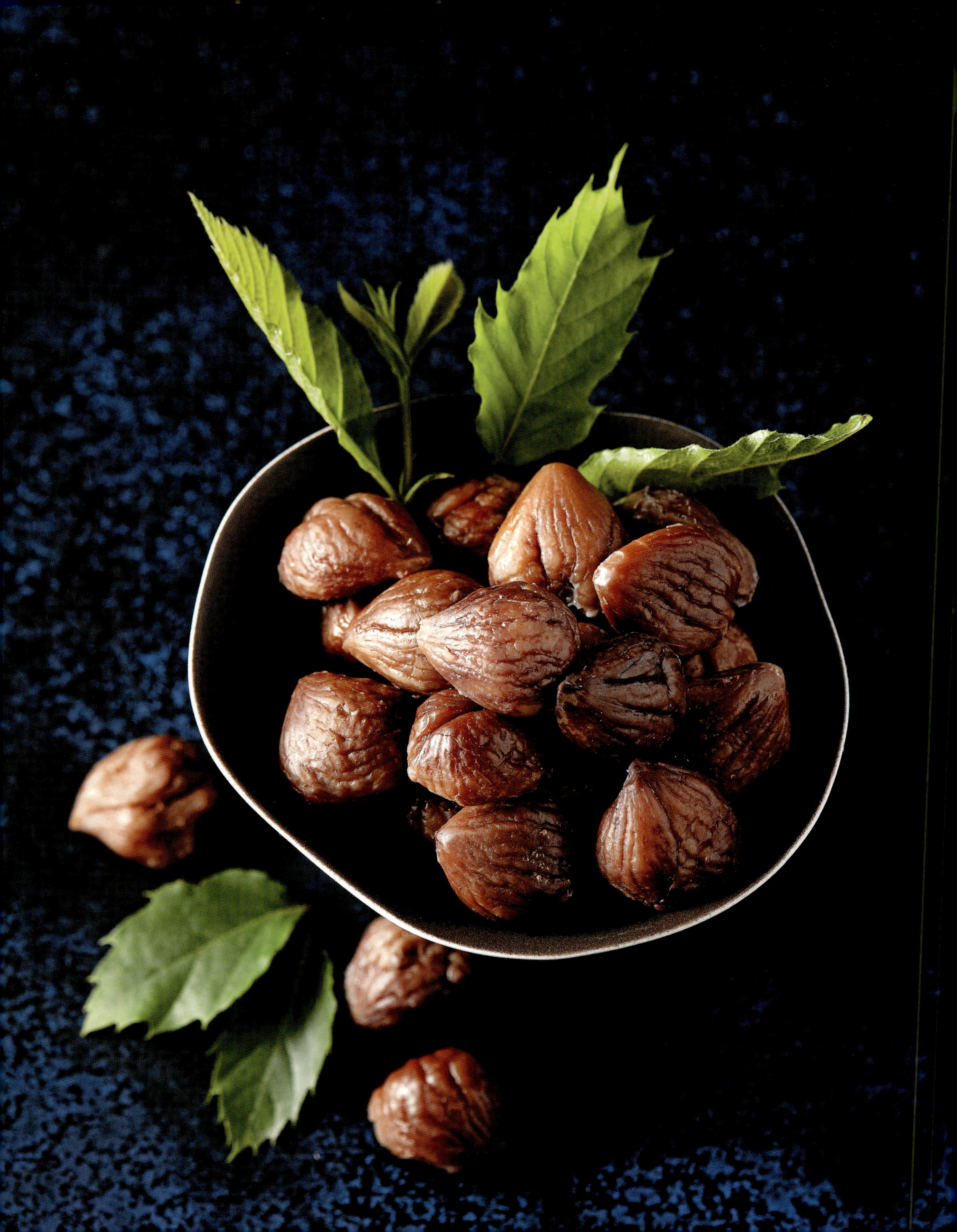

La châtaigne de Redon

**RAGOÛT DE CHÂTAIGNES
VELOUTÉ DE CHÂTAIGNES
PAIN SYLVESTRE**

Le châtaignier est un des rares arbres qui laisse son empreinte dans l'histoire d'un terroir. Avec sa belle frondaison, il est un roi familier de la forêt et des bords de chemins. Un arbre ressource dont des générations d'hommes ont exploité tout son potentiel. Le bois pour la chauffe, le mobilier et nombre d'objets usuels comme les tonneaux ou les paniers. Sa richesse en tanin permettait la teinture de la soie ainsi que la construction de clôtures et de plessis imputrescibles. Et bien sûr, la générosité providentielle de ses fruits pour nourrir les pauvres dont le ventre crie famine, qui lui donne son autre nom : arbre à pain. Sa culture s'est donc beaucoup développée partout en France depuis le Moyen Âge. Aujourd'hui, neuf régions françaises, Ardèche en tête, sont devenues de grandes productrices. En petite dernière, c'est le pays de Redon ! Plus modeste en termes de chiffres, mais pas moins caractéristique pour ancrer sa culture depuis des siècles dans les esprits et les coutumes.

Sur la médaille des membres de la Confrérie du Marron de Redon sont gravées trois hermines pour rappeler la particularité géographique de cette commune. En la traversant, vous êtes au croisement de trois départements : l'Ille-et-Vilaine, le Morbihan et la Loire-Atlantique. Et juste en dessous, trois marrons en majesté. Alors la question essentielle pour lever la confusion de la dénomination est : châtaigne ou marron ? Le marron, fruit du marronnier, n'est pas comestible. La châtaigne fait double jeu. Si la bogue ramassée sous le châtaignier contient un seul fruit, vous avez un marron. Si elle est cloisonnée, vous avez des châtaignes.

Chaque année se tient au mois d'octobre à Redon la très populaire foire millénaire de La Teillouse. Une fête religieuse à l'origine, devenue un immense marché à la châtaigne lorsque le pays la récoltait en abondance. Aujourd'hui, la production a fortement diminué. Elle avoisine les vingt tonnes cinq. Le fruit emblématique continue d'être ramassé par une trentaine de producteurs, essentiellement des agriculteurs retraités qui en tirent un revenu d'appoint. Mais aussi pour tenter de transmettre le savoir-faire autour de sa préparation. Et ce n'est pas une mince affaire : éboguage, tri, séchage, décorticage, vannage et tamisage. Mais pour quel usage ? Assimilée à Noël avec la dinde et en confiserie, la châtaigne peine à trouver sa place dans une consommation quotidienne. Cependant, la tendance alimentaire du sans gluten ouvre une nouvelle perspective. Sa farine légèrement sucrée en est dépourvue. Elle fait merveille en pâtisserie et boulangerie. La châtaigne de Redon pourrait redevenir l'or vert du pays. Et muer le proverbe « Femme et châtaigne, belle en dehors, en dedans malice » en belles inspirations gourmandes.

Ragoût de châtaignes

Pour 6 personnes
Temps de préparation : 20 min
Temps de cuisson : 35 min

Ingrédients
400 g de châtaignes cuites
à la vapeur
1 petit chou vert
2 saucisses fumées aux algues
12 mini-carottes
1 oignon
20 g de beurre demi-sel
10 cl de vin blanc
Sel, poivre

Sauce
1 jaune d'œuf
1 cuillerée à soupe de moutarde
à l'ancienne
20 cl de crème fraîche
Sel, poivre

Détacher les feuilles du chou. Retirer leur côte.
Blanchir les feuilles dans une grande casserole
d'eau bouillante salée pendant 3 min.
Égoutter. Les presser légèrement
pour éliminer un peu d'eau de végétation.

Brosser les mini-carottes.
Éplucher, ciseler l'oignon.
Couper en rondelles les saucisses.

Dans une cocotte, faire suer l'oignon
dans le beurre pendant 3 min à feu doux.
Ajouter les châtaignes, les saucisses
et les carottes. Rissoler à feu moyen
pendant 5 min en remuant régulièrement.

Déglacer avec le vin blanc. Saler légèrement.
Poivrer. Couvrir des feuilles de chou.
Cuire à feu doux et à couvert pendant 25 min.

Préparer la sauce
Mélanger tous les ingrédients dans un bol.
Placer les feuilles de chou dans un plat
de service. Hors du feu, verser la sauce
dans la cocotte. Mélanger.
Dresser les légumes sur le chou.

Savourer aussitôt.

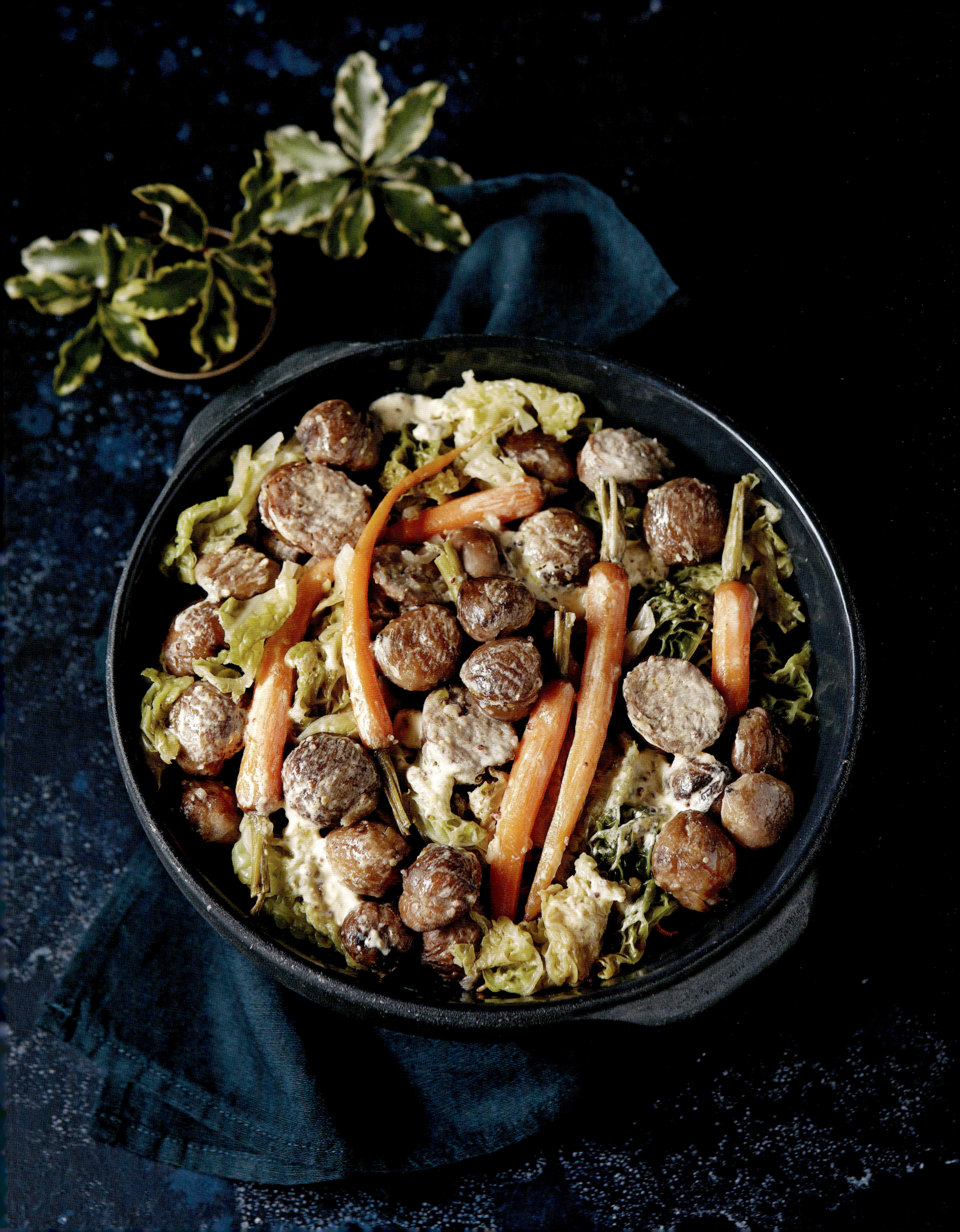

Velouté de châtaignes

Pour 6 personnes
Temps de préparation : 25 min
Temps de cuisson : 25 min

Ingrédients

400 g de châtaignes cuites à la vapeur
500 g de courgettes
20 g de beurre demi-sel
1 cube de bouillon de poule
2 cuillerées à soupe de crème fraîche
250 g de pholiotes ou de champignons de votre choix
3 gousses d'ail
2 cuillerées à soupe d'huile d'olive
Quelques brins de persil
Sel, poivre

Éplucher, hacher les gousses d'ail.
Laver, couper les courgettes en petits cubes.
Couper les extrémités des pieds des champignons. Les rincer rapidement. Les sécher soigneusement.
Ciseler le persil.

Dans une casserole, chauffer le beurre avec 2 gousses d'ail. Ajouter les courgettes. Faire revenir à feu moyen pendant 5 min. Ajouter les châtaignes et le cube de bouillon. Saler légèrement. Couvrir d'eau à hauteur. Porter à ébullition et cuire à petits frémissements pendant 15 min. Mixer avec la crème fraîche. Poivrer. Réserver au chaud.

Dans une poêle, chauffer l'huile d'olive avec la gousse d'ail hachée restante. Rissoler à feu vif les pholiotes pendant 5 min. Saler, poivrer. Ajouter le persil ciselé.

Répartir le velouté dans les bols, puis les pholiotes.

Savourer aussitôt.

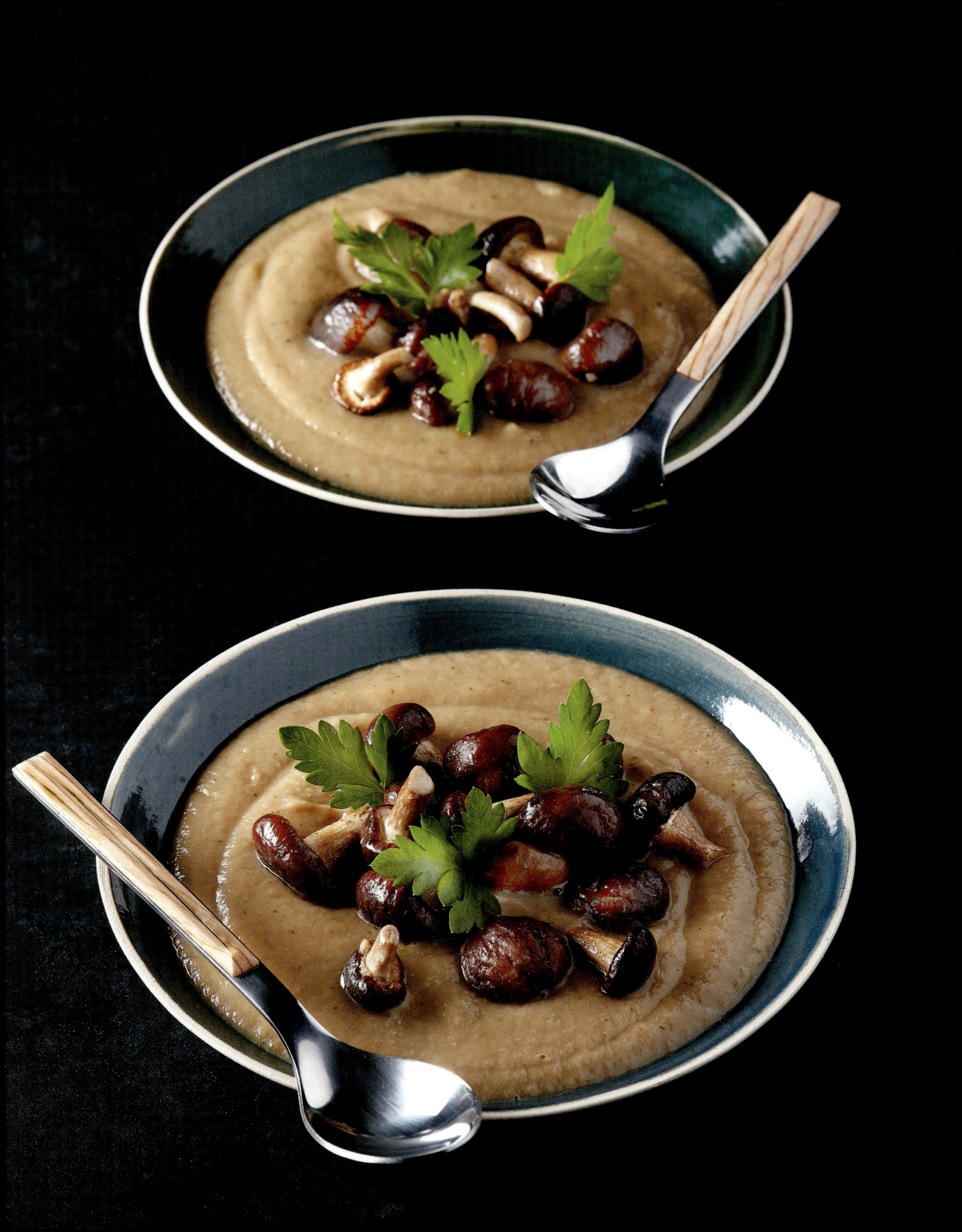

Pain sylvestre

Pour 8 personnes
Temps de préparation : 20 min
Temps de cuisson : 1 h

Ingrédients
200 g de farine de châtaigne
50 g de farine de blé
10 g de poudre à lever
5 cl de lait
100 g de miel de châtaignier
2 œufs
130 g de beurre demi-sel mou
50 g de cerneaux de noix
50 g de noisettes

Topping
15 cl de crème fleurette
50 g de fromage blanc Malo
1 sachet de sucre vanillé
10 grains de raisin
1 fruit de la passion
10 noisettes
1 cuillerée à soupe de graines de pollen

Verser dans le bol d'un robot les farines, la poudre à lever, le lait, les œufs.
Chauffer le miel quelques secondes au micro-ondes. Le verser dans le bol.
Mélanger jusqu'à obtenir une pâte homogène.
Ajouter le beurre en petits morceaux.
Mélanger jusqu'à complète incorporation.
Ajouter les cerneaux de noix et les noisettes.

Verser la pâte dans un moule à cake beurré.
Cuire dans un four préchauffé à 160 °C (th. 5-6) pendant 1 h.
Laisser refroidir avant de démouler.

Réaliser le topping
Fouetter en chantilly la crème fleurette.
Incorporer le sucre vanillé et le fromage blanc.
Napper le pain de châtaigne.
Parsemer de grains de raisin, des noisettes.
Ajouter la pulpe du fruit de la passion.
Saupoudrer de graines de pollen.

Savourer aussitôt.

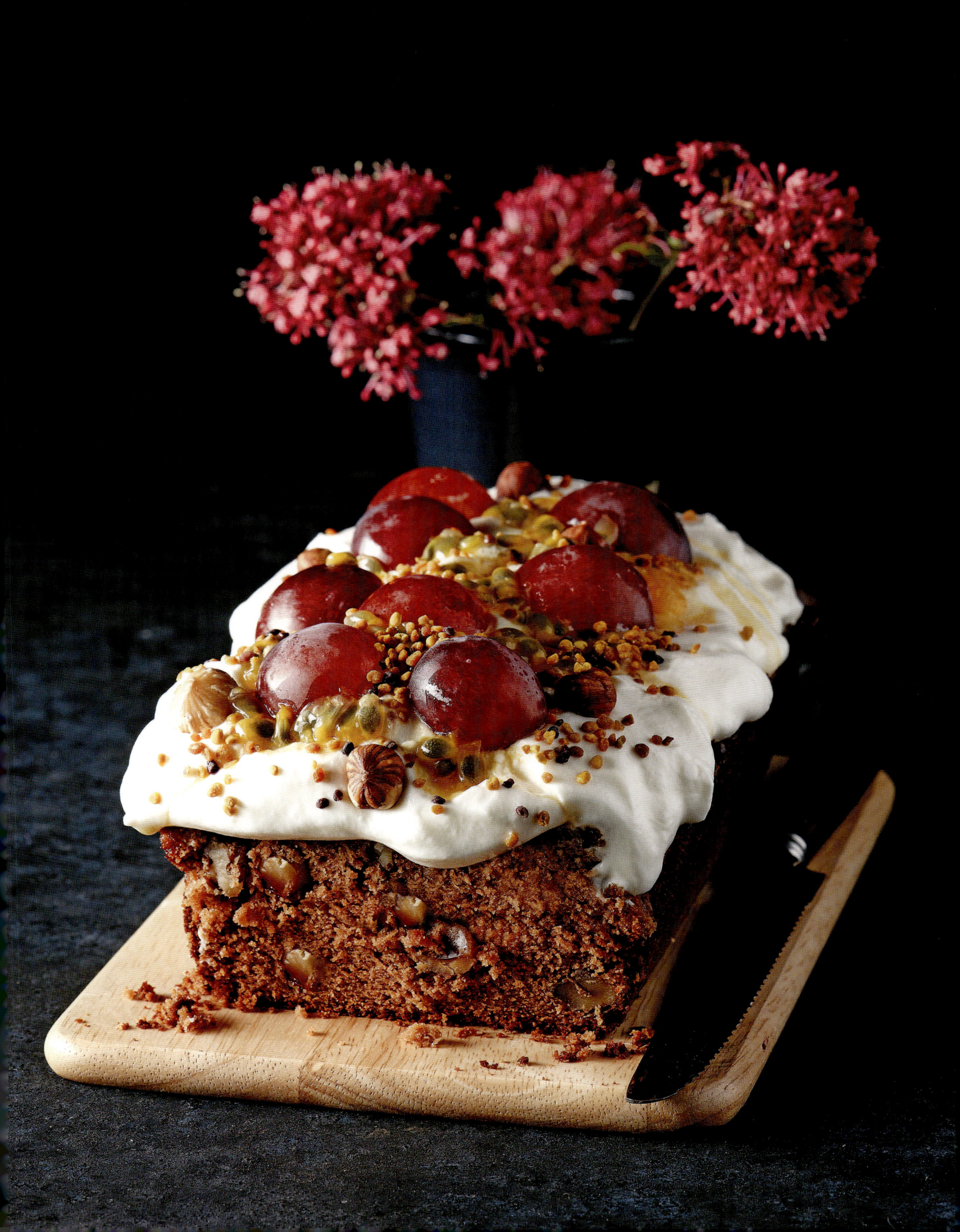

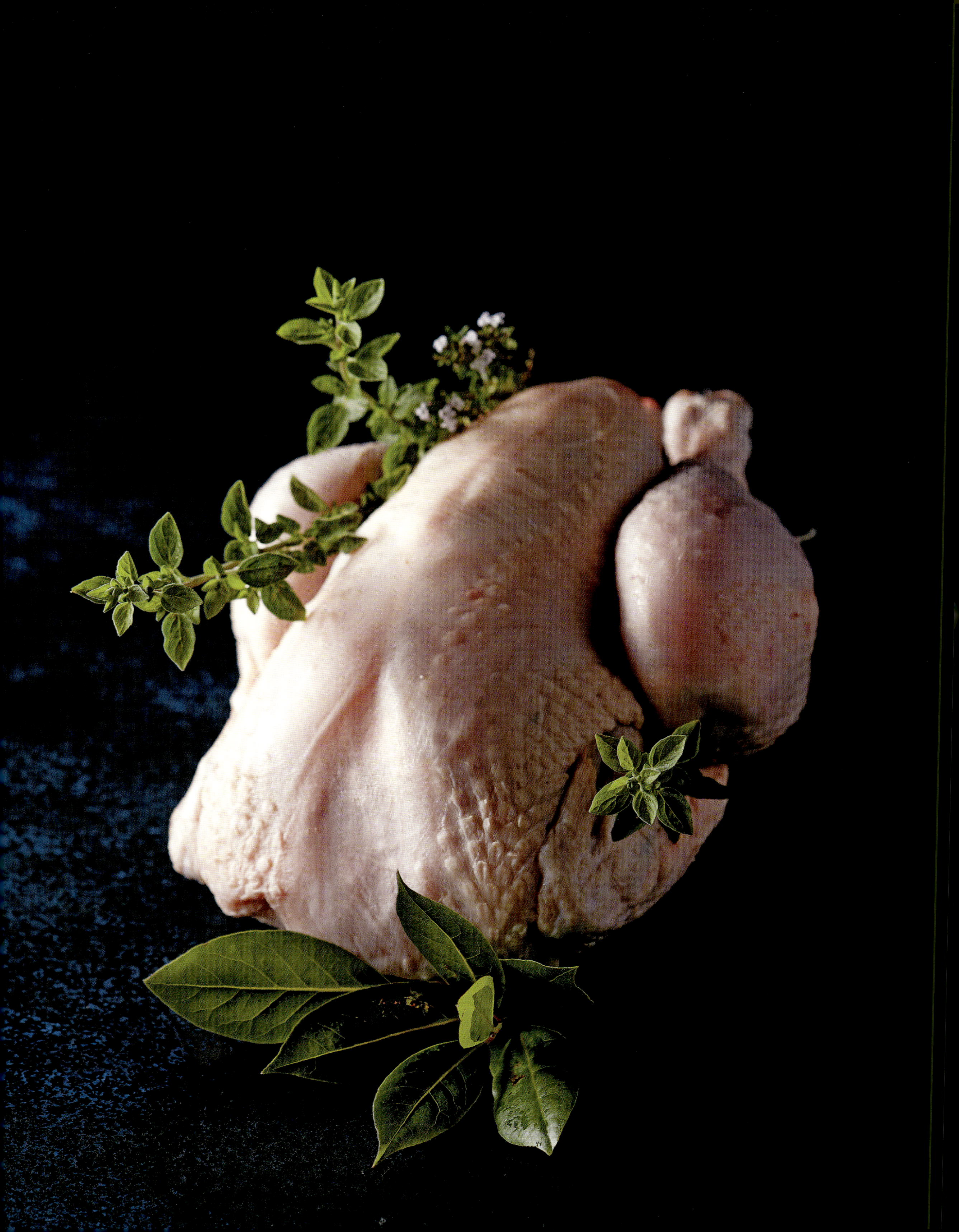

Les volailles de Janzé

**POULET RÔTI AUX ALGUES SOUS LA PEAU
POULET FARCI À LA RENNAISE
BLANCS DE POULET EN PANURE DE CÈPES**

La Bretagne, comme d'autres régions françaises, a été confrontée après la Seconde Guerre mondiale à la disparition impressionnante de ses races avicoles, sacrifiées sur l'autel du productivisme agricole. On va leur préférer des souches américaines de chair et de ponte sans avoir conscience des conséquences de ce bashing génétique. En voulant prendre la première place, la Bretagne a délaissé, entre autres, la coucou de Rennes et la noire de Janzé. Cette dernière, très répandue, fait la réputation du marché aux volailles de Janzé en Ille-et-Vilaine, le plus important du département. Appelée d'abord geline, puis poularde de Rennes, elle était de tous les dîners bourgeois avant d'acquérir une réputation internationale, servie à bord des paquebots de la Transatlantique. Courte sur pattes, dotée d'un plumage noir, plutôt trapue, elle n'aurait pas décroché un prix d'élégance à un concours. Mais son caractère sauvage et vagabond fait qu'elle gambade et vole pour aller grappiller des vers quand le blé noir et le lait caillé qu'on lui donne dans la basse-cour ne suffisent pas. Lorsqu'on la présentait sur les étals « à la Janzé », c'est-à-dire la tête et le cou non plumés, elle raflait la mise pour le volume incomparable de ses ailes et de ses blancs. À table, elle s'avérait une vraie poule de luxe. Pourtant, l'image bucolique de sa présence dans les cours de ferme n'a pas résisté à l'incitation de l'élevage intensif. La race s'est éteinte... Quelques passionnés ont tenté de retrouver des survivantes dans les coins les plus reculés des campagnes. Mais malgré leur ressemblance, elles ne correspondraient pas au standard de la race. Sans renoncer pour autant, ils ont poursuivi leur recherche et de patients croisements en sélections, la « presque » noire de Janzé fait son *come-back* ! Toujours aussi vive, elle est une formidable auxiliaire de culture dans les vergers pour dégommer d'un coup de bec les insectes ravageurs, et pas des moindres lorsqu'il s'agit de frelons asiatiques.

Depuis, les aviculteurs ont pris conscience de leur patrimoine régional et qu'il était temps de jouer la carte de la qualité, de renouer avec la réputation des volailles de Janzé. En regroupant leur volonté et leurs efforts au sein d'une association, ils obtiennent un à un, les précieux « Label Rouge » et IGP pour chacune de leur production fermière : poulet blanc et jaune, pintade, dinde, chapon. Aujourd'hui ils s'engagent dans la volaille bio. Le défi est gagné par des consommateurs toujours plus soucieux de la provenance et du made in France. Le coq celtique, symbole du passage des ténèbres à la lumière, peut s'enorgueillir d'avoir retrouvé sa geline et poussé la coqueline !

Poulet rôti
aux algues sous la peau

Pour 6 personnes
Temps de préparation : 30 min
Temps de cuisson : 2 h

Ingrédients
1 poulet de Janzé
3 petits-suisses
10 g de mélange d'algues
en paillettes
70 g de beurre demi-sel fondu

Farce
3 g de mélange d'algues en paillettes
200 g de champignons de Paris
2 tranches de pain de mie
1 oignon de Roscoff
20 g de beurre demi-sel fondu

Garniture
3 oignons de Roscoff
300 g de tomates cerises

Préparer le poulet
Mélanger les petits-suisses, les algues et le beurre fondu.
Décoller, à partir du dos, délicatement la peau de la chair du poulet en glissant l'index. Progresser des suprêmes jusqu'aux cuisses.
Incorporer entre la peau et la chair le mélange aux algues.
Masser pour le répartir sur toute la surface.

Préparer la farce
Éplucher l'oignon et les champignons.
Les mixer grossi+èrement avec les tranches de pain de mie. Ajouter le mélange d'algues et le beurre fondu. Mélanger.
Garnir le coffre du poulet de la farce.

Placer le poulet dans un plat à four avec 50 g de beurre et 5 cl d'eau. Cuire dans un four préchauffé à 170 °C (th. 5-6) pour 2 h de cuisson en arrosant régulièrement. Au besoin, ajouter un peu d'eau.

Vingt minutes avant la fin de cuisson, ajouter les oignons épluchés et coupés en deux.
Deux minutes avant la fin de cuisson, ajouter les tomates cerises.
Découper le poulet en morceaux.

Savourer avec la farce, la garniture et la sauce.

▶ *Inutile de saler le poulet et la farce, les algues et le beurre demi-sel s'en chargeront.*

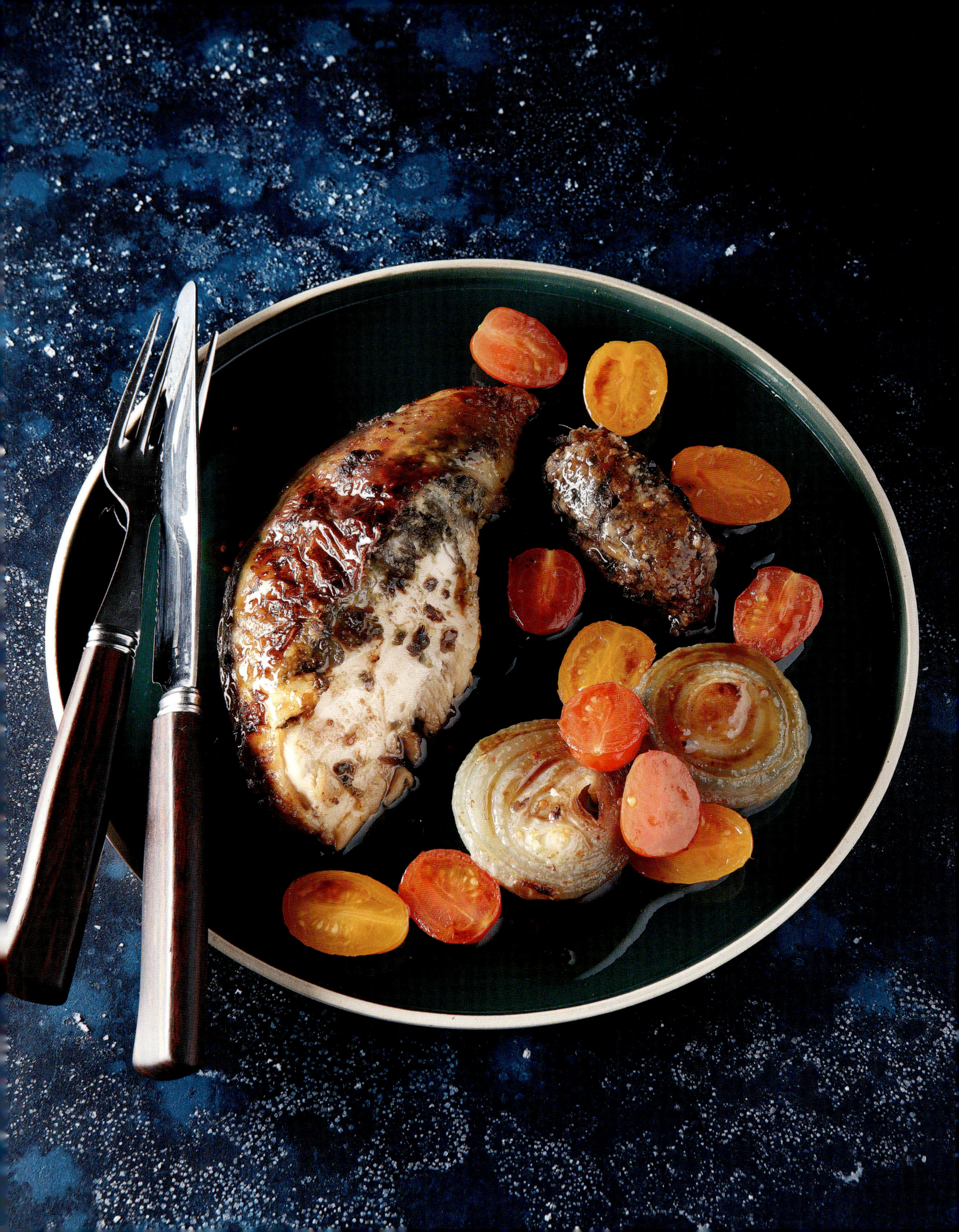

Poulet farci à la rennaise

Pour 6 personnes
Temps de préparation : 20 min
Temps de cuisson : 1 h 45

Ingrédients

1 poulet de Janzé
2 oignons de Roscoff
2 pommes
100 g de pruneaux moelleux dénoyautés
70 g de raisins secs
50 g de pain d'épices
80 g de beurre demi-sel
Sel, poivre

Préparer la farce
Éplucher, ciseler les oignons.
Éplucher, couper les pommes en petits cubes.
Émietter le pain d'épices.
Dans une poêle, faire fondre 30 g de beurre.
Verser les oignons. Les cuire à feu doux pendant 5 min. Ajouter les cubes de pommes.
Poursuivre la cuisson 5 min. Ajouter les pruneaux, les raisins et le pain d'épices.
Mélanger bien. Saler, poivrer.
Poursuivre 5 min la cuisson.

Farcir le poulet de la préparation.
Le refermer avec une ficelle de cuisine.
Poser le poulet dans un plat à four.
L'enduire de 20 g de beurre.
Saler, poivrer. Ajouter les 30 g de beurre restants et un peu d'eau au fond du plat.

Cuire dans un four préchauffé à 180 °C (th. 6) pendant 1 h 30 en arrosant régulièrement.

Savourer accompagné d'un riz blanc

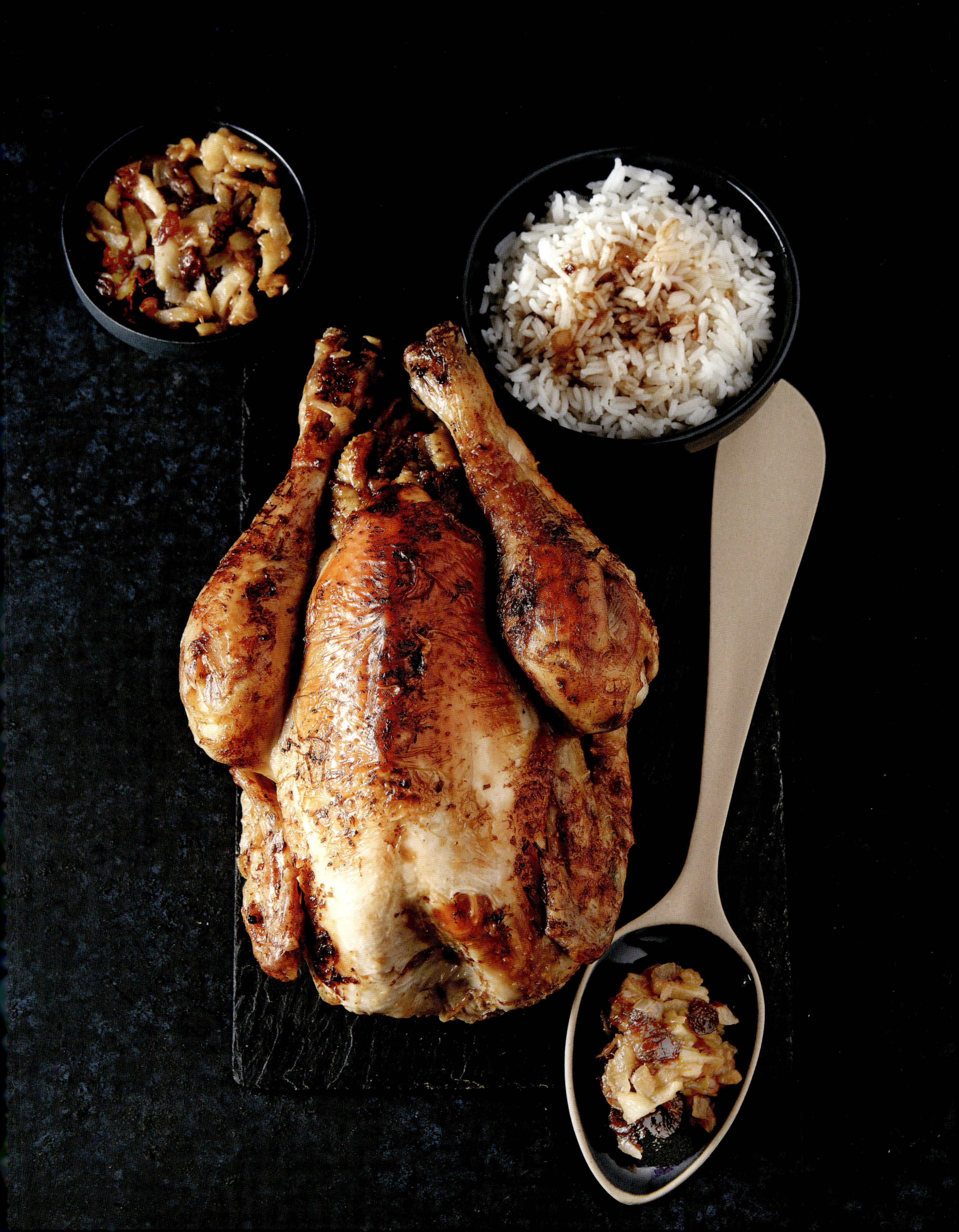

Blancs de poulet
en panure de cèpes

Pour 4 personnes
Temps de préparation : 25 min
Temps de cuisson : 30 min

Ingrédients
4 blancs de poulet de Janzé
20 g de beurre demi-sel
2 courgettes
400 g de pleurotes
4 cuillerées à soupe d'huile d'olive
Sel, poivre

Panure
50 g de cèpes séchés
80 g de chapelure
60 g de beurre demi-sel
5 blancs d'œufs
10 brins de persil
Sel, poivre

Préparer la panure
Mixer les cèpes en poudre fine.
Ciseler le persil.
Faire fondre le beurre.
Fouetter légèrement les blancs.
Mélanger tous les ingrédients.
Saler légèrement. Poivrer. Réserver.

Poêler les blancs de poulet avec le beurre à feu moyen pendant environ 5 min de chaque côté selon l'épaisseur. Saler, poivrer.
Les couvrir de la panure aux cèpes.
Bien la tasser avec les mains.
Placer sur un tapis de cuisson.
Cuire dans un four préchauffé à 180 °C (th. 6) pendant 10 min.

Laver, couper les courgettes en rondelles.
Les poêler 5 min avec 2 cuillerées à soupe d'huile d'olive, à feu moyen, en remuant régulièrement. Saler, poivrer.

Retirer les extrémités des pieds des pleurotes.
Couper les plus grosses en deux.
Les poêler 5 min environ avec 2 cuillerées à soupe d'huile d'olive, à feu moyen, en remuant régulièrement. Saler, poivrer.

Dresser harmonieusement les blancs de poulet et les légumes dans les assiettes.

Savourer aussitôt.

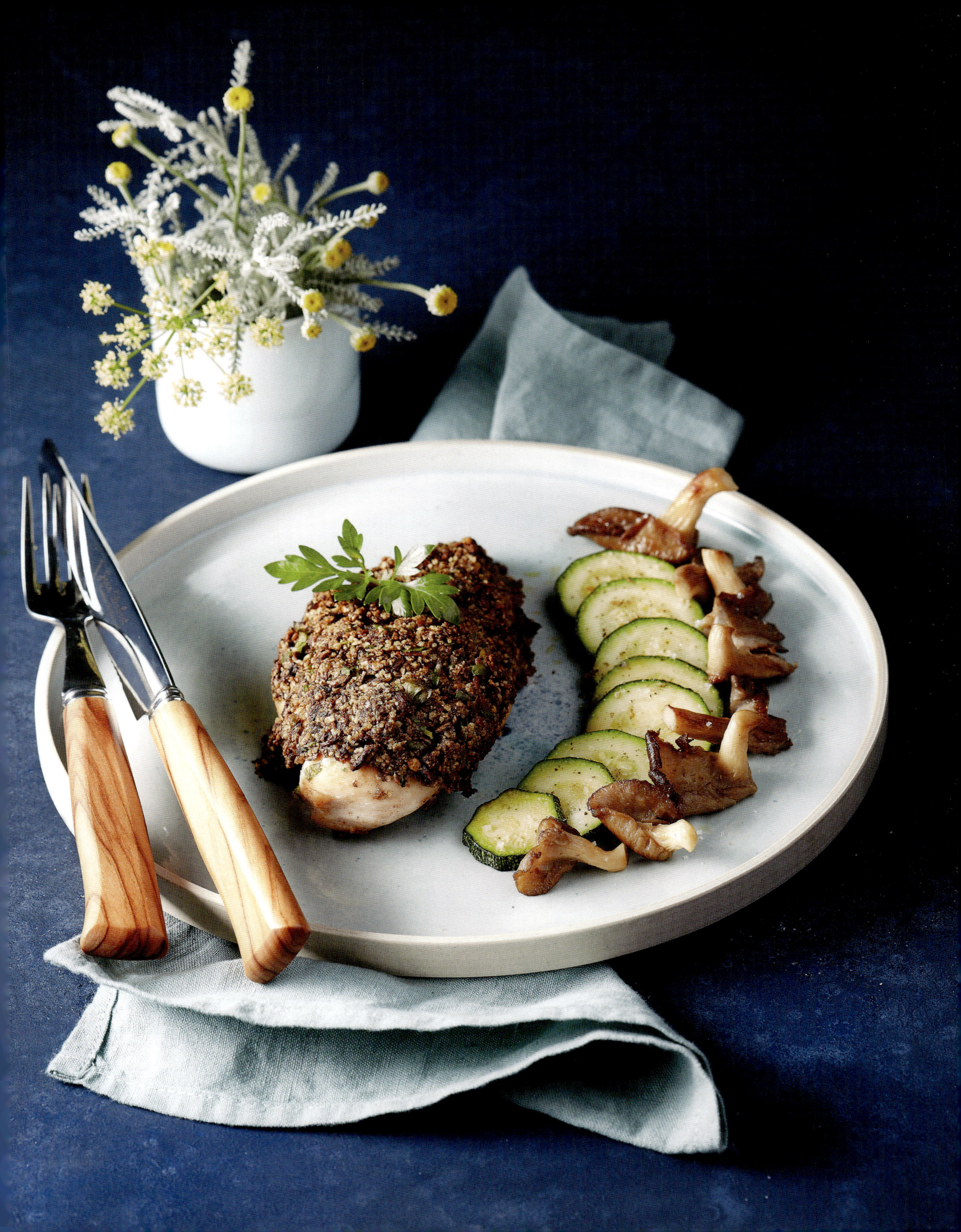

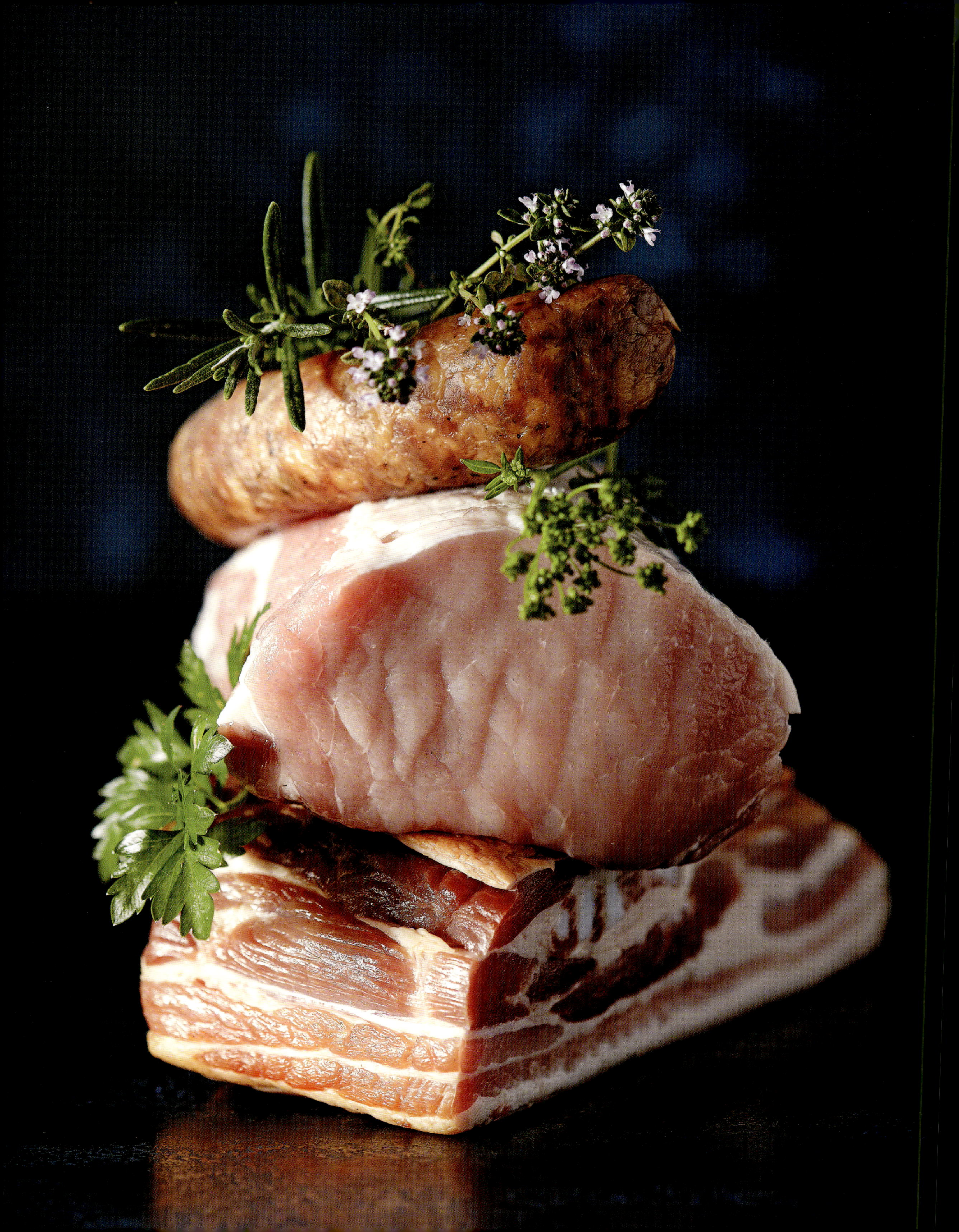

Le porc fermier

KIG-HA-FARZ
FILET MIGNON AU CIDRE, COMPOTÉE DE RHUBARBE
BLANQUETTE À LA BIÈRE DE SARRASIN

Dans l'histoire celtique, le cochon tient une place privilégiée. Il orne les pavillons, les boucliers, les fibules, les pièces de monnaie, accompagne les dignitaires dans leur tombe. Il s'invite dans nombre de contes et légendes en figure de la connaissance, donnant ainsi une très bonne raison de le manger. Voilà pourquoi être porcher en Armorique était un statut particulièrement honorable pour surveiller cet animal sacré et nourricier. Depuis sa domestication, il est devenu le compagnon substantiel de chaque cour de ferme. Compagnon, parce qu'il est sociable et utile en éboueur et chien de garde. Substantiel pour nourrir des générations de paysans bretons et ritualiser des temps forts dans l'année. De l'engraissement à la tuerie, il a réuni des familles et des villages, établi des interactions sociales. Ce sont les hommes qui se chargent de la mise à mort. Les femmes âgées tournent le sang frais et les plus jeunes lavent les boyaux sous le regard ravi ou médusé des enfants. La viande fraîche, qui doit être consommée rapidement, donne lieu à des échanges, des partages avec les proches et les voisins. Et le dimanche qui suit la tuerie, on se retrouve pour partager le repas de fête de la boudinerie. Il est le cœur d'un savoir-faire artisanal, ancré dans la tradition gastronomique avec sa valorisation totale par le boucher et le charcutier. Tout est bon dans le cochon, n'est pas une parole en l'air. Tout comme sa présence dans nombre d'expressions en dit long sur le lien identitaire.

Le porc fermier n'a pas résisté longtemps face au développement de la filière industrielle au début du XIXe siècle. Celui de la simple activité vivrière d'une ferme est remplacé progressivement par des races dites améliorées, soit plus adaptées à son confinement et à un engraissement rapide. L'élevage s'intensifie, les marchés se développent avec une nette accélération après guerre. De son élevage hors-sol jusqu'à sa mise en barquette, il est devenu une filière stratégique de l'économie bretonne.

Face à ce modèle productivisme, un syndicat d'éleveurs se mobilise. Difficile d'imaginer la disparition de la race craonnaise qui a fait la réputation des rillettes du Mans et du jambon de Paris. En 1958, elle est croisée avec la race normande pure pour devenir le porc blanc de l'Ouest. Elle est officiellement agréée par le ministre de l'Agriculture en 1998. Ce cochon de grande taille, aux oreilles tombantes qui lui couvrent les yeux, a une croissance lente. Ce qui était un défaut va devenir un avantage gustatif. Il a besoin de plein air, de trouver sa nourriture lorsque son auge est vide du mélange d'avoine, pois et féveroles imbibé de petit-lait de vache. Il fait donc du muscle et du bon gras qui lui confère une texture et une saveur exceptionnelle. Et cela commence à se savoir…

Aujourd'hui, avec la création d'une filière réunissant les producteurs naisseurs, engraisseurs, transformateurs et restaurateurs, il est en route pour devenir un produit sentinelle du *slow food*. Quand le retour à la ferme a de l'avenir…

Kig-ha-farz

Pour 6/8 personnes
Temps de préparation : 30 min
Temps de cuisson : 2 h 40

Ingrédients
500 g de lard fumé
1 saucisson breton
500 g de jarret de bœuf
500 g de paleron
2 poireaux
4 carottes
1 oignon de Roscoff
2 navets
¼ de chou vert
1 branche de céleri
3 clous de girofle
Sel, poivre

Farz
500 g de farine de sarrasin
150 g de beurre demi-sel
2 œufs
100 g de crème

Placer les viandes de bœuf et le lard dans une grande cocotte. Couvrir d'eau. Porter lentement à ébullition. Écumer le bouillon. Ajouter le céleri coupé en tronçons, l'oignon épluché et piqué des clous de girofle. Saler. Cuire à petits frémissements pendant 1 h.

Préparer le farz
Mélanger la farine avec le beurre fondu, les œufs, la crème et 70 cl de bouillon de cuisson des viandes. Verser la pâte dans un sac à farz. Le fermer avec une ficelle en laissant un peu d'air afin que le farz puisse gonfler. Placer le sac dans la cocotte. Poursuivre la cuisson 1 h.

Éplucher, couper les carottes et les poireaux en tronçons. Éplucher et couper les navets en quatre. Laver, retirer les côtes des feuilles de chou. Ajouter les légumes et le saucisson. Poursuivre la cuisson pendant 30 min.

Retirer le farz du sac. Le découper en tranches. Disposer tous les ingrédients dans un plat de service. Poivrer.

Savourer en accompagnant de bols de bouillon.

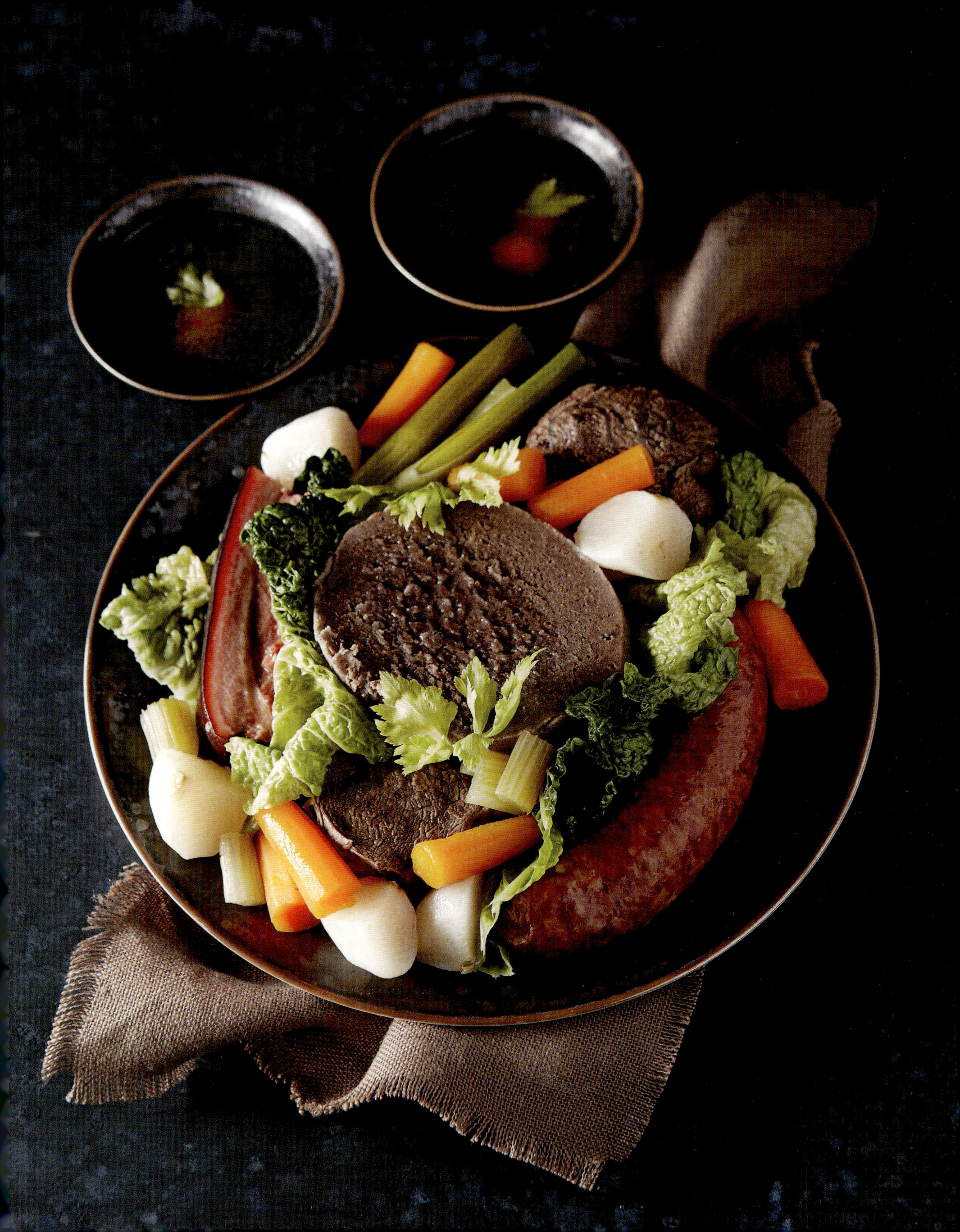

Filet mignon au cidre, compotée de rhubarbe

Pour 4 personnes
Temps de préparation : 40 min
Temps de cuisson : 50 min

Ingrédients
1 filet mignon de 700 g
8 tranches fines de jambon sec
40 g de beurre
1 oignon de Roscoff
50 cl de cidre brut
2 cuillerées à soupe de crème fraîche
Sel, poivre

Purée
600 g de pommes de terre
1 brocoli
30 g de beurre demi-sel
2 cuillerées à soupe de crème fraîche
Sel, poivre

Compotée de rhubarbe
250 g de rhubarbe
2 pommes
20 g de beurre demi-sel
Poivre

Préparer la purée
Détailler le brocoli en fleurettes. Les cuire dans une casserole d'eau bouillante salée pendant 5 min. Égoutter. Mixer avec la crème fraîche. Réserver.

Éplucher, couper en cubes les pommes de terre. Les cuire dans une casserole d'eau bouillante salée pendant environ 20 min. Elles doivent être tendres sous la pointe du couteau. Égoutter. Passer au presse-purée. Ajouter le beurre et la purée de brocoli. Poivrer. Réserver au chaud.

Préparer la compotée
Éplucher, couper en brunoise la rhubarbe et les pommes. Chauffer le beurre dans une casserole. Verser les brunoises de pommes et rhubarbe. Cuire à feu doux pendant 5 min en remuant régulièrement. Poivrer. Réserver au chaud.

Barder le filet mignon des tranches de jambon. Les maintenir avec une ficelle de cuisine. Éplucher, émincer l'oignon.

Dans une cocotte, faire fondre 20 g de beurre. Faire dorer le filet mignon à feu moyen pendant 3 min de chaque côté avec l'oignon émincé. Verser le cidre. Porter à ébullition. Cuire à petits frémissements pendant 15 min en arrosant régulièrement. Écarter le filet mignon. Le couper en quatre. Réserver au chaud. Faites réduire à feu vif la sauce au cidre pendant 3 min. Ajouter la crème fraîche et les 20 g de beurre restants. Poivrer. Saler éventuellement.

Dresser dans chaque assiette à l'aide d'un emporte-pièce un cercle de purée. Façonner 2 quenelles de compotée de rhubarbe. Déposer le filet mignon. Arroser généreusement de sauce.

Savourer aussitôt.

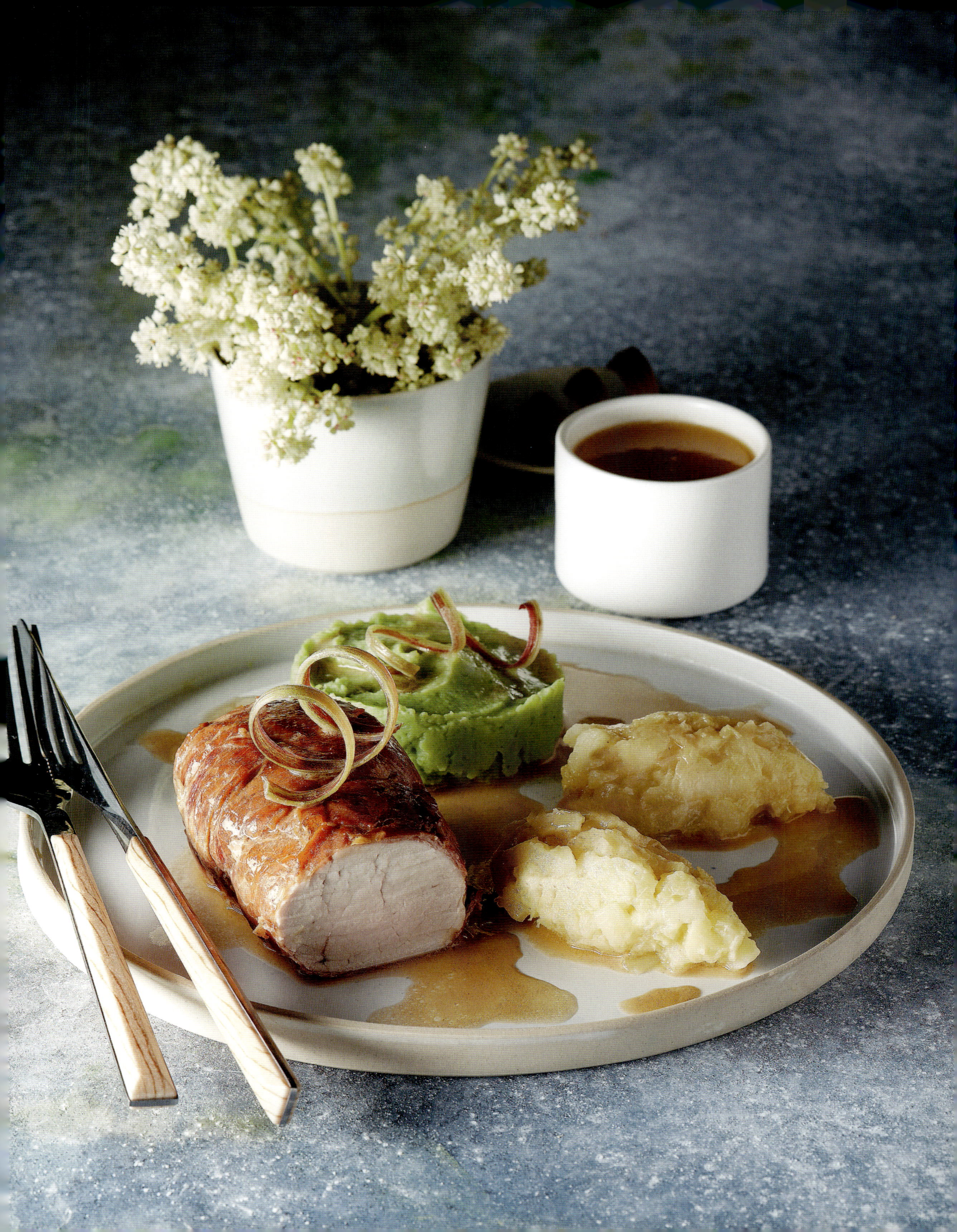

Blanquette
à la bière de sarrasin

Pour 4 personnes
Temps de préparation : 25 min
Temps de cuisson : 1 h 35
Marinade : 1 h

Ingrédients
700 g d'échine de porc en cubes
300 g de lardons fumés
33 cl de bière au sarrasin
1 cuillerée à soupe de ketchup
2 cuillerées à soupe de miel
de sarrasin
1 cuillerée à soupe de graines
de sarrasin grillé
2 gousses d'ail
1 patate douce de 500 g
8 échalotes
1 brocoli
3 cuillerées à soupe d'huile d'olive
4 brins de romarin
70 g de beurre demi-sel
Sel, poivre

Préparer la marinade
Dans un plat, mélanger la bière, le ketchup, le miel, les graines de sarrasin et les gousses d'ail hachées. Déposer les cubes d'échine.
Mélanger bien pour les imprégner.
Laisser mariner pendant 1 h au frais.

Éplucher, couper en cubes la patate douce.
Éplucher, couper en deux les échalotes.
Les déposer dans un plat à four. Saler, poivrer.
Ajouter 2 brins de romarin.
Arroser d'huile d'olive. Bien mélanger.
Cuire dans un four préchauffé à 180 °C (th. 6) pendant 25 min environ.
La patate douce doit être tendre. Réserver au chaud.

Dans une cocotte, faire fondre 30 g de beurre.
Verser les cubes d'échine égouttés et les lardons.
Faire revenir à feu vif pendant 6 à 7 min en remuant régulièrement. Ajouter la marinade et les 2 brins de romarin restants. Saler, poivrer.
Cuire à petits frémissements et à couvert pendant 1 h.

Écarter la viande. Réserver au chaud.
Filtrer la sauce. La reverser dans la cocotte et la faire réduire à feu vif pendant 3 min.
Hors de feu, ajouter les 40 g de beurre restants.

Détacher les fleurettes de brocoli.
Les cuire 3 min dans une casserole d'eau bouillante salée. Égoutter. Réserver au chaud.

Dresser la blanquette dans un plat de service ou en assiette avec les légumes arrosés de sauce.

Savourer aussitôt.

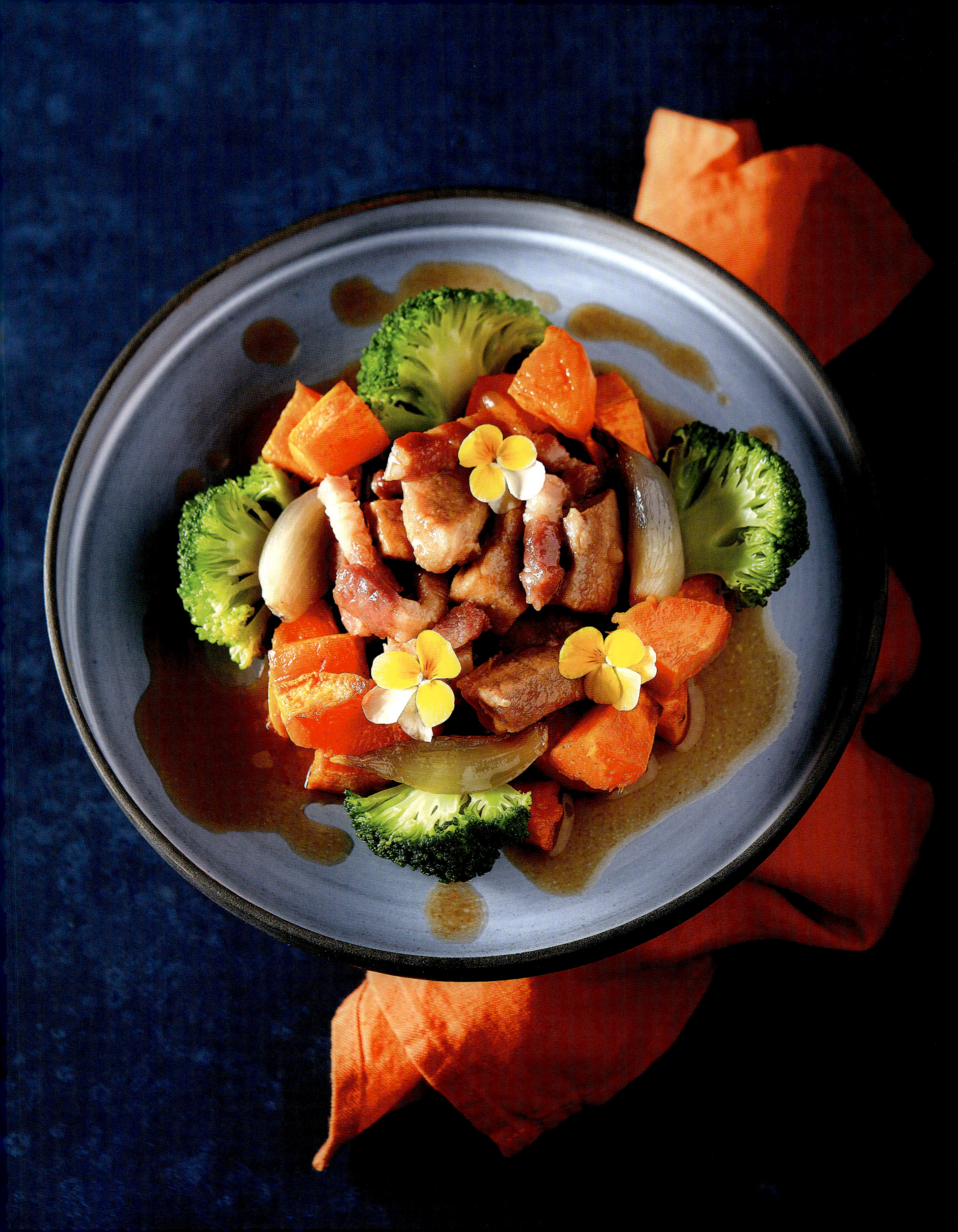

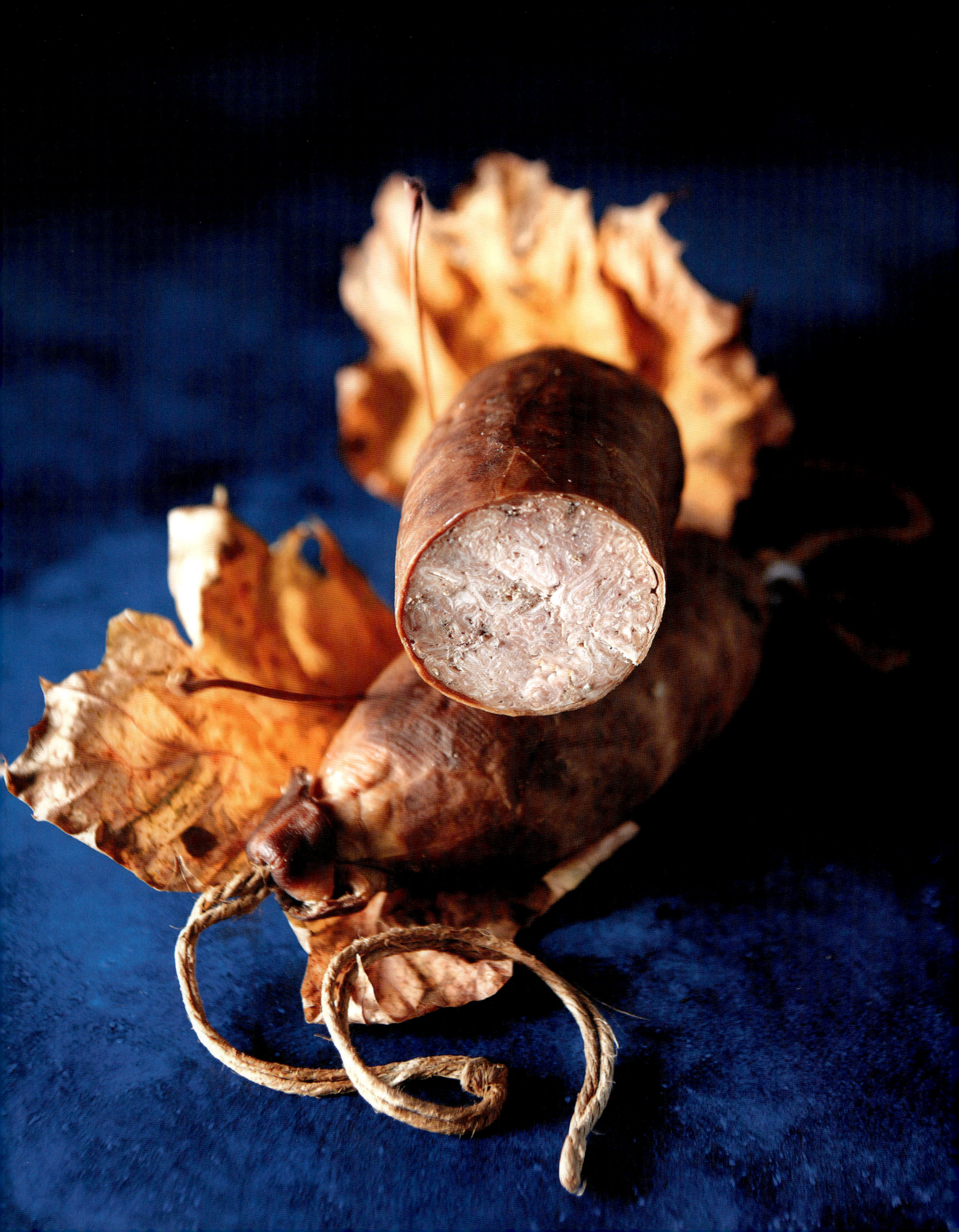

L'andouille

**AUMÔNIÈRES AUX POIREAUX
COCOTTE DE PRINTEMPS
MILLE-FEUILLE D'ANDOUILLE**

La France a cette spécialité charcutière chevillée aux tripes vu le nombre de régions ou de villes qui s'enorgueillissent d'avoir la leur, Bretagne en tête : celle de Carhaix, d'Auray, sans compter les nombreuses andouilles de campagne artisanales, à découvrir sur les marchés. Mais l'une d'elles se distingue depuis trois siècles.

Il y a les alignements de Carnac, les remparts de Saint-Malo, le château de Vitré, le Mont-Saint-Michel et… l'andouille de Guémené ! Un monument historique. Parce que depuis sa création, rien n'a changé. Aucune modification sous couvert d'améliorer, d'adapter ou de simplifier la recette. Immuable, remarquable. Du haut du conduit de cheminée où elle prend le temps de sécher, des siècles d'andouilles nous contemplent.

Mais pourquoi celle de Guémené plutôt qu'une autre ? C'est la malice de l'histoire qui retiendra le nom de la ville pour spécifier la méthode de fabrication afin de la distinguer de celle de Vire. Il faut avoir le cœur bien accroché pour laver, retourner, dégraisser les gros intestins des porcs, appelé chaudins, avant de les laisser reposer trois semaines dans le saloir. Lavés à grande eau puis laissés à égoutter pendant trois jours. Ici, prendre son temps n'est pas une vue de l'esprit, car pendant ce séchage, une fermentation s'amorce qui lui donnera son odeur caractéristique. Les chaudins sont déposés à plat sur le plan de travail pour y être salés, poivrés, épicés. Et seulement à ce moment-là, sans avoir rien négligé de sa préparation, elle est prête à l'enfilage. Une prouesse technique qui ne sera jamais mécanisée : on commence par le cœur de l'andouille, un chaudin coupé en lanières, enveloppé d'un autre, puis une trentaine d'autres sont superposés un par un, à l'aide d'un fil passé par une aiguille, du plus petit au plus gros. Dix mètres de boyaux seront nécessaires, soit trois cochons pour former l'andouille qui sera enveloppée pour finir dans une baudruche de bœuf. Vient ensuite la phase du fumage. Là aussi, le temps fait son œuvre. Les andouilles vont prendre leur robe noire, pendues dans la cheminée au-dessus d'un feu de copeaux de bois, pendant quatre jours. Hêtre, chêne, ou comme le préconisait le grand chef Brillat-Savarin, au bois de genévrier ? C'est le petit secret du charcutier. Puis on les oublie au plus haut de la cheminée pendant six mois pour un lent séchage qui va concentrer sa saveur. Mais il faudra encore avoir la patience de la dernière étape pour la savourer. La cuire cinq heures dans un bain frémissant et parfumé au foin. Là elle va se réhydrater et prendre sa texture définitive, sublimée par le parfum végétal.

Voilà pourquoi, on peut vraiment parler de monument. C'est de la belle ouvrage qui ne souffre d'aucune industrialisation. Un savoir-faire authentique de la Bretagne que les ambassadeurs de la Confrérie des Goustiers de l'Andouille honorent et promeuvent. Pour que nombreux soient ceux qui continuent à faire l'andouille.

Aumônières aux poireaux

Pour 8 aumônières
Temps de préparation : 20 min
Temps de cuisson : 20 min

Ingrédients
100 g d'andouille de Guémené
4 poireaux
55 g de beurre demi-sel
1 cuillerée à soupe de moutarde en grains
4 feuilles de brick
Sel, poivre

Éplucher, couper en fines rondelles les poireaux.
Retirer la peau de l'andouille. La couper en fines rondelles puis la détailler en bâtonnets.

Faire fondre 30 g de beurre dans une poêle. Verser les poireaux. Cuire en remuant régulièrement pendant 8 min à feu doux. Poivrer. Ajouter les bâtonnets d'andouille. Mélanger. Poursuivre la cuisson 2 min. Ajouter la moutarde. Mélanger. Vérifier l'assaisonnement. Saler éventuellement.

Couper les feuilles de brick en deux. Déposer au centre de chacune d'elles, un peu de fondue de poireaux. Remonter les bords de la feuille pour former une aumônière. Les maintenir avec 2 piques en bois.

Les badigeonner du beurre restant fondu. Cuire dans un four préchauffé à 180 °C (th. 6) pendant 10 min.

Savourer aussitôt accompagné d'une salade de mesclun.

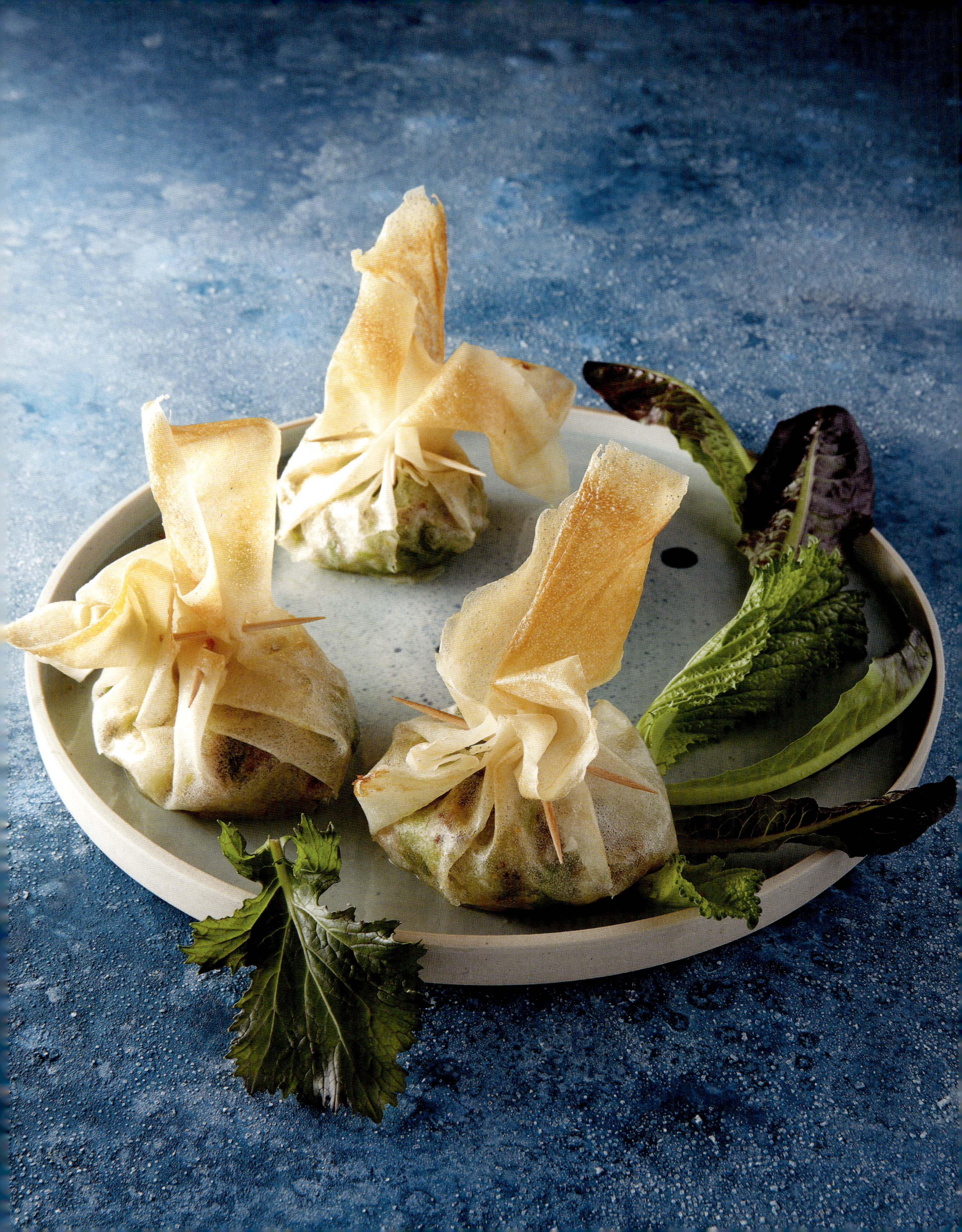

Cocotte de printemps

Pour 6 personnes
Temps de préparation : 15 min
Temps de cuisson : 30 min

Ingrédients
1 petite andouille de campagne
1 kg de pommes de terre nouvelles
2 têtes d'ail nouveau
15 cl de vin blanc
60 g de beurre demi-sel
Sel, poivre

Détacher les gousses des têtes d'ail.
Les blanchir dans une casserole d'eau bouillante salée pendant 5 min.
Égoutter.

Éplucher les pommes de terre.
Les couper en cubes.

Détailler l'andouille en rondelles d'environ 1 cm d'épaisseur.
Retirer la peau.

Dans une cocotte, faire fondre la moitié du beurre. Disposer dans le fond quelques gousses d'ail et cubes de pommes de terre.
Saler légèrement, poivrer.

Ajouter ensuite des rondelles d'andouille.
Recommencer l'opération jusqu'à épuisement des ingrédients.

Arroser de vin blanc. Couvrir.
Porter à ébullition. Cuire à feu doux pendant 30 min. Vérifier la cuisson.
Les pommes de terre doivent être fondantes.
Donner un tour de moulin à poivre.

Savourer aussitôt.

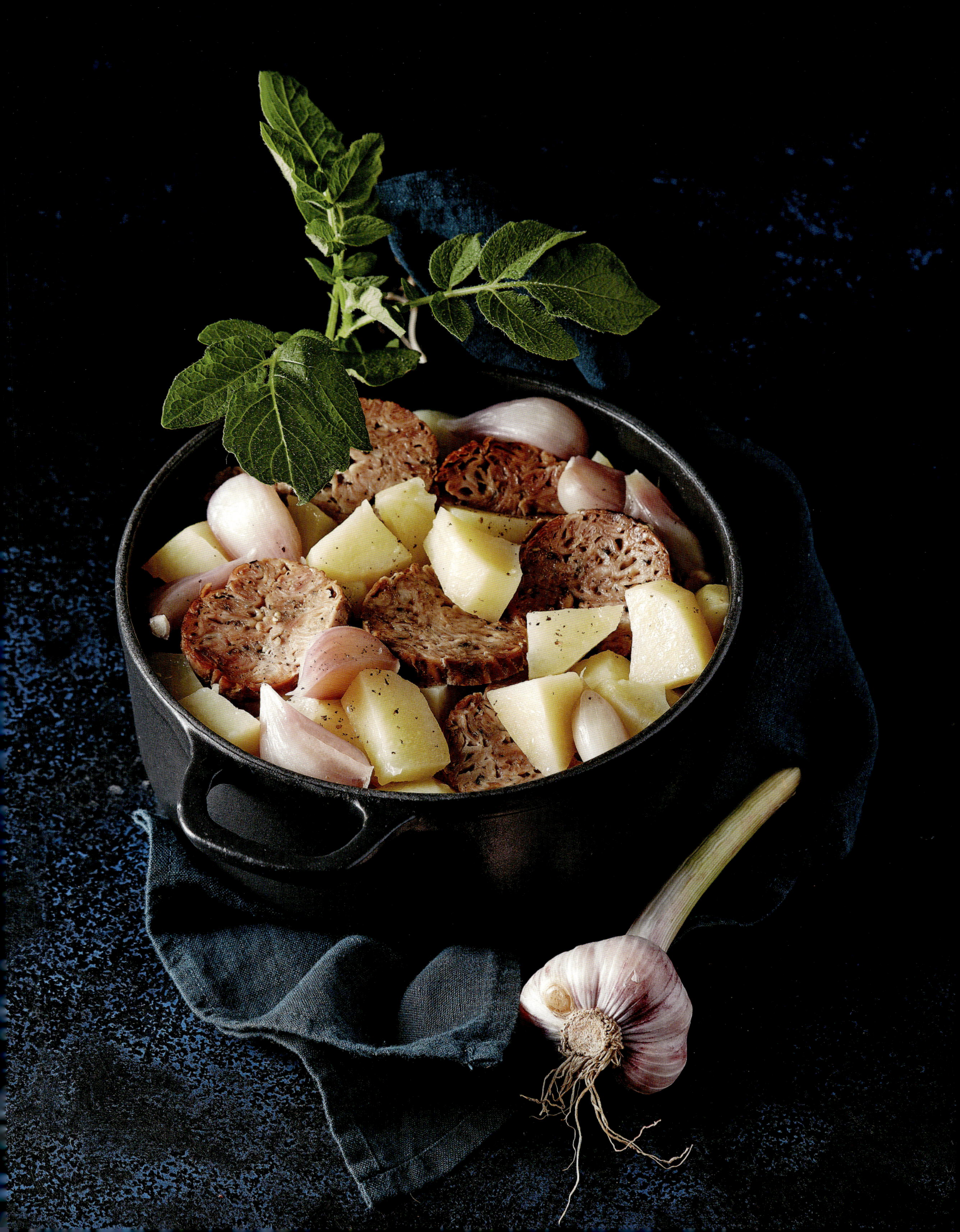

Mille-feuille d'andouille

Pour 4 mille-feuilles
Temps de préparation : 25 min
Temps de cuisson : 20 min

Ingrédients
8 tranches d'andouille de 3 mm d'épaisseur
3 pommes bio
4 galettes épaisses de sarrasin de 18 cm de diamètre
2 cébettes
40 g de beurre demi-sel
Fleur de sel, poivre

Laver, couper transversalement les pommes en 12 tranches de 3 mm d'épaisseur. Faire mousser 20 g de beurre dans une poêle. Cuire les tranches de pommes à feu doux pendant 5 min de chaque côté. Saupoudrer de fleur de sel, poivrer. Réserver au chaud.

Détailler, à l'aide d'un emporte-pièce du même diamètre que les tranches d'andouille, 12 cercles dans les galettes. Réserver les chutes.

Dans la poêle qui a servi à la cuisson des pommes, ajouter 10 g de beurre. Cuire les galettes pendant 2 min de chaque côté à feu moyen. Réserver au chaud.

Ajouter les tranches d'andouille dans la poêle. Les cuire pendant 2 min de chaque côté à feu moyen. Réserver au chaud.

Détailler les chutes de galettes en petits morceaux. Ciseler les cébettes.
Dans la poêle qui a servi aux cuissons précédentes, chauffer les 10 g de beurre restant. Verser les chutes de crêpes et les cébettes. Cuire à feu vif en remuant régulièrement pendant 2 min. Saupoudrer d'un peu de fleur de sel. Poivrer.

Dans chaque assiette, dresser les mille-feuilles en superposant les ingrédients : 1 galette, 1 pomme, 1 andouille, 1 galette, 1 pomme, 1 andouille, 1 galette, 1 pomme.

Parsemer du croustillant de galette aux cébettes.

Savourer aussitôt.

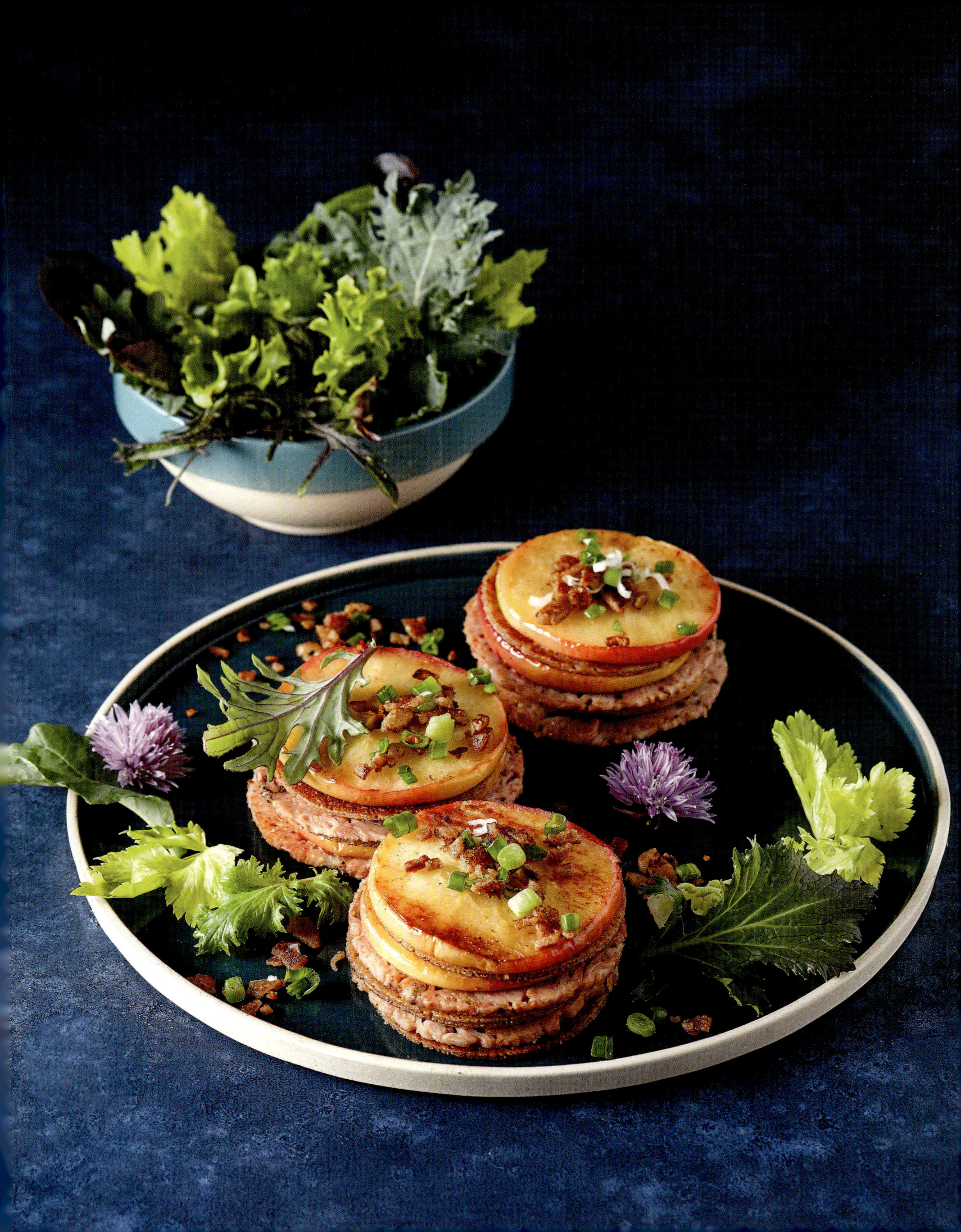

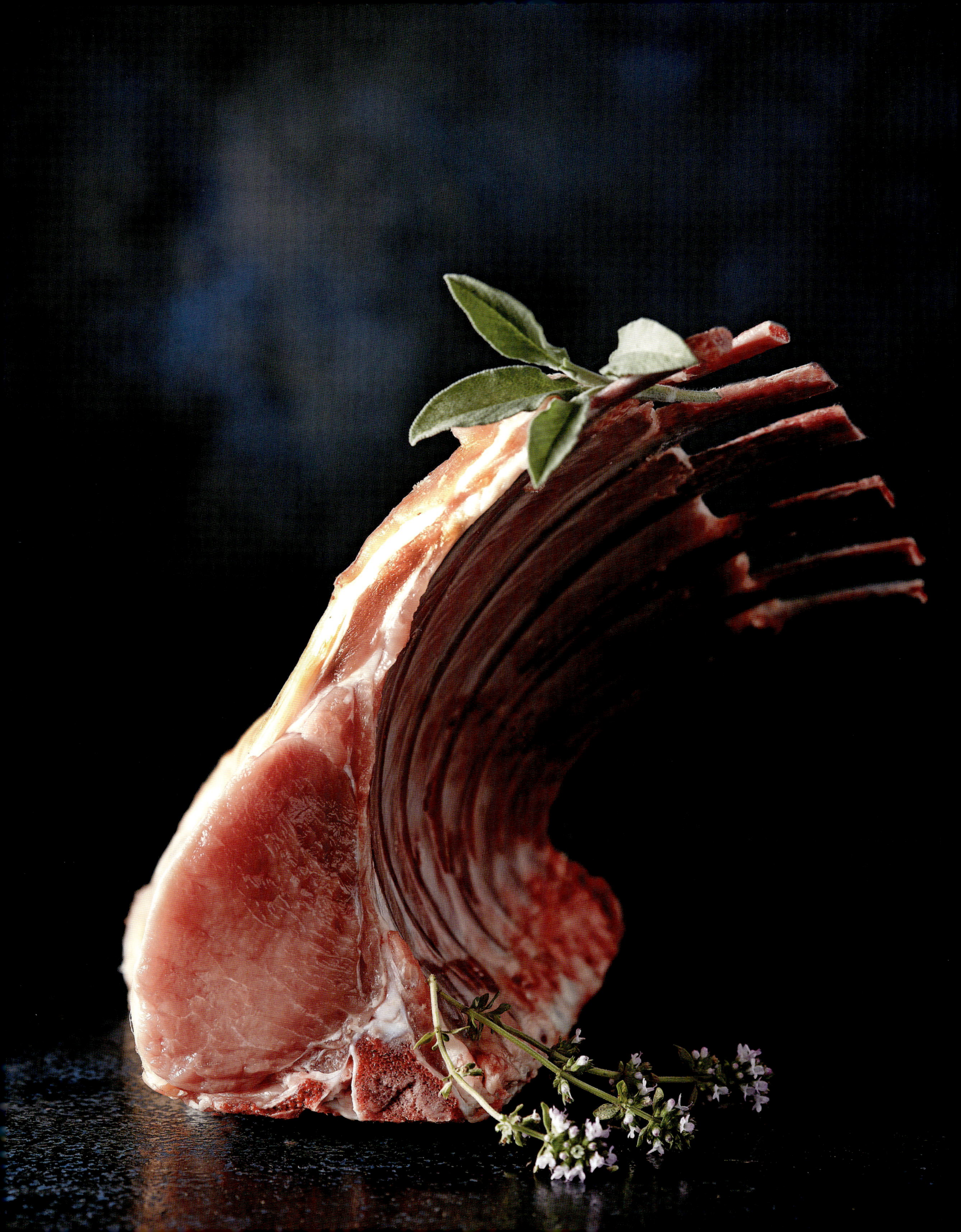

L'agneau de prés-salés

CÔTELETTE D'AGNEAU, CONFIT D'OIGNON AUX PRUNEAUX
GIGOT RÔTI AU ROMARIN, TOMATES ET AIL CONFITS
ÉMINCÉ D'AGNEAU, GALETTE D'AVOINE À LA MENTHE

Havres de paix… On ne va pas relancer la polémique pour statuer si le Mont-Saint-Michel est breton ou normand, mais assurément la zone d'appellation agneau de prés-salés s'étend géographiquement dans sa baie sur six havres, ces espaces abrités du littoral recouverts lors des grandes marées. Sous le regard de l'archange terrassant la polémique, moutons, brebis et agneaux, broutent paisiblement les herbus, zones successives d'espèces végétales, selon la fréquence des immersions. Salicornes, graminées, faux pourpier et chiendent maritime, la nourriture est délicieusement salée, chargée d'iode, mais les ovins doivent parcourir de grandes distances pour la trouver. Tout le secret de cette viande d'exception est là. Des agneaux musclés, imprégnés des arômes de la flore halophile.

Ce pâturage est ancestral, autant que la lutte pour maintenir les herbus soumis aux caprices de la mer et du vent. L'image pastorale aussi. Elle contribue à étendre la renommée de la baie, d'abord louée depuis le Moyen Âge par les pèlerins. Puis par les premiers touristes aisés du début du XXe siècle désireux de goûter à une cuisine typiquement régionale. L'agneau de prés-salés sort de sa condition d'élevage de subsistance locale pour devenir un produit gastronomique. Rapidement la demande est plus forte que l'offre faisant le lit de nombreuses fraudes. L'AOC obtenue en 2010, suivie de l'AOP en 2012 devient un gage de qualité pour les consommateurs, mais aussi une véritable protection pour que perdure ce mode d'élevage naturel, respectueux du patrimoine maritime. Car le nombre d'ovins n'est pas sans impact sur l'équilibre écologique des herbus. De nombreux animaux et oiseaux s'en nourrissent et s'y reproduisent. Une concertation globale des associations d'éleveurs, de la chambre d'agriculture et du conservatoire du littoral a engagé une réflexion sur la préservation de la biodiversité tout en conciliant la valorisation de la pratique pastorale.

La limite d'un territoire permet de donner des idées à d'autres éleveurs. Et pourquoi par ailleurs sur d'autres prés-salés ? En pays bigouden dans l'anse du Pouldon ? La presqu'île de Crozon ou l'île d'Ouessant ? Une opportunité pour relancer le mouton des landes de Bretagne, que l'on jugeait sans intérêt en raison de sa croissance lente. Sa rusticité, son agnelage facile et son tropisme pour les zones de marais en fait une nouvelle égérie de la côte bretonne. Non seulement il entretient l'espace naturel, mais sa viande comme sa laine offrent de belles perspectives de valorisation dans la tendance actuelle des consommateurs en quête d'authenticité. Et qui sait ? Ils sont peut-être les nouveaux pèlerins qui loueront ces nouveaux terroirs de prés-salés…

Côtelette d'agneau, confit d'oignon aux pruneaux

Pour 4 personnes
Temps de préparation : 25 min
Temps de cuisson : 1 h 40

Ingrédients
4 côtelettes d'agneau de prés-salés
10 brins de thym citron
3 gousses d'ail
50 g de beurre demi-sel
1 zeste de citron jaune bio
4 poivrons jaunes
2 cuillerées à soupe d'huile d'olive
Sel, fleur de sel, poivre

Confit d'oignon
600 g d'oignons de Roscoff
60 g de pruneaux moelleux dénoyautés
80 g de beurre demi-sel
1 citron jaune bio
5 brins de thym citron
Poivre

Préparer le confit d'oignon
Éplucher, émincer les oignons.
Couper en petits dés les pruneaux.
Faire fondre le beurre dans une cocotte.
Ajouter les oignons, le thym citron et les pruneaux. Cuire à feu doux pendant 1 h 30 et à couvert, en remuant régulièrement.
En fin de cuisson, ajouter le jus et le zeste du citron. Poivrer. Réserver au chaud.

Laver, couper les poivrons en fines lanières. Les poêler 5 min dans l'huile d'olive, avec 1 gousse d'ail hachée. Saler, poivrer. Réserver au chaud.

Faire fondre le beurre avec le thym citron restant et 2 gousses d'ail écrasées. Cuire les côtelettes, environ 3 min de chaque côté, à feu moyen en les arrosant constamment du beurre parfumé.

Dresser dans chaque assiette les côtelettes, le confit d'oignon et les poivrons.
Saupoudrer du zeste de citron.
Parsemer d'un peu de fleur de sel et de poivre.

Savourer aussitôt.

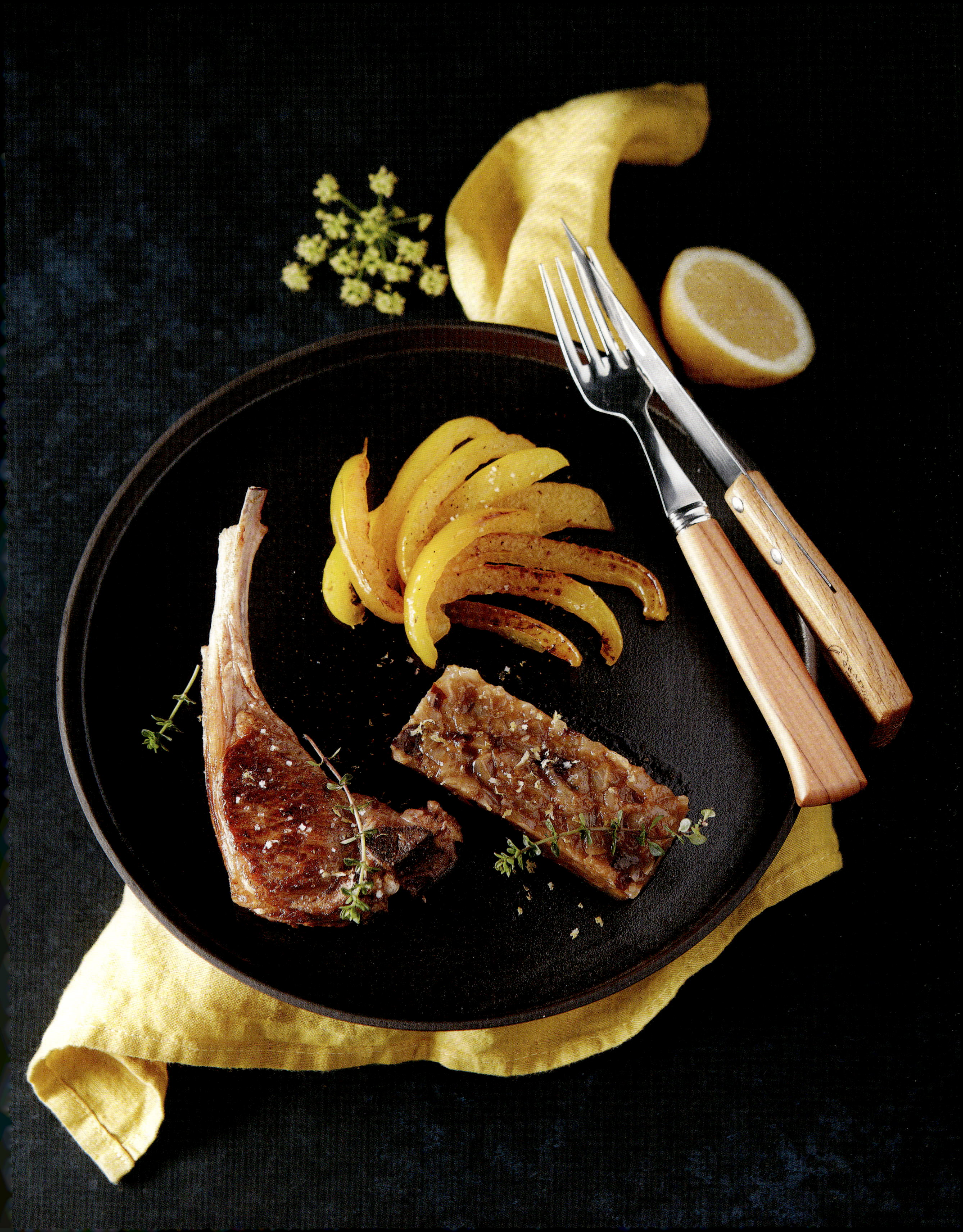

Gigot rôti au romarin, tomates et ail confits

Pour 6 personnes
Temps de préparation : 20 min
Temps de cuisson : 1 h

Ingrédients
1 gigot de prés-salés de 2 kg
10 brins de romarin
2 feuilles de laurier
30 g de beurre
20 cl de vin blanc
400 g de cocos de Paimpol frais écossés
16 tomates
3 têtes d'ail
Huile d'olive
Sel, poivre

Chauffer le beurre avec un filet d'huile d'olive dans une cocotte. Dorer à feu moyen le gigot des deux côtés pendant environ 5 min. Ajouter 1 tête d'ail coupée en deux, 4 brins de romarin. Déglacer avec le vin blanc. Saler. Cuire dans un four préchauffé à 180 °C (th. 6) pendant 1 h en arrosant régulièrement.

Verser les cocos dans une casserole. Couvrir généreusement d'eau froide. Ajouter le laurier et 2 brins de romarin. Porter doucement à ébullition. Cuire 30 min à feu doux. Hors du feu, saler. Laisser refroidir dans son eau. Égoutter. Réserver.

Laver, couper les tomates en deux. Verser un filet d'huile d'olive dans un plat à four. Déposer 4 brins de romarin, puis les tomates. Ajouter les gousses d'ail en chemise des 2 têtes restantes. Saler. Arroser d'un filet d'huile d'olive. Cuire à 180 °C (th. 6) pendant 1 h.

Écarter le gigot. Le couvrir d'un papier d'aluminium. Laisser reposer. Verser les cocos dans la cocotte pour les réchauffer dans le jus de cuisson pendant 5 min.

Savourer le gigot avec les cocos, les tomates et l'ail confits. Arroser du jus de cuisson des tomates.

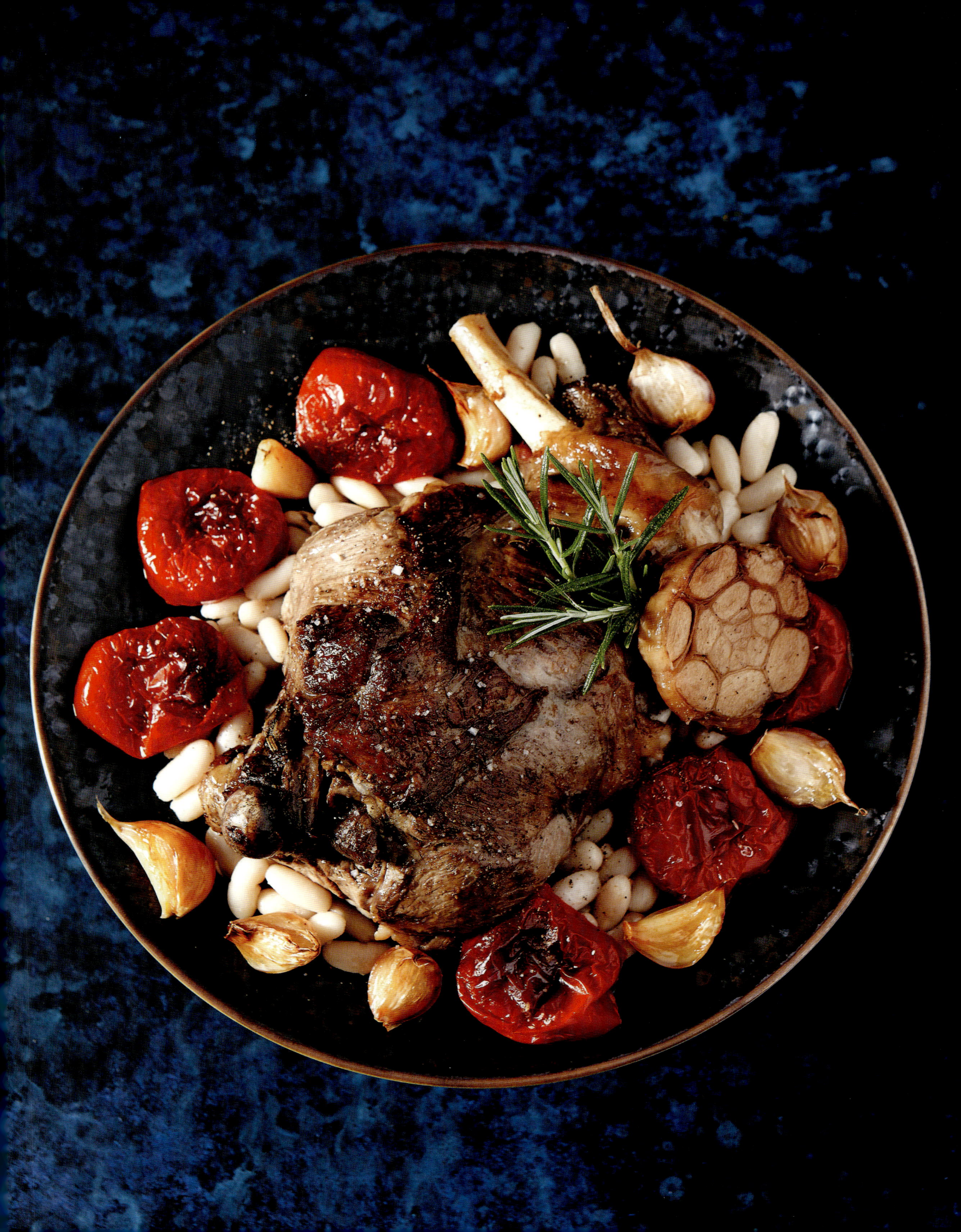

Émincé d'agneau, galette d'avoine à la menthe

Pour 4 personnes
Temps de préparation : 15 min
Repos : 15 min
Temps de cuisson :
15 min par galette
3 min pour l'agneau

Ingrédients
400 g de selle d'agneau de prés-salés
120 g de flocons d'avoine
350 de courgettes
2 œufs
15 cl de crème fraîche
20 feuilles de menthe
40 g de beurre demi-sel
Sel, fleur de sel, poivre

Laver, râper à la grosse grille les courgettes. Ciseler les feuilles de menthe.
Dans un bol, fouetter les œufs et la crème. Ajouter les flocons d'avoine, les courgettes et les ⅔ des feuilles de menthe.
Saler, poivrer. Laisser reposer 15 min.

Dans une petite poêle (18 cm), chauffer 10 g de beurre. Verser ¼ de la préparation. Tasser légèrement. Cuire à feu doux pendant 7 min environ. Placer une assiette dessus, puis retourner la poêle. Glisser la galette, de l'assiette dans la poêle, pour la cuire de l'autre côté de nouveau pendant environ 7 min. Réserver au chaud. Recommencer pour les trois autres galettes.

Émincer la selle d'agneau. Dans une poêle, chauffer les 30 g de beurre restants. Cuire à feu vif pendant 3 min l'agneau émincé. Poivrer.

Dresser dans chaque assiette une galette d'avoine. Répartir au centre l'agneau émincé.

Parsemer de la menthe ciselée restante et d'un peu de fleur de sel.

Savourer aussitôt avec une salade de jeunes pousses.

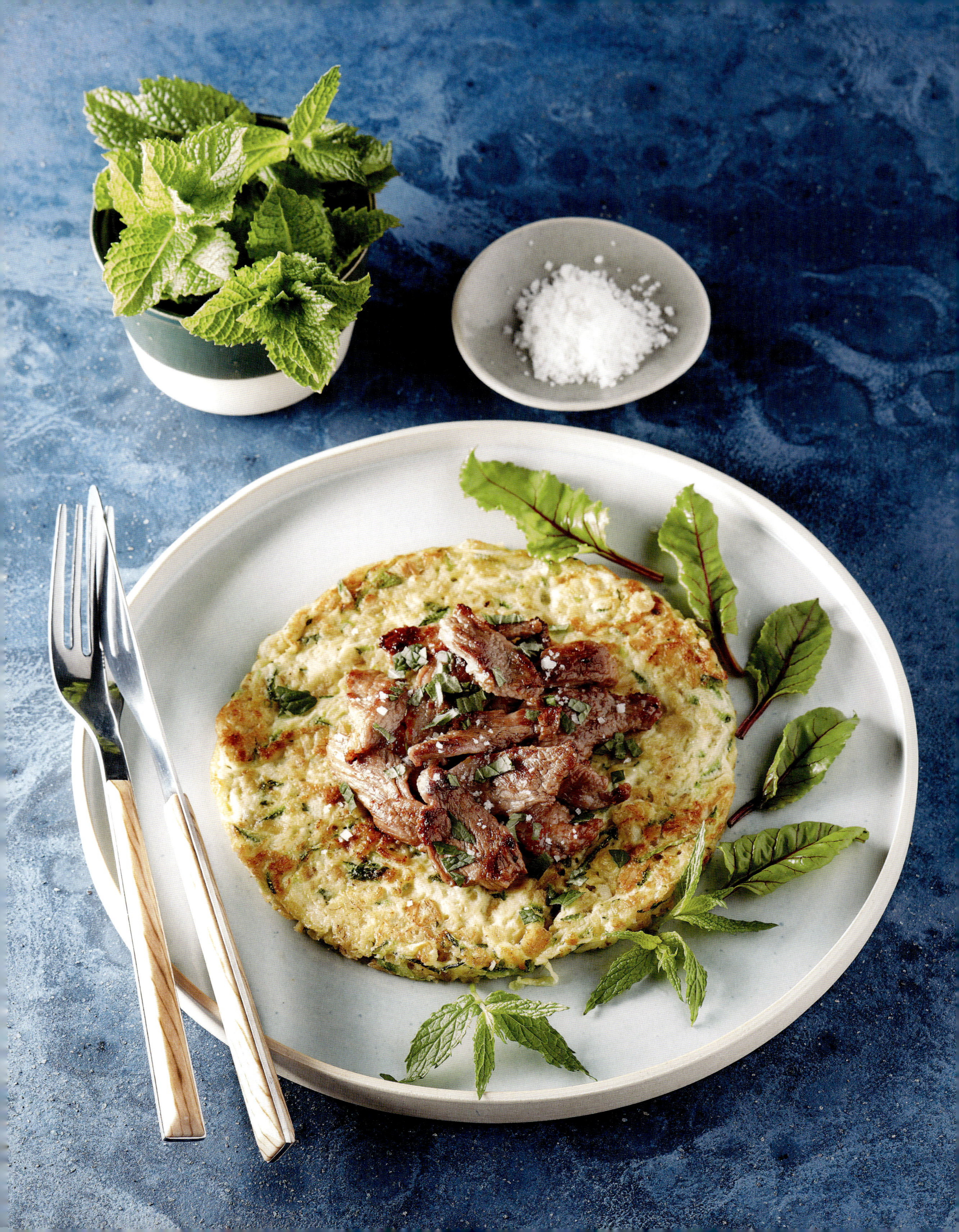

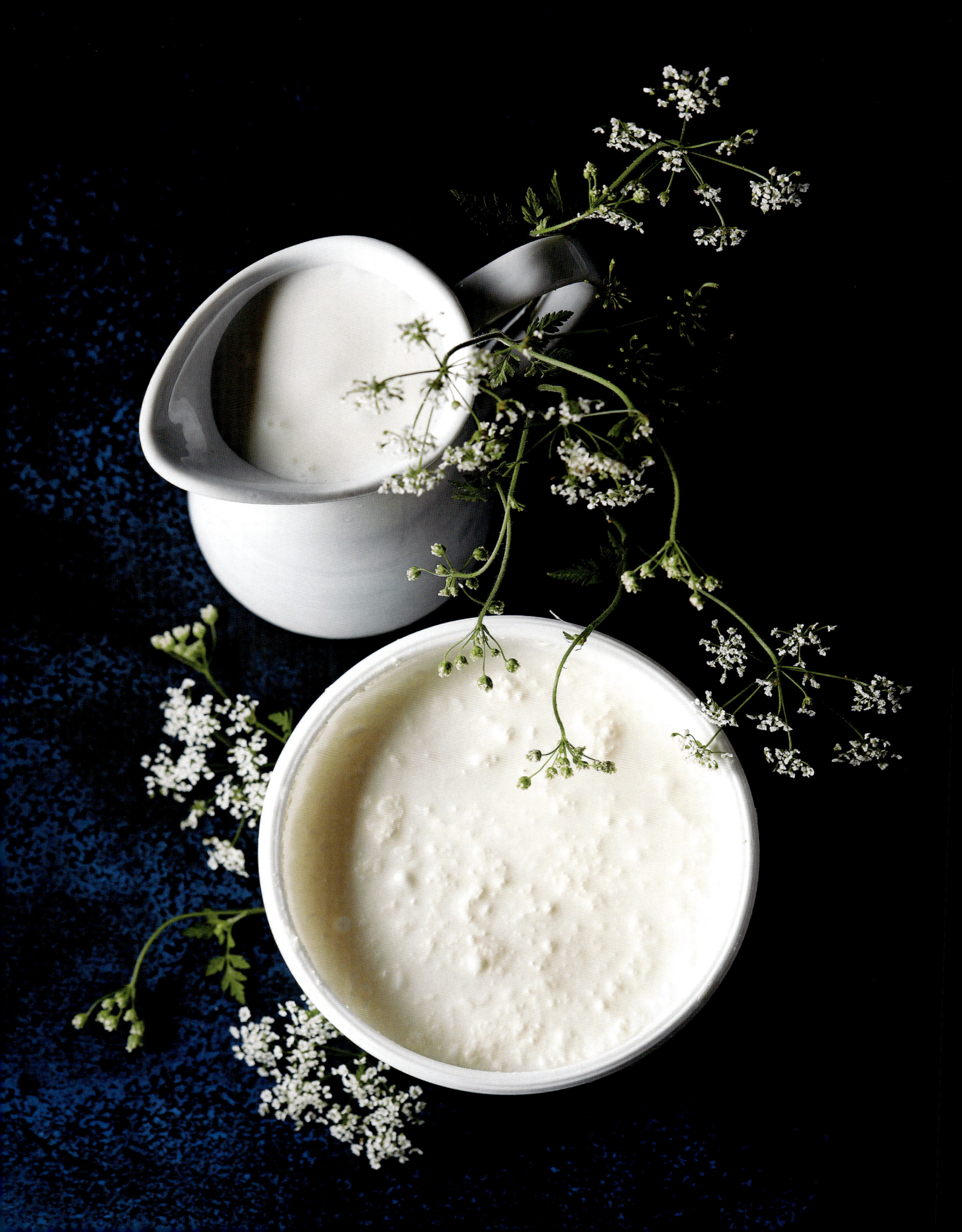

Le lait ribot et le gwell

SOUPE DE LAIT RIBOT
FARZ AUX POIRES
POÊLÉE DE CERISES AU TAPIOCA
GWELL BOWL
PALETS DE POMMES DE TERRE, CONDIMENT AU GWELL
CHEESE-CAKE AU CARAMEL

Boire du petit-lait… L'expression est toujours d'usage pour exprimer l'autosatisfaction éprouvée par une personne. Certains diront qu'elle fait allusion à la béatitude du nourrisson après la tétée. Les Bretons auront une autre version. Celle d'un temps où l'on barattait la crème à la ferme. Le mouvement agglomérait les parties grasses pour former le beurre d'où s'écoulait un résidu liquide. Selon l'humeur, on l'appelait « bat-beurre », pour rappeler qu'il avait été battu pour l'obtenir, ou « bas-beurre », plutôt dépréciatif qui justifiait de le donner aux poules ou aux cochons. Ou encore « petit-lait ». Ou lait ribot puisque la ribote désigne la baratte en breton. Boisson désaltérante bue aussitôt, mais qui pouvait prendre de l'onctuosité au goût délicatement aigrelet si on laissait ses ferments naturellement présents, faire leur ouvrage.

Aujourd'hui, le lait ribot est fabriqué à partir de lait frais pasteurisé, dans lequel sont ajoutés des ferments lactiques. Une douceur lactée qui n'est plus le véritable *laezh-ribod*, un sous-produit du beurre qui a connu l'agitation de la crème et la chaleur de l'étable, laissant à ceux qui ont eu le privilège de le connaître, le souvenir d'une singularité laitière qui flatte si bien la simplicité d'une crêpe ou d'une galette au beurre.

L'histoire du gwell est intimement liée à celle de la vache pie noir. Une race rustique remarquable pour ses qualités maternelles et son adaptation aux terres bretonnes pauvres et acides. Reine des prairies, elle a été généreuse pour donner à de nombreuses préparations lactées, un goût incomparable, beurre en tête, mais aussi un lait fermenté, le gros lait, qui revêt différents noms selon la région de fabrication : *laez-goell, laez-gwenn, laez-téo*… Une recette ancestrale qui laisse la flore microbienne naturellement présente dans le lait de la pie noir, se transformer en un produit fermenté qui selon la vache, la saison, le champ affirme sa typicité. Avec l'industrialisation de l'agriculture et de la production de yaourts, la pie noir et le gwell ont failli disparaître. Pas assez productive pour la première, pas assez stable pour le second. En 1976 est lancé le programme de sauvegarde de la vache bretonne qui exhume la recette du gros lait. En 1999, le syndicat des éleveurs crée la marque « Gwell® » pour relancer sa fabrication. Et pourquoi n'avoir pas repris une dénomination ancienne ? Parce que gwell, non seulement s'apparente au mot *goell* qui signifie ferment, mais il signifie le meilleur en breton. Une invitation à le redécouvrir pour le moment sur les marchés locaux. La demande explose. Un nouveau défi attend les éleveurs producteurs pour y répondre, soutenu par la Commission européenne. Ce produit authentique risque-t-il d'y perdre son âme ? Pas d'inquiétude, la pie noir, désormais sentinelle *slow food*, y veillera…

Soupe de lait ribot

Pour 4 personnes
Temps de préparation : 15 min
Temps de cuisson : 16 min

Ingrédients pour la version traditionnelle

60 cl de lait ribot
8 petites pommes de terre cuites
2 galettes de sarrasin
20 g de beurre demi-sel
Fleur de sel, poivre

Ingrédients pour la version contemporaine

1 petite branche de céleri
4 radis
4 cuillerées à café d'œufs de truite

Préparer la version traditionnelle
Éplucher, couper les pommes de terre en rondelles. Les répartir dans 4 bols. Couvrir du lait ribot.

Faire fondre 10 g de beurre dans une poêle. Cuire la galette à feu moyen pendant environ 4 min de chaque côté.
Elle doit être légèrement desséchée.

Renouveler l'opération pour la seconde galette. Les émietter avant de les répartir dans les bols. Ajouter un peu de fleur de sel et de poivre du moulin.

Savourer aussitôt.

► *Pour la version contemporaine, ajouter les œufs de truite, les radis et la branche de céleri finement émincés.*

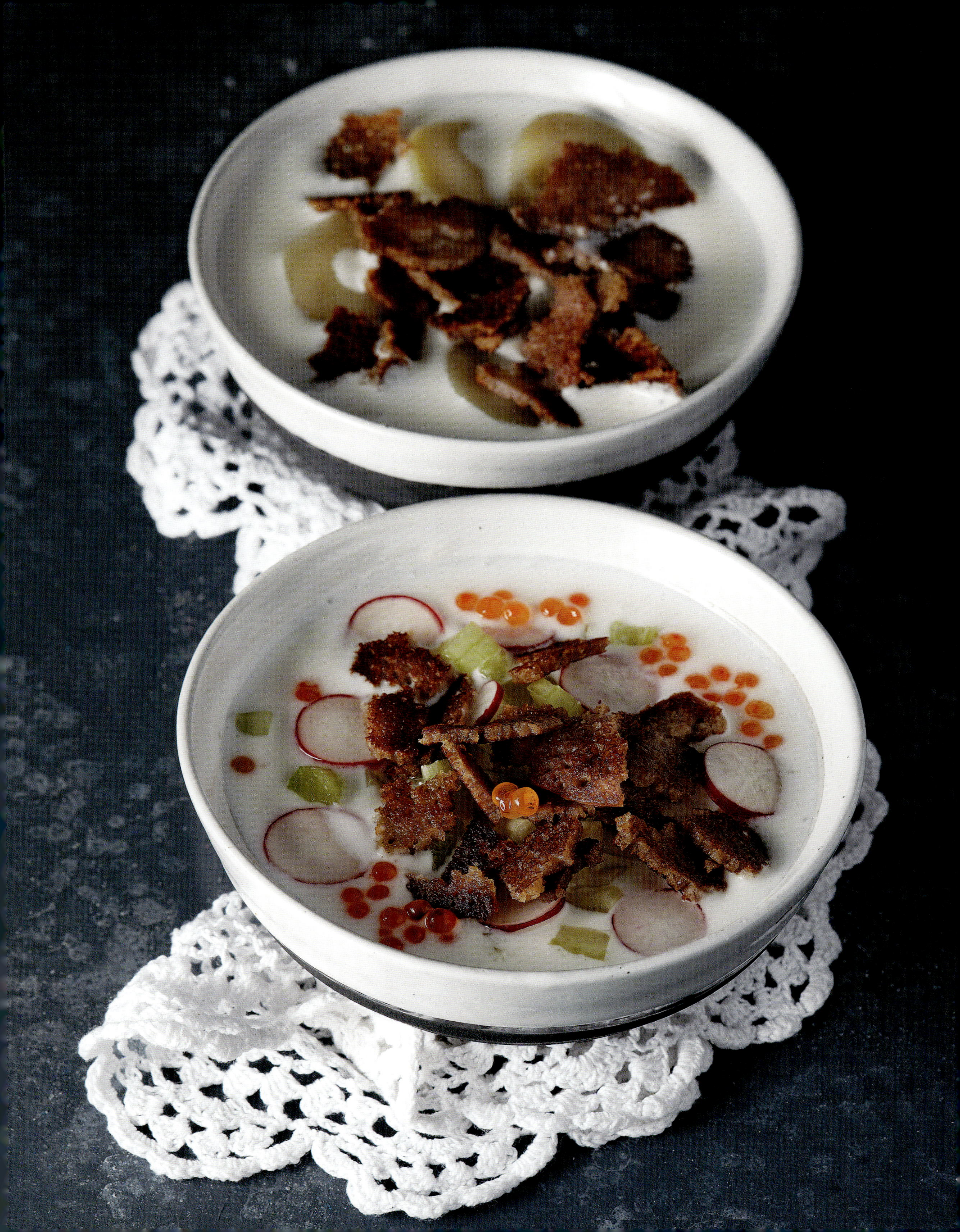

Farz aux poires

Pour 4/5 personnes
Temps de préparation : 20 min
Temps de cuisson : 50 min

Ingrédients
3 poires
50 cl de lait ribot
3 œufs
90 g de beurre demi-sel fondu
70 g de miel de châtaignier
100 g de farine de blé tamisée
1 cuillerée à soupe de rhum
1 gousse de vanille

Éplucher, couper les poires en 12 quartiers.
Les placer dans un plat à four beurré.

Faire fondre 70 g de beurre et le miel à feu doux
dans une casserole.
Hors du feu, ajouter le rhum et les graines
de la gousse de vanille. Mélanger.

Dans un bol, mélanger les œufs et la farine.
Ajouter le lait ribot. Mélanger.
Verser la préparation au miel.
Mélanger de nouveau.
Verser la préparation dans le plat.

Cuire dans un four préchauffé à 160 °C (th. 5-6)
pendant 50 min environ.
Vérifier la cuisson en enfonçant la lame
d'un couteau. Elle doit ressortir sèche.
Badigeonner des 20 g de beurre restant
fondu à la surface. Laisser tiédir.

Savourer avec un voile de sucre glace.

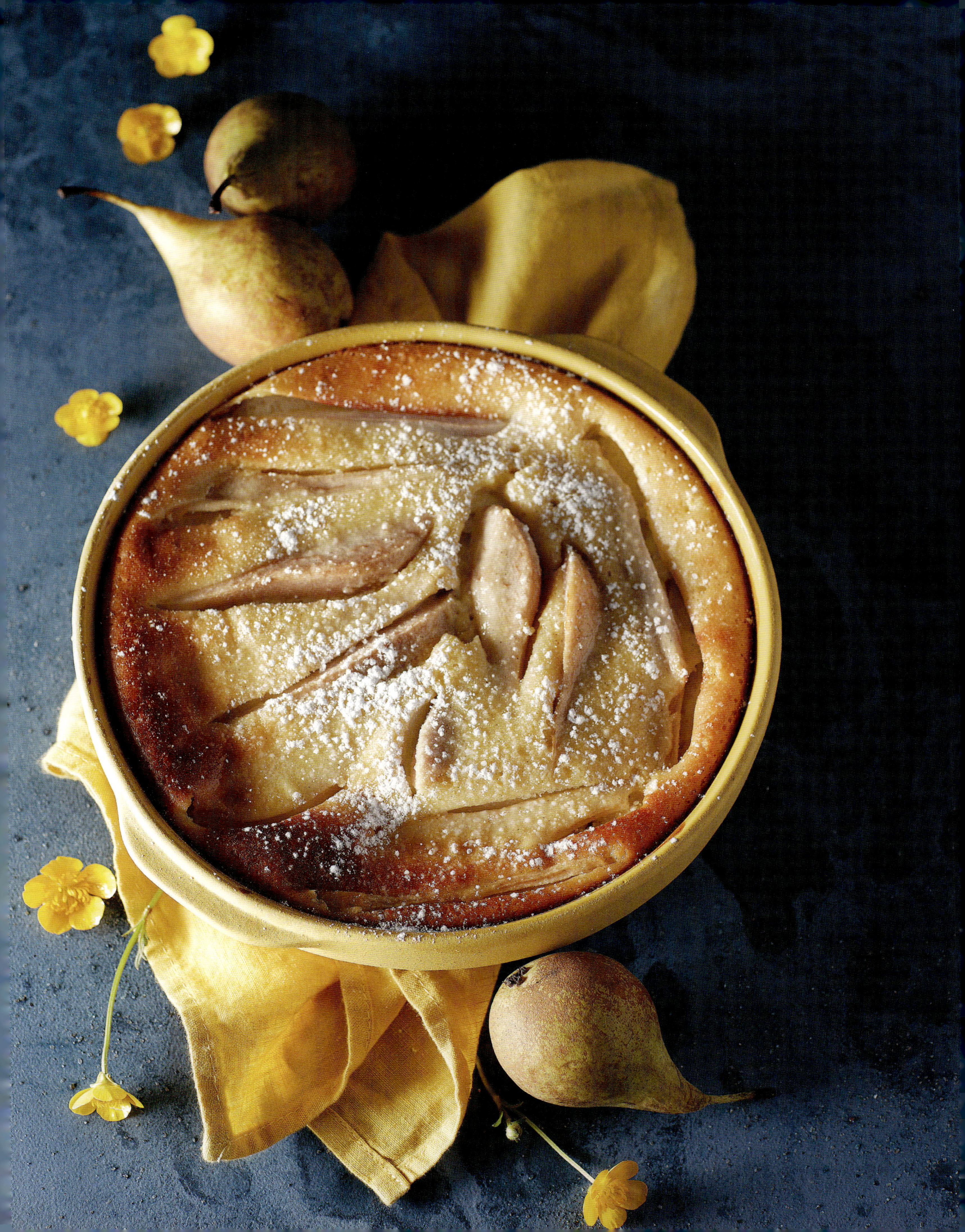

Poêlée de cerises au tapioca

Pour 4 personnes
Temps de préparation : 20 min
Temps de cuisson : 10 min
Réfrigération : 1 h

Ingrédients
50 g de tapioca
60 cl de lait entier
40 g de sucre semoule
15 cl de lait ribot

Poêlée de cerises
500 g de cerises
10 g de beurre demi-sel
20 g de pistaches décortiquées
2 sachets de sucre vanillé
20 cl de lait ribot

Faire chauffer le lait et le sucre dans une casserole. Verser le tapioca en pluie fine. Mélanger. Cuire pendant 8 min à feu doux en remuant régulièrement.

Verser le tapioca dans un plat. Le faire tiédir en le remuant régulièrement. Ajouter le lait ribot. Mélanger. Verser dans 4 bols. Réserver 1 h au frais.

Concasser grossièrement les pistaches. Laver, dénoyauter éventuellement les cerises. Les poêler avec le beurre 2 min à feu moyen en remuant régulièrement.

Répartir les cerises et les pistaches dans les bols de tapioca.
Verser le lait ribot.
Saupoudrer de sucre vanillé.

Savourer aussitôt.

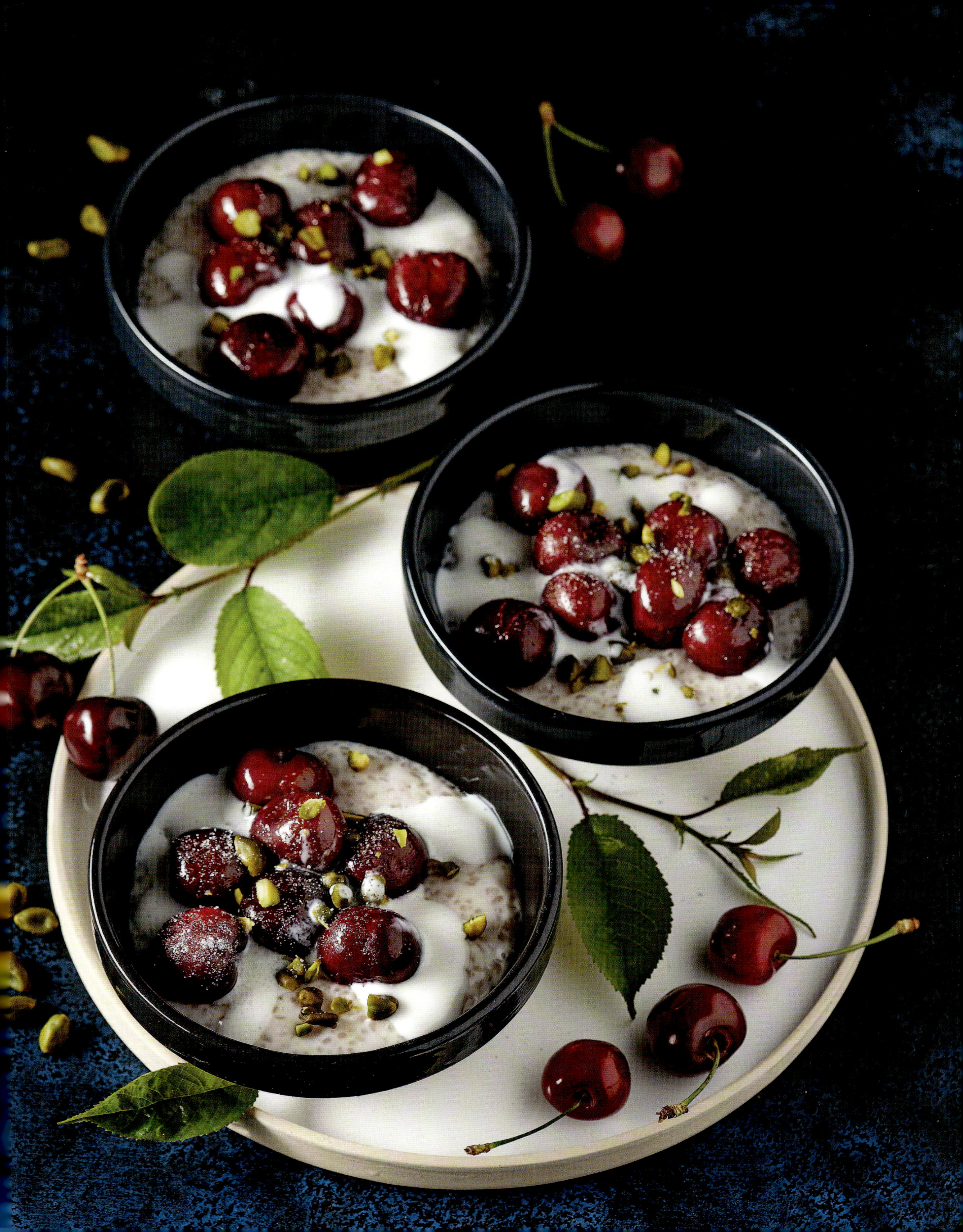

Gwell bowl

Pour 4 personnes
Temps de préparation : 20 min
Temps de cuisson : 15 min

Ingrédients
250 g de gwell
700 g de courgettes
30 feuilles de menthe
2 gousses d'ail nouveau
8 tomates cerises
20 gambas cuites
4 cuillerées à soupe
de petits pois cuits
2 cuillerées à soupe
de pignons de pin
Huile d'olive
Sel, fleur de sel, poivre

Laver, couper les courgettes en fines rondelles. Les cuire dans une casserole d'eau bouillante salée pendant environ 15 min. Elles doivent être tendres. Égoutter. Laisser refroidir.

Mixer les courgettes froides avec 130 g de gwell, 20 feuilles de menthe et l'ail épluché. Saler, poivrer.

Décortiquer les crevettes.
Couper les tomates cerises en deux.
Torréfier les pignons de pin dans une poêle pendant 2 min.
Ciseler les 10 feuilles de menthe restantes.

Répartir la soupe dans des bols, puis le gwell restant. Ajouter les crevettes, les tomates cerises, les petits pois et les pignons de pin. Parsemer de la menthe ciselée. Saupoudrer de fleur de sel. Poivrer. Ajouter un filet d'huile d'olive.

Savourer aussitôt.

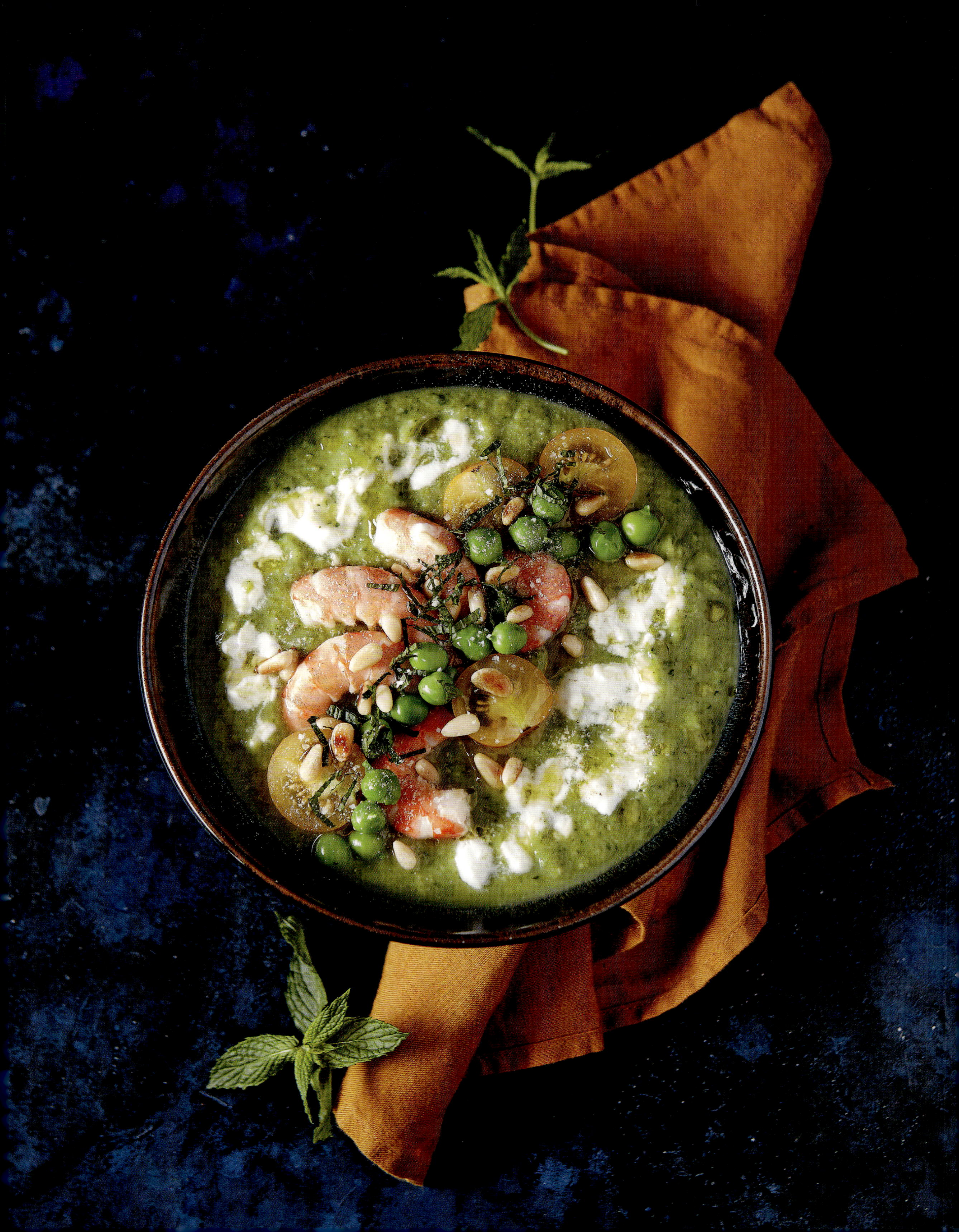

Palets de pommes de terre, condiment au gwell

Pour 10 palets
Temps de préparation : 30 min
Temps de cuisson : 12 min par palet

Ingrédients
500 g de pommes de terre
20 g de farine de sarrasin
60 g de gwell
1 œuf
2 blancs d'œufs
30 g de beurre
20 lamelles de filet mignon de porc fumé
Sel, poivre

Condiment
300 g de gwell
3 cébettes
1 pomme reinette d'Armorique
½ jus de citron
Sel, poivre, graines de nigelle

Cuire les pommes de terre à la vapeur.
Les éplucher, les passer au presse-purée.
Ajouter la farine, le gwell, l'œuf.
Saler, poivrer. Mélanger.

Monter les blancs en neige.
Les incorporer délicatement à la purée.
Chauffer la moitié du beurre dans une poêle.
Déposer un peu de purée dans la poêle dans un emporte-pièce en forme de cercle. Recommencer pour réaliser 4 autres palets. Cuire à feu doux pendant 6 à 7 min de chaque côté.

Recommencer l'opération pour les 5 autres palets. Réserver au chaud.

Préparer le condiment
Éplucher, couper la pomme en brunoise.
La mélanger avec le jus de citron.
Ciseler les cébettes.
Mélanger le gwell, la brunoise de pomme, les ⅔ des cébettes. Saler, poivrer.

Dresser dans un plat de service les palets.
Déposer dessus 2 lamelles de filet mignon de porc. Parsemer de la cébette restante et de graines de nigelle.

Savourer avec le condiment au gwell.

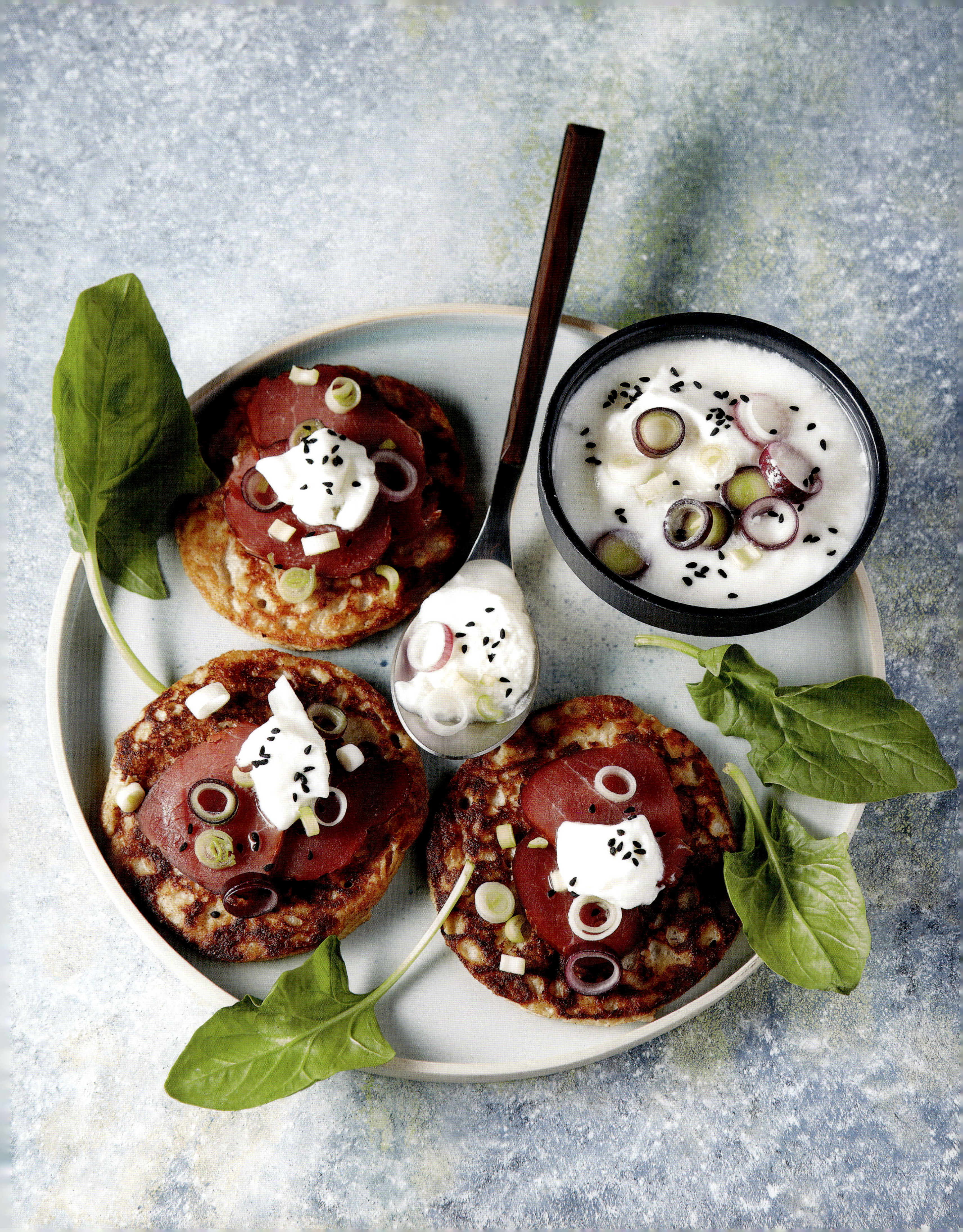

Cheese-cake au caramel

Pour 4/6 personnes
Temps de préparation : 25 min
Temps de cuisson : 5 min
Égouttage : 24 h
Réfrigération : 6 h

Ingrédients
500 g de gwell
25 cl de crème fleurette
2 g d'agar-agar
1 sachet de sucre vanillé
8 palets bretons
40 g de beurre
1 cuillerée à soupe de miel
1 cuillerée à soupe de graines de pollen

Caramel
70 g de sucre semoule
5 cl de crème fleurette
30 g de beurre demi-sel

La veille, verser le gwell dans une passoire au-dessus d'un bol. Le laisser s'égoutter pendant 24 h au frais.

Le jour même, dans une casserole, mélanger l'agar-agar avec 15 cl de crème. Porter à frémissement en remuant régulièrement. Laisser refroidir.

Placer le reste de la crème dans un bol au congélateur pendant 10 min. Ajouter le mélange crème agar-agar et le sucre vanillé. Monter en chantilly. Incorporer délicatement le gwell égoutté.

Mixer les palets. Faire fondre le beurre et le miel. Le mélanger avec les palets.

Dans un cercle à pâtisserie d'un diamètre de 16 cm et de 4,5 cm de hauteur, réaliser une première couche avec les palets. Bien tasser. Ajouter la préparation au gwell. Lisser la surface. Réserver 6 h au frais.

Réaliser le caramel
Faire fondre le sucre avec 2 cuillerées à soupe d'eau. Lorsqu'il prend une belle couleur caramel, hors du feu, ajouter avec précaution et petit à petit la crème.
Bien mélanger. Incorporer le beurre.
Laisser tiédir avant de napper la surface du cheese-cake. Parsemer de graines de pollen. Décercler.

Savourer aussitôt avec des fruits de saison.

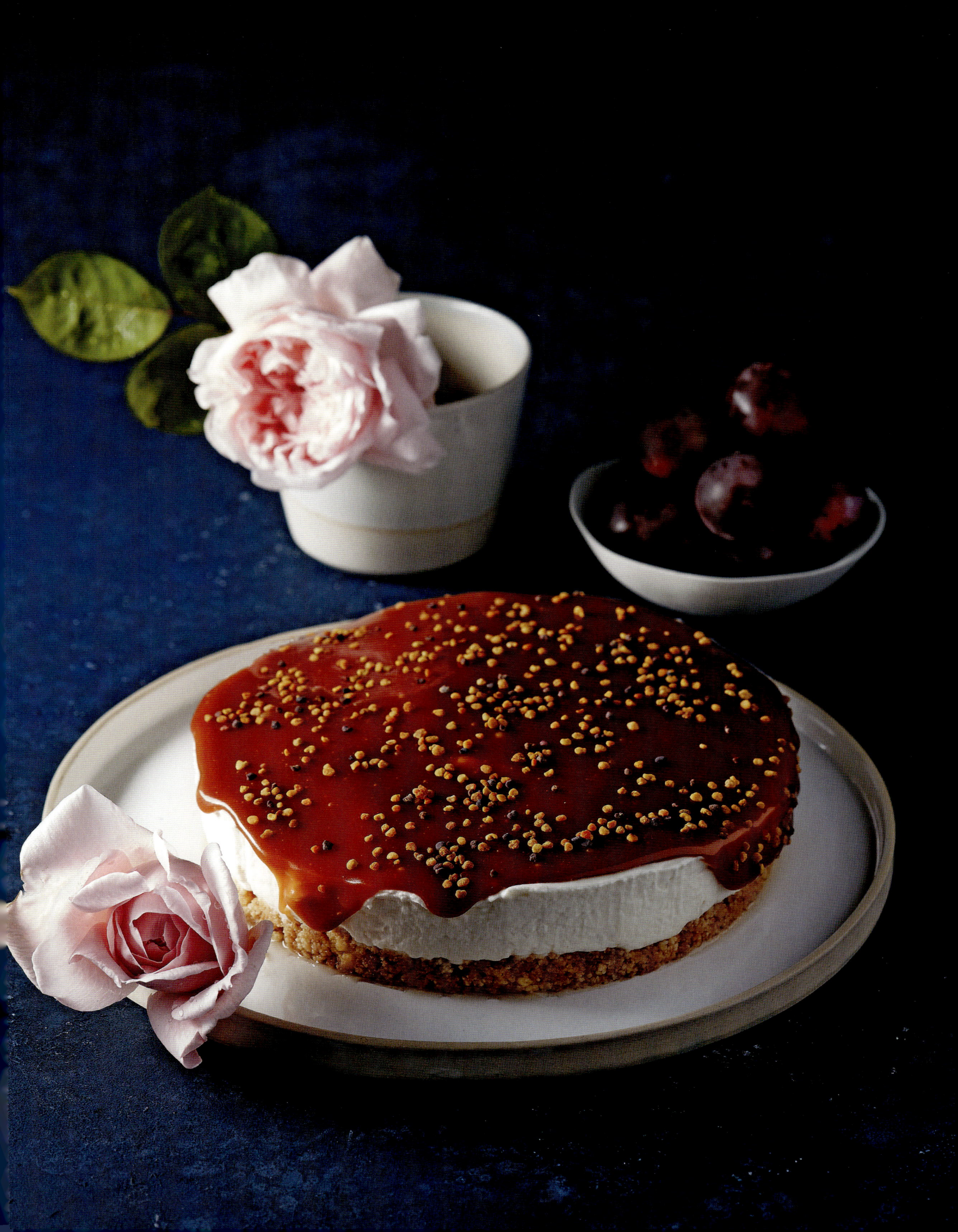

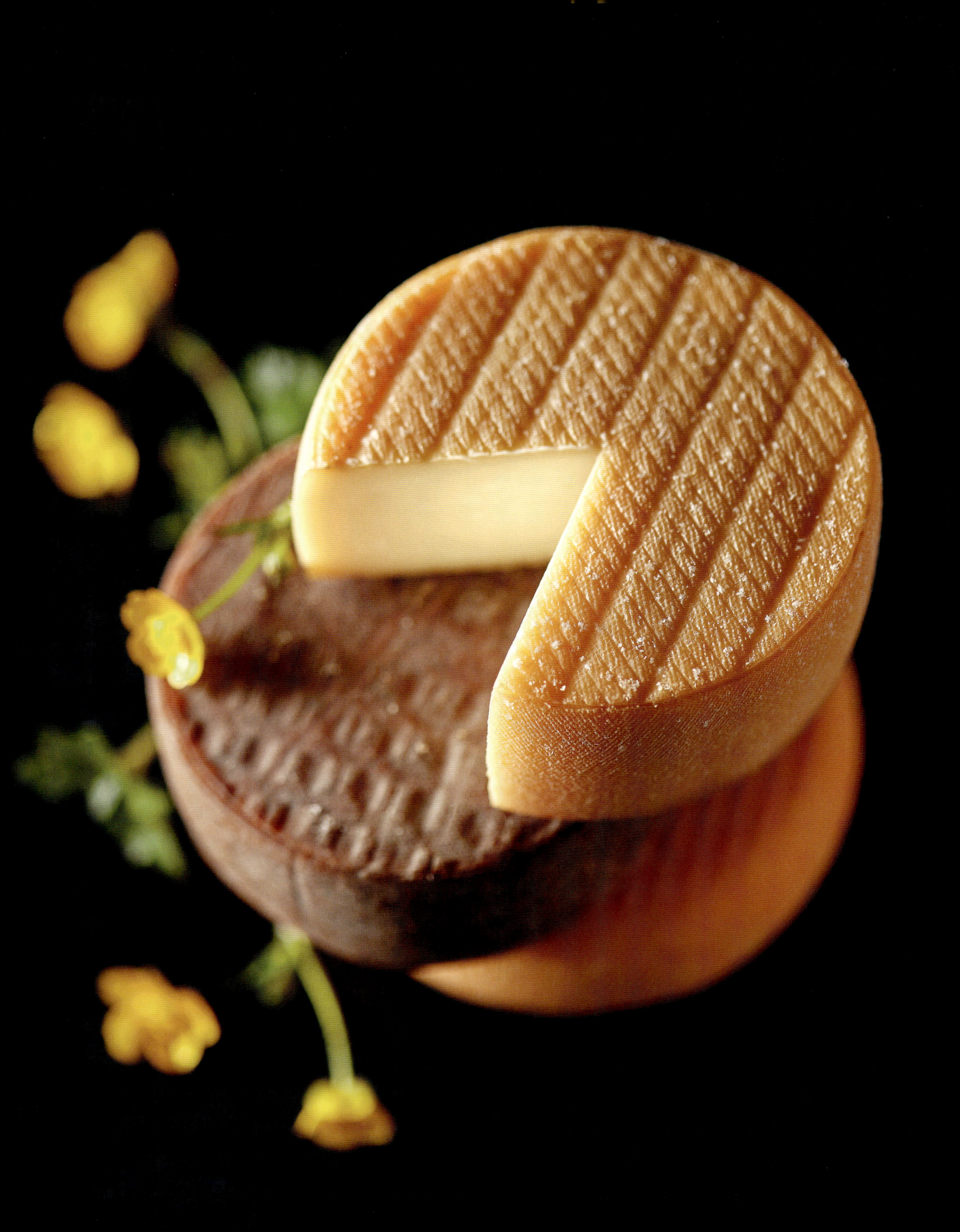

Les fromages trappistes

CROMESQUIS AU CÉLERI
LOTTE AU TRAPPE DE TIMADEUC
BREIZHTIFLETTE

En Bretagne, il n'y a eu pendant des siècles que des vaches à lait. Aussitôt après la traite, le lait était bu en consommation courante, la crème barattée pour le beurre et le lait ribot. Mais pas de tradition fromagère avec des spécialités locales qui auraient pu composer un joli plateau : le pontivy, le plouescat ou le saint-frégan. Les Bretons n'éprouvaient pas le besoin d'en faire, à l'instar des habitants des régions montagneuses, pour qui c'était le seul moyen de conservation du lait pendant la transhumance. Ils le dépréciaient même en le qualifiant de *laezh brein*, lait pourri. C'est par le biais des monastères que les premiers fromages firent leur apparition. Les journées de ceux qui appliquaient la règle de saint Benoît étaient rythmées par les prières, le travail pastoral et agricole. De plus, il impliquait le renoncement à la viande, coupable de susciter débordement et avidité. Le fromage fut naturellement le meilleur produit de substitution, admis par l'Église, même pendant le carême.

Dans la période trouble de la Révolution française, la confiscation des biens de l'Église entraîna l'exil de nombreux moines. En 1816, quelques-uns d'entre eux trouvèrent refuge à Port-Rhingeard dans la Mayenne. Par reconnaissance, ils le baptisèrent Port-Salut, et se mirent à l'ouvrage pour renouer avec la vie monastique en fabriquant un fromage au lait de vache, une pâte pressée non cuite, qu'ils nommèrent évidemment Port-Salut. Ainsi la culture du fromage trappiste en Bretagne s'amorça doucement et d'autres suivirent : l'abbaye de Timadeuc, de la Coudre, de Campénéac. Mais pourquoi trappiste ? Pour signifier l'appartenance et la stricte observance des moines du courant cistercien du monastère de Notre-Dame-de-la-Trappe. Les Bretons ayant toujours le beurre dans le sang, il faudra attendre que d'autres fromages apparaissent timidement : le curé nantais, le saint-gildas des bois, le saint-paulin, le Petit Breton. Mais leur douceur ne suffit pas à les hisser à la hauteur des illustres saint-nectaire, cantal ou morbier.

Depuis quelques années, un changement s'opère. Les éleveurs, pour ne plus dépendre des cours trop fluctuants du lait, se lancent dans la production. Avec la conviction intime que leur région a une forte personnalité qui pourrait faire les honneurs de nombreuses créations : saveurs d'iode, d'algues, embruns salés, prairies et landes fleuries. Autant d'atouts pour exprimer une typicité et construire enfin une tradition fromagère. Pour n'en citer que quelques-uns : tome de Baden, de Rhuys ou de la mer. Cette dernière intègre des algues de Roscoff, dulse, laitue de mer et nori, pour une tendresse iodée haute en couleur ! Plus étonnant, la perle noire à l'encre de seiche. Ou le bien nommé menhir avec sa forme caractéristique et son intensité aromatique. La gamme s'élargit avec les chèvres et les brebis. Pour les découvrir, il faut encore se déplacer localement sur les marchés. Une nouvelle page gourmande est en train de s'écrire, avec, qui sait, des AOC à la clé. Mais celle-ci n'a pas besoin des prières des trappistes pour réussir.

Cromesquis au céleri

Pour 1 douzaine de cromesquis
Temps de préparation : 25 min
Réfrigération : 1 h
Temps de cuisson : 5 min par fournée

Ingrédients
700 g de pommes de terre
50 g de beurre demi-sel
150 g de céleri branche
70 g de fromage Trappe
de Timadeuc® ou de Campénéac®
2 œufs
120 g de chapelure
Sel, poivre

Huile neutre pour friture

Éplucher, couper en cubes les pommes de terre.
Les placer dans une casserole. Couvrir d'eau.
Cuire pendant environ 20 min.
Elles doivent être tendres. Égoutter.
Les passer au presse-purée.
Ajouter le beurre. Saler, poivrer.
Détailler le céleri en brunoise.
L'ajouter à la purée. Mélanger. Laisser refroidir.
Réserver 1 h au réfrigérateur.

Couper le fromage en petits cubes.
Fouetter les œufs dans une assiette creuse.
Saler, poivrer.
Verser la chapelure dans une assiette.
Prélever une bonne cuillerée à soupe de purée.
Façonner une boule. Creuser son centre
et déposer 2 ou 3 cubes de fromage.

Façonner de nouveau la boule.
La passer une première fois dans les œufs
battus, puis dans la chapelure. Recommencer.
Renouveler l'opération jusqu'à épuisement
des ingrédients.

Chauffer l'huile à 160 °C (th. 5-6).
Frire les cromesquis pendant 5 min environ.
Ils doivent être bien dorés.
Procéder par fournées.
Déposer sur un papier absorbant.

Savourer aussitôt avec une salade verte.

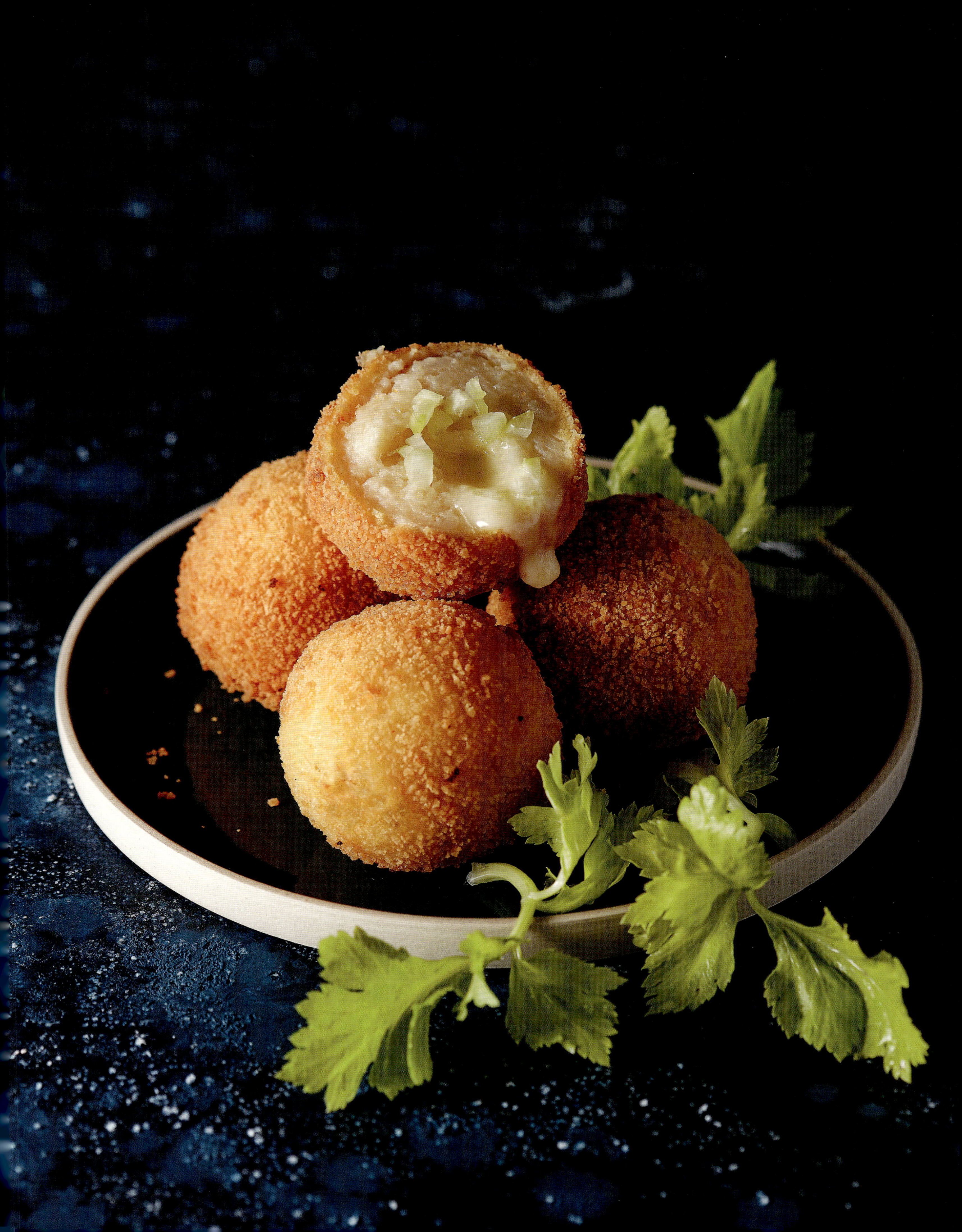

Lotte au Trappe de Timadeuc

Pour 6 personnes
Temps de préparation : 30 min
Temps de cuisson : 30 min

Ingrédients
1 lotte de 1,3 kg
250 g de fromage Trappe de Timadeuc
20 tranches fines de lard fumé
20 feuilles de sauge
30 g de beurre
15 cl de vin blanc
25 cl de crème fluide
Poivre

Demander à votre poissonnier de vous préparer la lotte en 2 filets prêts à cuire.
Couper 100 g de fromage en 4 tranches.
Poser sur votre plan de travail les tranches de lard en les faisant légèrement se chevaucher. Poser dessus le premier filet de lotte.
Déposer 10 feuilles de sauge, puis les 4 tranches de fromage. Recouvrir du second filet de lotte. Rabattre les tranches de lard pour envelopper entièrement la lotte. Maintenir avec de la ficelle de cuisine.

Dans une cocotte, faire chauffer le beurre. Ajouter le rôti de lotte. À feu moyen, dorer toutes les surfaces pendant environ 3 min chacune.

Déglacer avec le vin blanc. Couvrir.
Cuire à feu doux pendant 20 min.

Préparer la sauce
Couper le reste du fromage en petits cubes. Les faire fondre dans une casserole, avec la crème à feu doux. Passer au chinois.
Ajouter le reste des feuilles de sauge ciselées. Poivrer.

Servir la lotte avec la sauce, accompagnée de légumes verts et de riz blanc.

Savourer aussitôt.

▶ *Le lard et le fromage étant suffisamment salés, il convient de ne pas saler la lotte.*

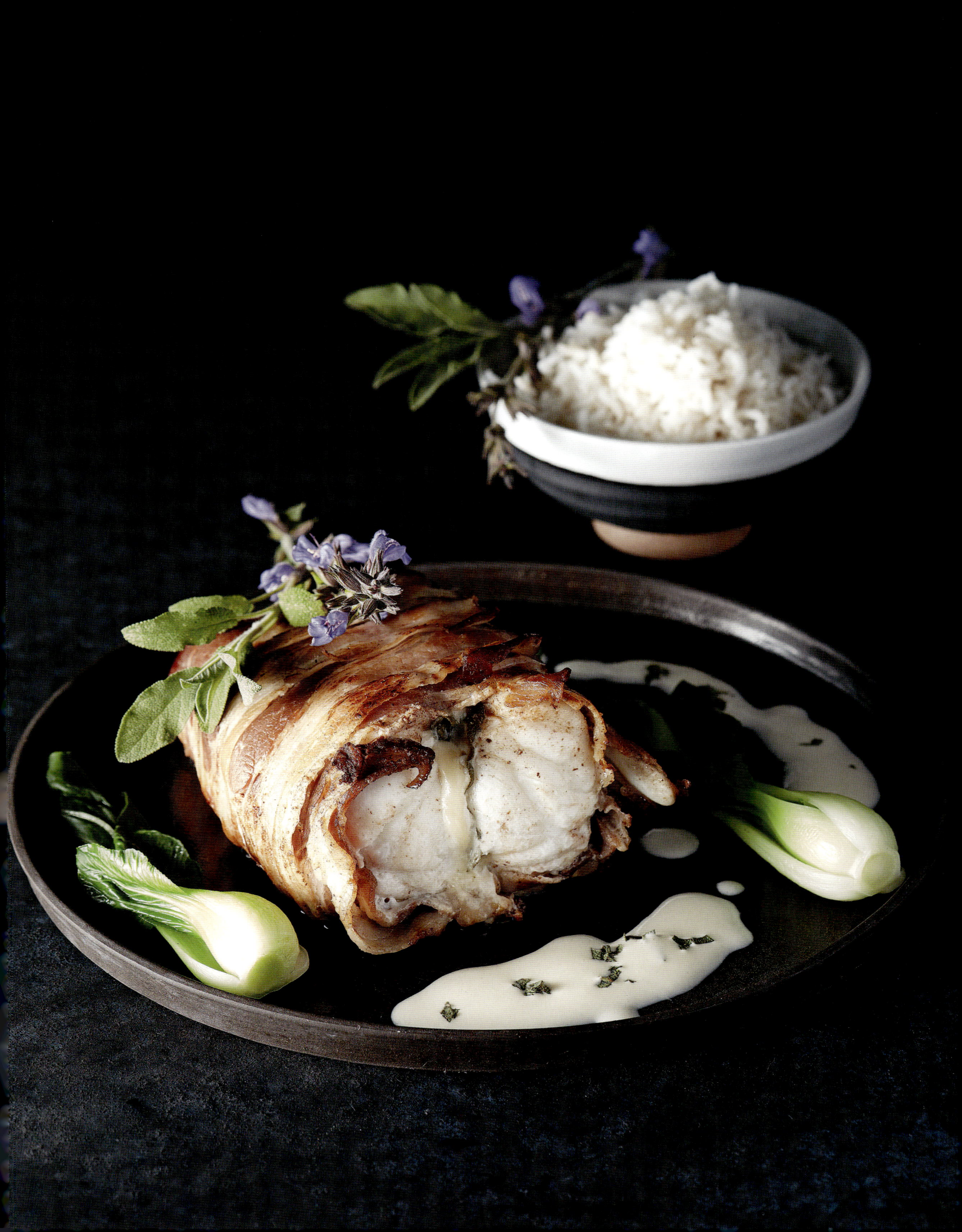

Breizhtiflette

Pour 4 personnes
Temps de préparation : 20 min
Temps de cuisson : 25 min

Ingrédients
2 fromages Timanoix®
12 pommes de terre
16 cerneaux de noix
8 abricots secs
2 cébettes
4 mini-fenouils
2 branches de céleri
Sel, poivre

Cuire les pommes de terre dans une casserole d'eau salée pendant environ 20 min.
Les éplucher. Réserver au chaud.
Laver, couper les branches de céleri en petits tronçons.
Laver, couper les fenouils en quatre.
Ciseler les cébettes.
Couper les abricots en brunoise.

Couper transversalement en deux les fromages.
Les poser côté croûte sur un tapis de cuisson.
Les faire fondre dans un four préchauffé à 180 °C (th. 6) pendant 4 min environ.

Ajouter sur les fromages, les cerneaux de noix, la brunoise d'abricots et les cébettes. Poivrer.
Poursuivre la cuisson pendant 1 min.
Dresser dans les assiettes le fromage et les légumes.

Savourer aussitôt.

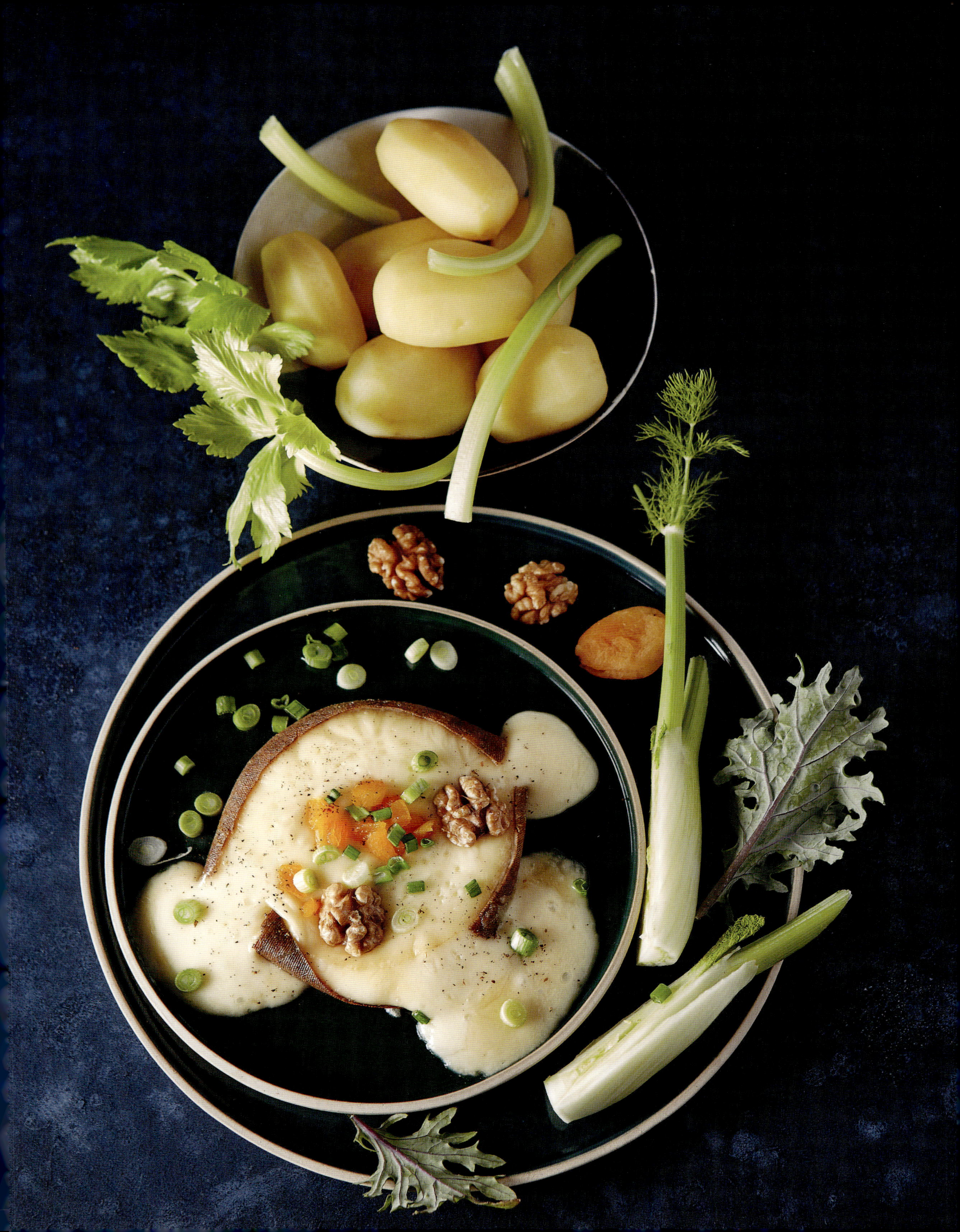

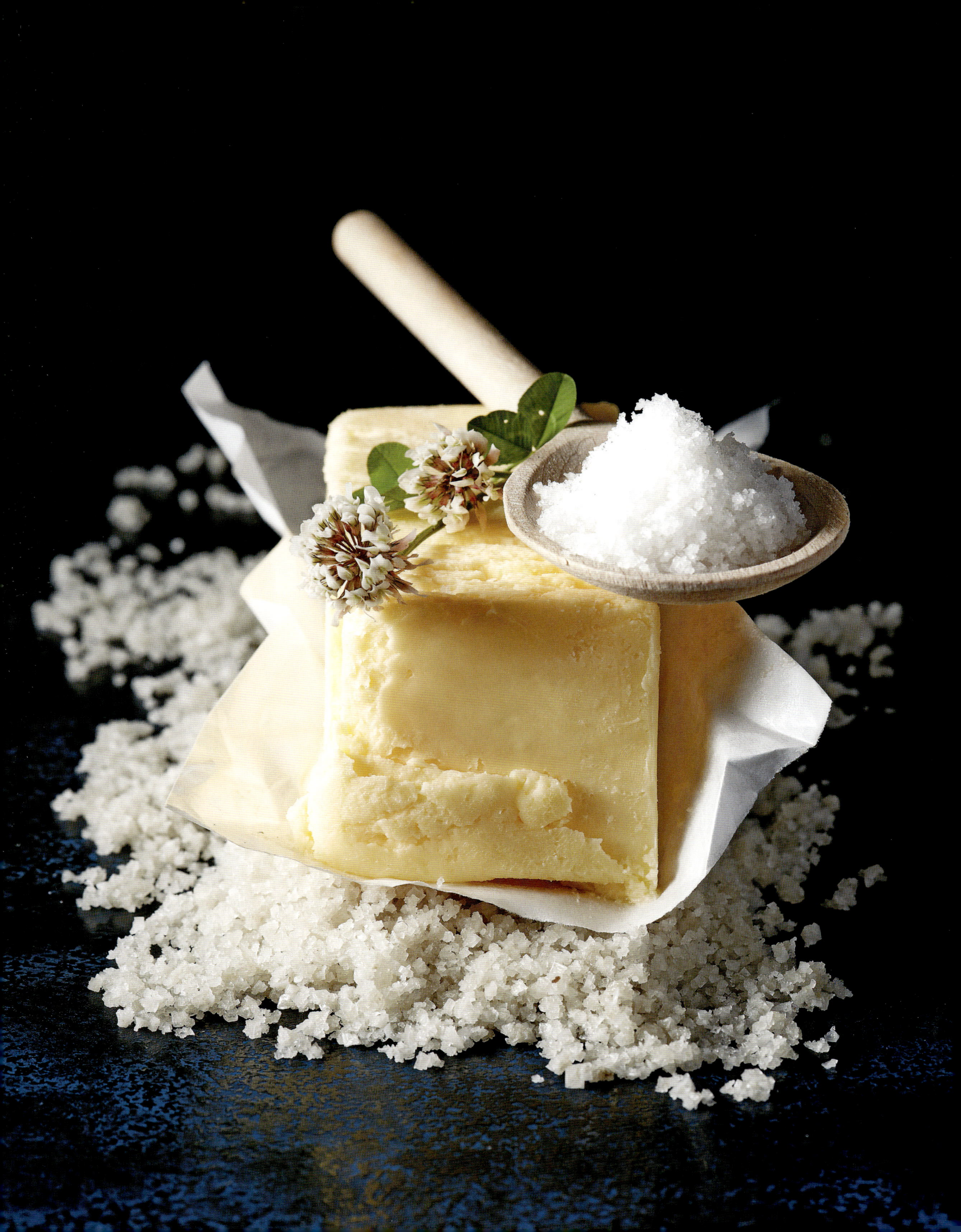

Le sel et le beurre

DORADE EN CROÛTE DE SEL
KOUIGN-AMANN
SABLÉS BRETONS

Le paysage de la reconquête. C'est le label décerné en 1992 par le ministère de l'Environnement aux marais salants de Guérande en Loire-Atlantique. Une mise en lumière de la correspondance étroite entre un lieu, les hommes et un produit. Une reconnaissance à concilier aujourd'hui, le développement d'une activité économique et la préservation de la valeur patrimoniale d'un espace naturel quand il faut résister à la pression touristique. Le balancement de grandes marées, du vent, du soleil et faiblesse des pluies : voici la caractéristique de la presqu'île de Guérande pour que ses marais transforment l'eau de mer en sel. Une alchimie qui n'a pas changé depuis le Xe siècle, lorsque les moines du prieuré de Batz, forts d'une fine observation des éléments, ont dessiné le plan des salines, une mosaïque de parcelles à ciel ouvert. À peine modifiées depuis, les paludiers répètent inlassablement les mêmes gestes patients munis d'une lousse, d'un las, ou d'un boutoué, ces outils de bois pour repousser la vase, travailler la glaise, recueillir le sel et la fleur de sel. Pas de mécanisation ici, seule la force des bras compte, tout au long de l'année pour obtenir ce concentré d'eau de mer, qui n'a besoin d'aucun raffinage pour devenir en se cristallisant, un produit salutaire pour la conservation des denrées pendant des siècles et, aujourd'hui un exhausteur de goût très prisé.

Ce métier artisanal s'exerce aussi sur d'autres territoires en façade atlantique jusqu'à Riantec. D'anciennes salines sont réhabilitées par des entrepreneurs naturalistes, qui ne peuvent envisager leur travail sans la compagnie des oiseaux limicoles ou de la salicorne pour produire… le sel de la vie, quoi !

Et d'ailleurs, sans lui, le beurre breton aurait-il la même réputation ? Si un jour vous avez eu la chance d'en goûter un, issu du lait de vache pie noir, dont la robe jaune, toute empailletée de cristaux de sel, s'abandonne avec onctuosité sur une tartine de pain au sarrasin grillé, vous avez touché à la quintessence de la gastronomie bretonne. Ce triskel, pain, beurre, sel, offre la sensation d'avaler en une bouchée une prairie de boutons d'or taquinés par un vent d'Ouest chargé d'embruns. Pour une cuisine bretonne qui se graissait au saindoux, plus accessible que l'huile végétale, le beurre se réservait uniquement pour les grandes occasions. Il était avant tout une source de revenus pour les paysans, bien emballé de feuilles fraîches et dont le sel avait pour première vertu de mieux le conserver, vendu sur les marchés locaux ou expédié dans les grandes villes. Là il était considéré comme un produit remarquable et dont madame de Sévigné se délectait : « J'aime le beurre charmant de la Prévalaye, dont il nous vient toutes les semaines. Je l'aime et je le mange comme si j'étais Bretonne. » Quand le regard et la gourmandise parisienne participent à la construction de l'identité culinaire celtique…

Dorade
en croûte de sel

Pour 4 personnes
Temps de préparation : 10 min
Temps de cuisson : 20 min

Ingrédients
1 dorade de 1 kg vidée et ébarbée
10 brins de thym citron
5 brins de sarriette
5 brins de romarin
1 kg de gros sel gris
2 blancs d'œufs

Placer la moitié des herbes dans l'abdomen de la dorade.
Effeuiller l'autre moitié. Les mélanger avec le gros sel et les blancs d'œufs.

Beurrer un plat à four de la taille de la dorade. Placer une feuille de papier cuisson de même dimension. Tapisser ensuite le fond du plat de sel. Poser dessus la dorade. Veiller à bien fermer l'abdomen. Recouvrir de sel. Tasser à l'aide de vos mains pour bien l'enrober.

Cuire dans un four préchauffé à 200 °C (th. 6-7) pendant 20 min.

Casser la croûte de sel pour dégager la dorade. Lever les filets.

Savourer aussitôt avec des pommes de terre vapeur et un beurre blanc par exemple.

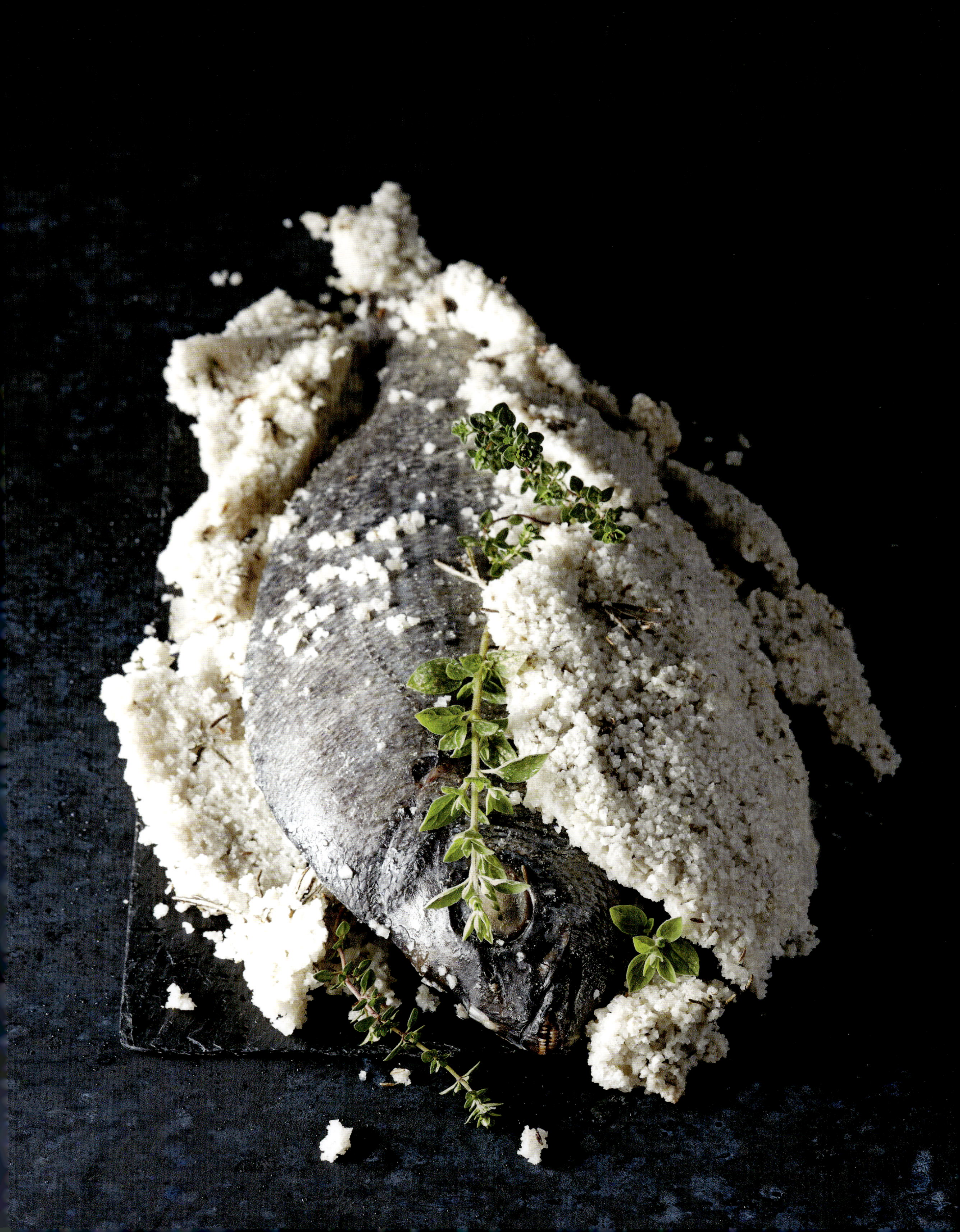

Kouign-amann

Pour 8 personnes
Temps de préparation : 30 min
Temps de cuisson : 25 min
Réfrigération : 3 h
Levée de la pâte : 1 h

Ingrédients
La pâte
10 g de beurre fondu
275 g de farine de blé
5 g de levure fraîche de boulanger
16 cl d'eau

Feuilletage
220 g de beurre demi-sel
220 g de sucre

Dans le bol d'un robot muni d'un pétrin, verser la levure émiettée, la farine, l'eau, le beurre fondu et le sel. Pétrir pendant 5 min. Former une boule. Envelopper d'un film alimentaire. Réserver 1 h au frais.

Préparer le feuilletage
Sur votre plan de travail légèrement fariné, étaler la pâte en un rectangle de 1 cm d'épaisseur. Étaler le beurre demi-sel en un rectangle plus petit. Le placer au centre du rectangle de pâte. Rabattre les bords de pâte sur le beurre. Étaler au rouleau.

Replier le rectangle obtenu en trois : le premier tiers sur le second au centre puis le troisième tiers. Tourner d'un quart de tour la pâte et renouveler l'opération. Réserver 1 h au frais.

Recommencer l'opération du feuilletage en saupoudrant la moitié du sucre semoule sur la pâte. Procéder une dernière fois avec le restant de sucre. Réserver 1 h au frais.

Étaler la pâte. La placer dans un moule couvert d'un papier cuisson beurré. Laisser lever 1 h à température ambiante couvert d'un linge. Dessiner un quadrillage à la fourchette.

Cuire dans un four préchauffé à 180 °C (th. 6) pendant environ 25 min.

Savourer tiède, saupoudré d'un peu de sucre.

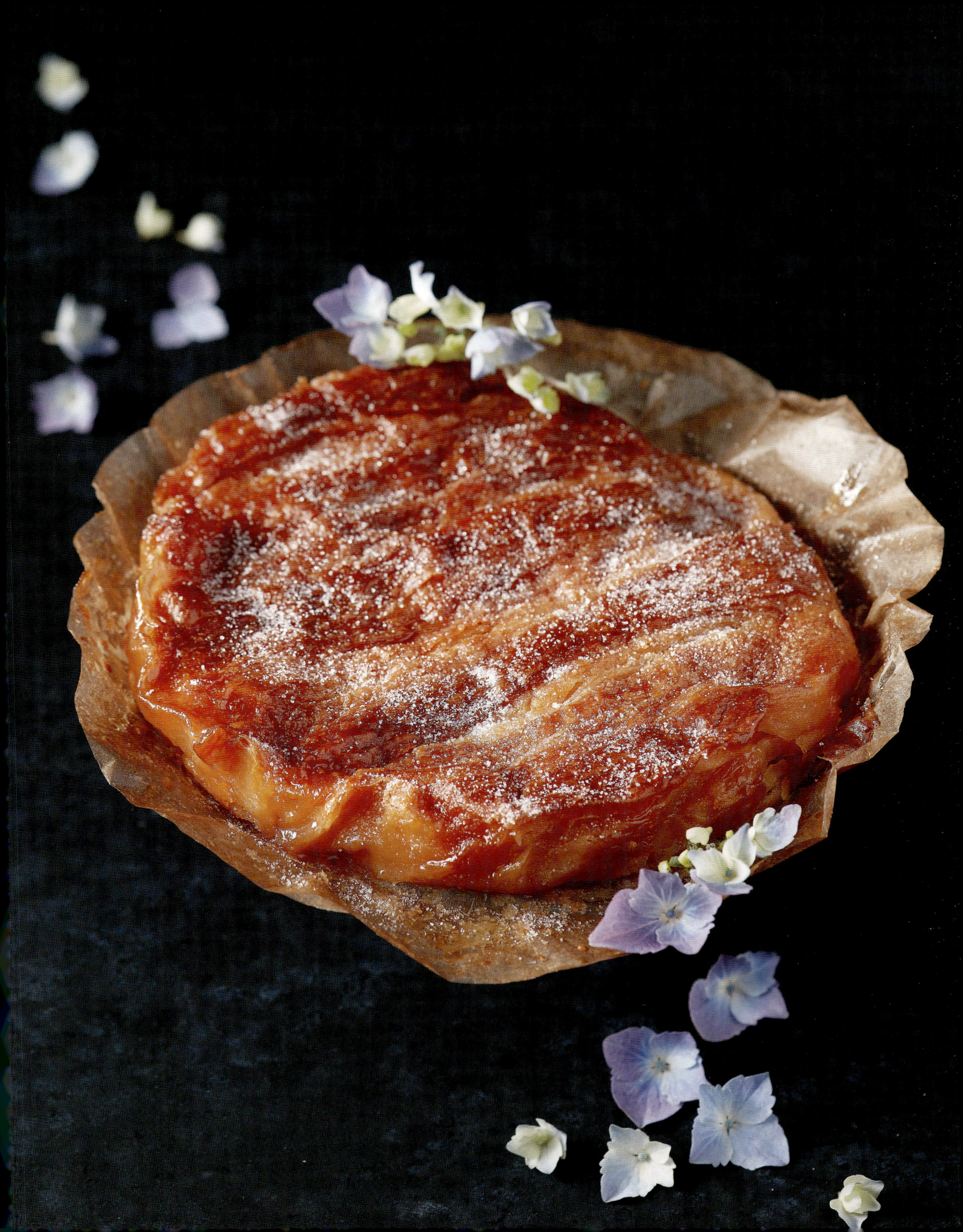

Sablés bretons

Pour 1 trentaine de sablés
Temps de préparation : 10 min
Temps de cuisson : 10 min

Ingrédients
240 g de beurre demi-sel mou
310 g de farine de blé
200 g de sucre semoule
1 œuf
3 jaunes d'œufs
20 g de levure

Tamiser la farine. La mélanger avec le sucre et la levure. Ajouter le beurre. L'incorporer du bout des doigts pour obtenir une texture sablée. Ajouter les jaunes et l'œuf. Amalgamer rapidement. Envelopper la pâte dans un film alimentaire. Réserver 2 h au frais.

Sur un plan de travail fariné, étaler la pâte sur une épaisseur de 1,5 cm. À l'aide d'un emporte-pièce de 5 cm de diamètre, réaliser des palets. Les déposer sur un tapis de cuisson.

Cuire dans un four préchauffé à 180 °C (th. 6) pendant 10 min. Laisser refroidir sur une grille.

Savourer.

▶ *Pour un dessert minute : déposer sur un sablé un peu de fromage blanc ou de chantilly. Ajouter les fruits de votre choix : framboise, fraise, raisin, poire…*

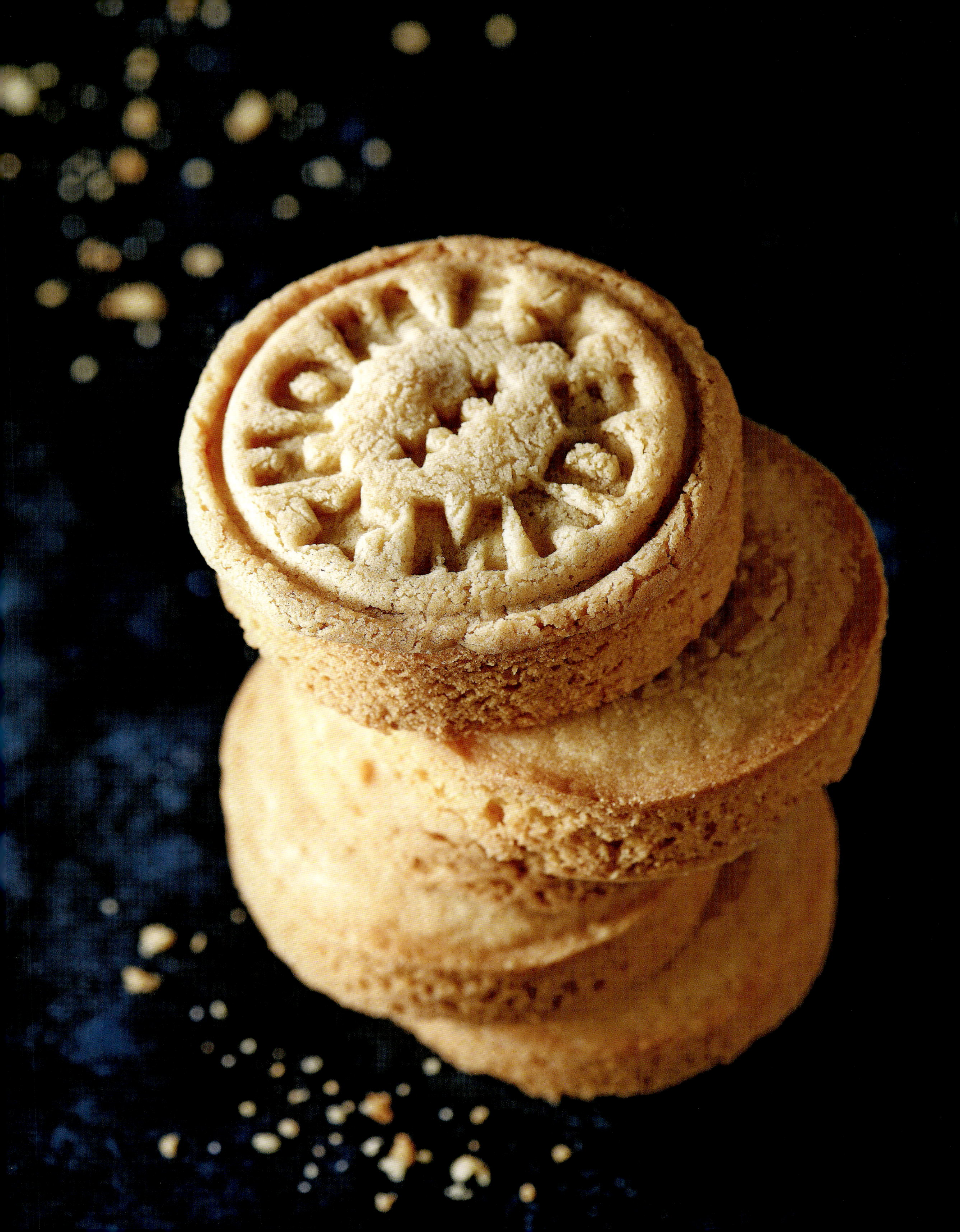

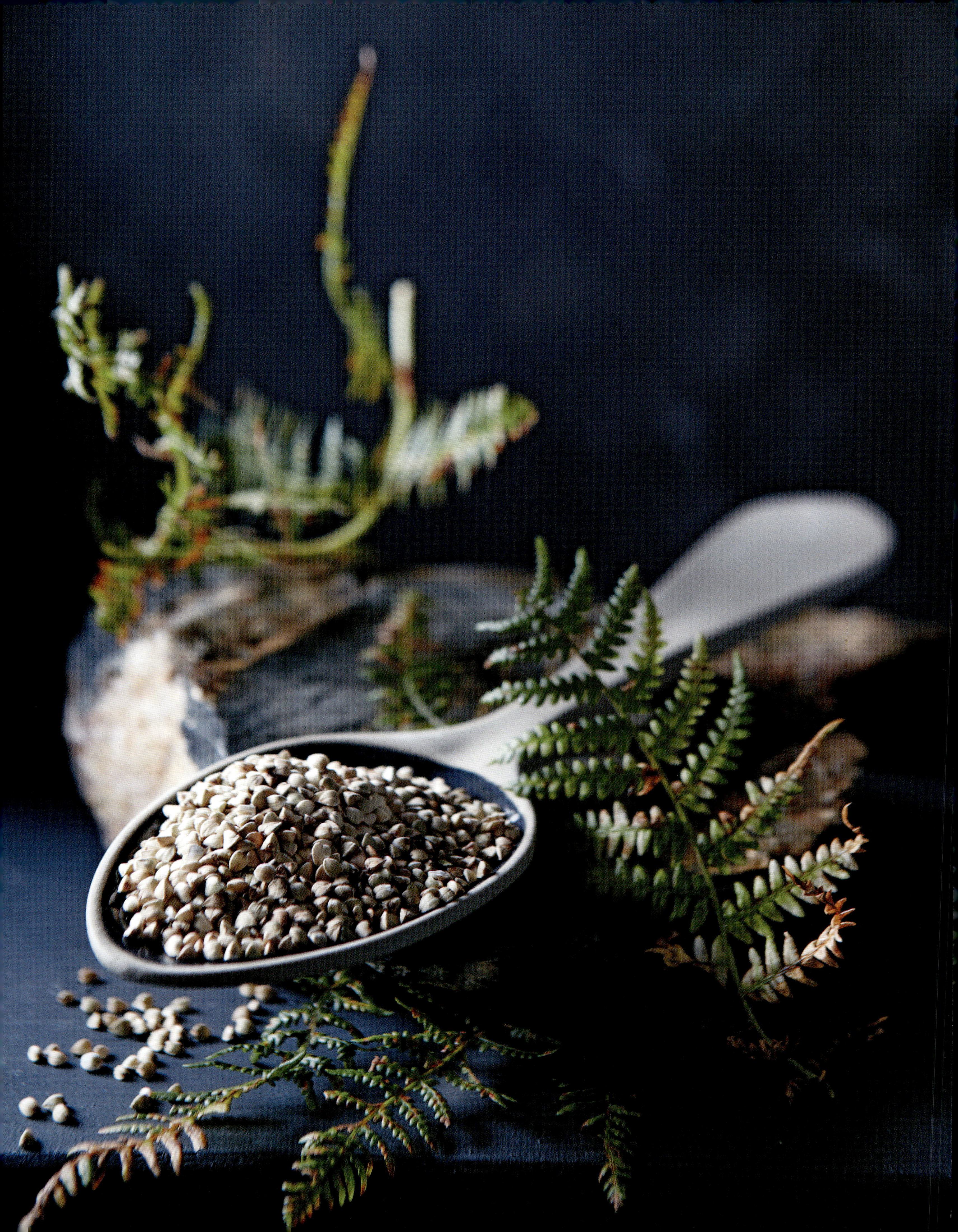

Le sarrasin

GALETTE TERRE MER
TABOULÉ AU SARRASIN
BELLES-ÎLES FLOTTANTES

Le sarrasin revient de loin… Il aurait pu disparaître comme tant d'autres produits sacrifiés sur l'autel de la rentabilité économique et de la modernité, oublieuse de son histoire étroitement liée à l'âme bretonne. Sur cette terre de prédilection, celui qu'on appelle à tort blé noir puisqu'il n'est pas une graminée comme le froment, avait le mérite de pousser sur les sols granitiques et humides. Cette nourriture de pauvre, comme le qualifiait Alexandre Dumas, se consommait en bouillie ou en galette, émiettée dans un bol de cidre ou de lait ribot. Les jours de fête, elle s'enrichissait de beurre. Une simplicité biblique qui tenait au corps et dont la Bretagne rurale se contentait pour échapper à la dîme, redevance du dixième des cultures due au seigneur, puisqu'il n'y était pas soumis, ainsi qu'à la taxe du moulin et du four, car on ne pouvait en faire du pain. Mais après quatre cents ans de récoltes providentielles, son déclin s'amorce au XIXe siècle, avec l'essor de l'agriculture moderne et le changement des habitudes alimentaires. La recherche d'améliorations variétales privilégie d'autres céréales et délaisse le sarrasin. Il tire sa révérence. Les superbes champs mellifères lors de sa floraison ne sont plus que des souvenirs pour les derniers agriculteurs.

Mais volte-face de l'histoire, le développement de la société de loisirs dans les années 1970 encourage les touristes à découvrir les joies de la pêche à pied, les charmes de Brocéliande, les mystères de Carnac, et… les incontournables galettes, sans qui le voyage en terre bretonne aurait un goût d'inachevé. Quel paradoxe ! Les restaurateurs doivent importer le sarrasin de Chine ou du Canada pour répondre à la demande. Alors en 1987 se crée l'association Blé Noir Tradition Bretagne. Producteurs, meuniers, stockeurs s'organisent pour relancer la culture du sarrasin et sa transformation en farine, protéger le savoir-faire traditionnel et obtenir une IGP, Indication Géographique Protégée. Elle est acquise en 2010.

Depuis, c'est un petit grain de folie ! Il inspire cuisiniers, boulangers, pâtissiers et brasseurs. Avec la tendance du sans gluten, il devient un aliment privilégié. Les amateurs de plats authentiques le retrouvent dans le kig ar farz, la galetez silzig. On découvre son miel à la saveur singulière et l'exceptionnelle teneur en antioxydants. On élargit son usage avec ses cosses qui fournissent un paillage végétal.

Le mal aimé, le méprisé a désormais tout d'un grand et les honneurs d'une cuisine saine et gastronomique. « À la vérité, sans ce grain, les gens pauvres auraient beaucoup à souffrir », rapportait en 1550 un conseiller au Parlement de Bretagne. « À la vérité, avec ce grain, les Bretons ont beaucoup à se réjouir », pourrait-on maintenant dire…

Galette traditionnelle et galette terre mer

LA GALETTE **TRADITIONNELLE**

Pour une douzaine de galettes

Ingrédients
330 g de farine de sarrasin
75 cl d'eau
5 g de sel
1 œuf

Dans un bol, mélanger la farine, le sel, l'œuf avec la moitié de l'eau. Lorsque la pâte est bien homogène, ajouter progressivement l'eau restante. Filmer. Réserver 12 h au frais.

Dans une poêle généreusement beurrée, verser, puis étaler un peu de pâte. Cuire à feu moyen environ 2 à 3 min de chaque côté.
Savourer émiettée dans un bol de lait ribot pour une version simplissime et traditionnelle.

En version complète avec un œuf, du jambon et du fromage râpé. En version hot-dog avec une saucisse grillée. Laisser libre cours à votre imagination pour d'autres garnitures. La galette se prête à tout !

LA GALETTE **TERRE MER**

Pour 4 personnes
Temps de préparation : 15 min
Temps de cuisson : 20 min
Dessalage : 1 h

Ingrédients
4 galettes
200 g de pétoncles
400 g de chou-fleur
40 g de salicornes fraîches
30 g de beurre demi-sel
Curry, paprika, sel, poivre

Dessaler les salicornes dans un bol d'eau froide pendant 1 h en changeant quatre fois l'eau. Égoutter. Sécher sur un papier absorbant.

Émincer à la mandoline les fleurettes de chou-fleur. Dans une poêle, chauffer 10 g de beurre. Poêler à feu vif les fleurettes pendant 3 min en remuant régulièrement. Saler, poivrer. Ajouter une pointe de curry et de paprika. Réserver au chaud.

Chauffer le beurre restant dans une poêle. Faire revenir les pétoncles pendant 2 min à feu vif en remuant régulièrement. Saler, poivrer. Ajouter une pointe de curry et de paprika. Réserver au chaud.

Dans une poêle beurrée, réchauffer chaque galette environ 2 min de chaque côté. Dresser harmonieusement sur les galettes, le chou-fleur, les pétoncles et les salicornes.

Savourer aussitôt.

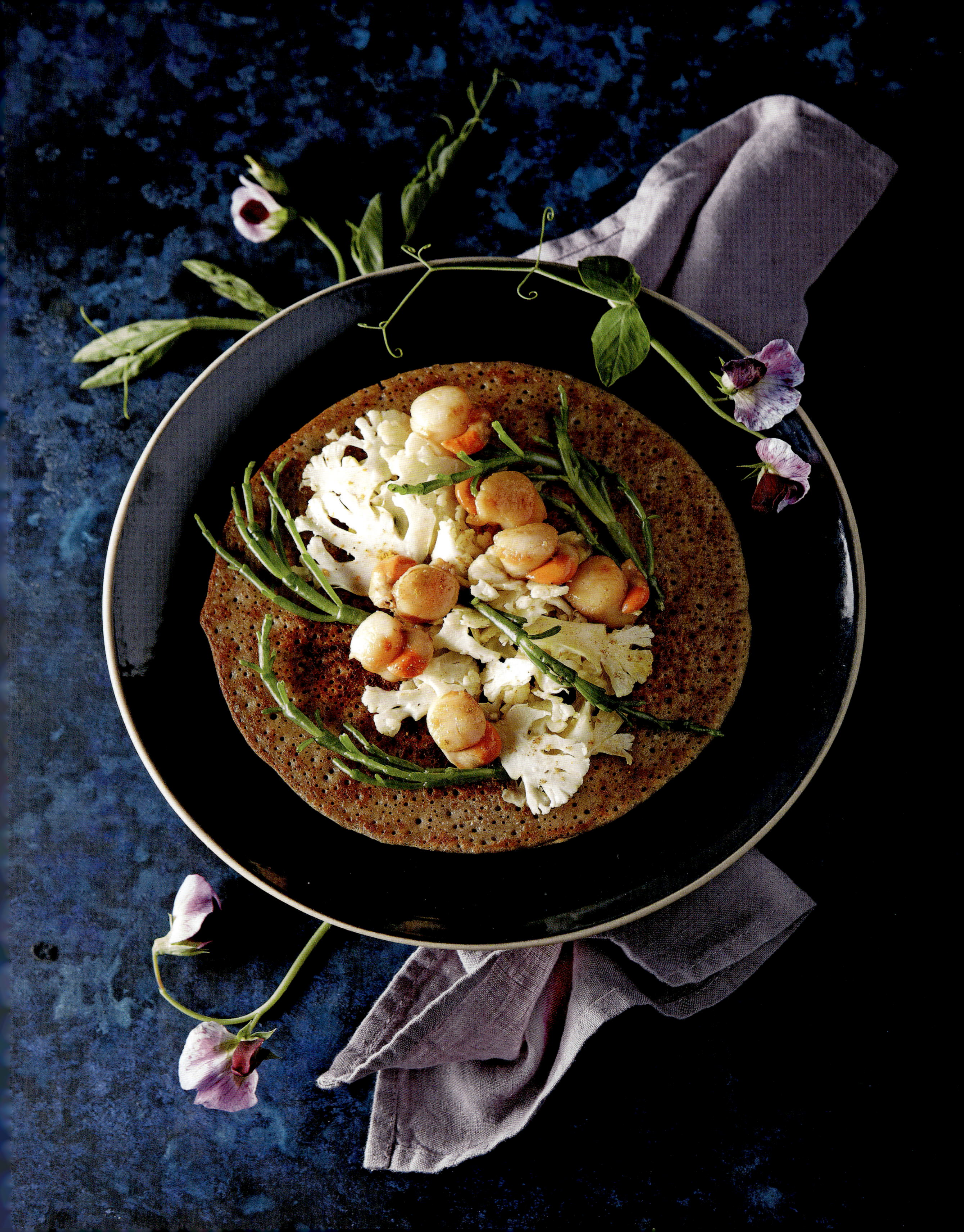

Taboulé au sarrasin

Pour 4 personnes
Temps de préparation : 20 min
Trempage : 2 h
Temps de cuisson : 10 min
Réfrigération : 1 h

Ingrédients
200 g de graines de sarrasin
100 g de roquette
4 oignons nouveaux
4 tranches de saumon
4 tomates vertes
1 citron bio
6 cuillerées à soupe d'huile d'olive
Sel, poivre

Faire tremper les graines de sarrasin 2 h
dans un bol d'eau froide.
Les rincer. Les cuire 10 min à la vapeur.
Les verser dans une assiette.
Les saler puis les égrener à la fourchette
régulièrement jusqu'au complet refroidissement.

Laver, ciseler la roquette.
Éplucher, ciseler les oignons.
Couper les tranches de saumon
en petits morceaux.
Laver, couper les tomates en petits cubes.

Prélever le zeste du citron. Presser son jus.
L'émulsionner avec l'huile d'olive dans un bol.
Saler, poivrer. Ajouter le zeste.

Mélanger tous les ingrédients.
Placer au frais pendant 1 h.

Savourer.

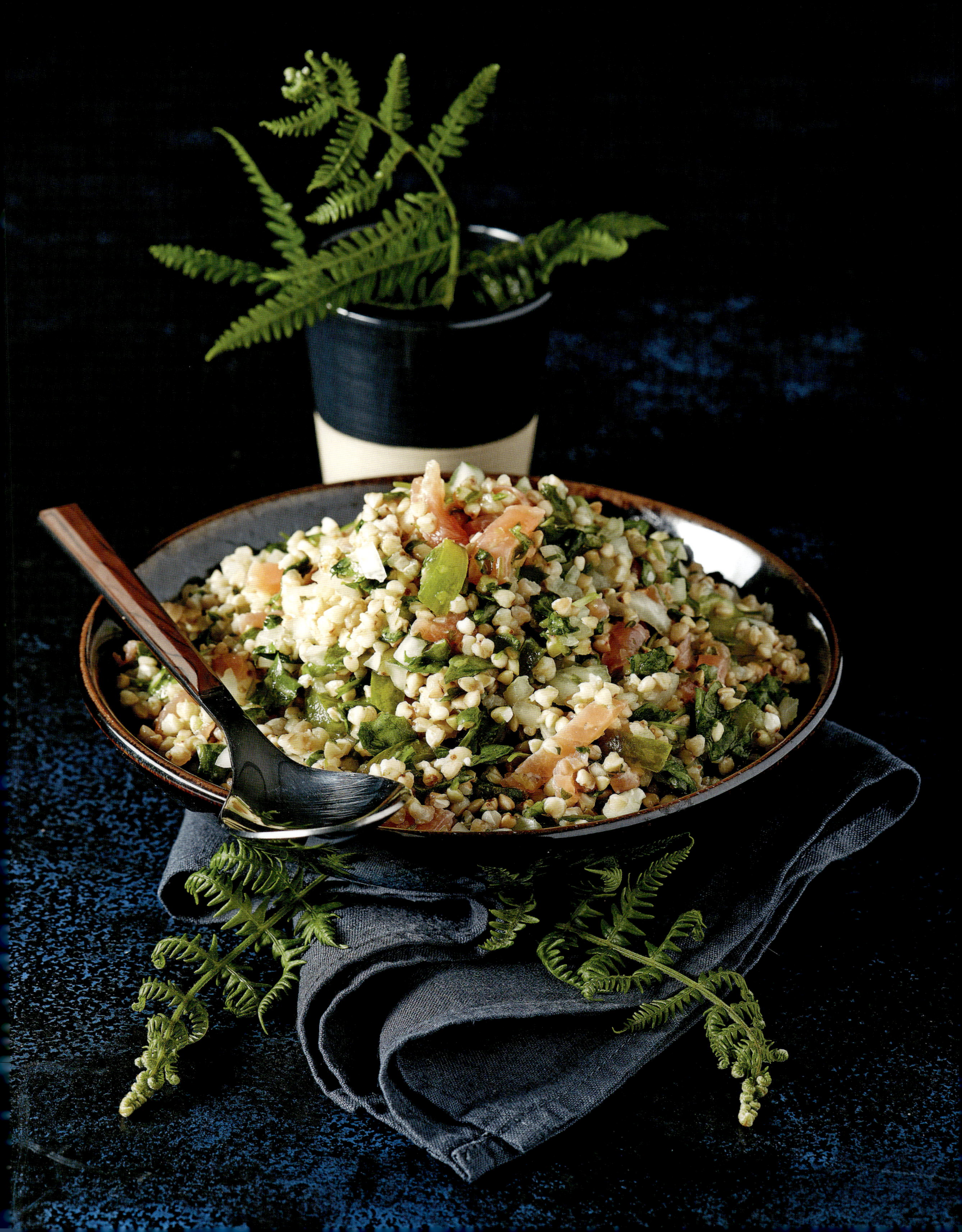

Belles-Îles flottantes

Pour 4 personnes
Temps de préparation : 20 min
Temps de cuisson : 20 min
Infusion : 1 h 30

Ingrédients
100 g de graines de sarrasin grillé
70 cl de lait entier
25 cl de crème fluide
60 g de cassonade
6 jaunes d'œufs
4 blancs
30 g de sucre glace

Tuiles de caramel
50 g de sucre semoule
1 cuillerée à soupe de graines de sarrasin grillé

Porter le lait à ébullition dans une casserole. Torréfier les graines de sarrasin pendant 3 min dans une poêle en les remuant régulièrement. Les verser dans la casserole de lait. Hors du feu, laisser infuser pendant 1 h 30 à couvert. Filtrer le lait.

Fouetter les jaunes d'œufs et la cassonade dans un bol pour obtenir un mélange mousseux. Verser le lait infusé. Mélanger. Reverser l'appareil dans une casserole. Chauffer jusqu'à 90 °C (th. 3). Faire prendre la crème en remuant constamment pendant environ 10 min. La verser dans un bol. Couvrir d'un film alimentaire au contact pour éviter la formation d'une peau. Laisser refroidir. Placer au frais.

Monter les blancs en neige. Ajouter le sucre glace. Mélanger. Déposer 2 cuillerées à soupe de blanc en neige dans un petit ramequin. Cuire à pleine puissance 25 s au micro-ondes. Recommencer l'opération jusqu'à épuisement des ingrédients. Réserver.

Préparer les tuiles
Chauffer le sucre avec 2 cuillerées à soupe d'eau. Lorsque le caramel est blond et liquide, ajouter les graines de sarrasin. Réaliser aussitôt quelques tuiles en étalant finement un peu de caramel sur un tapis de cuisson. Laisser refroidir avant de les décoller.
Au moment de servir, répartir la crème au sarrasin dans des bols ou des assiettes creuses. Déposer les blancs, puis les tuiles au caramel.

Savourer aussitôt.

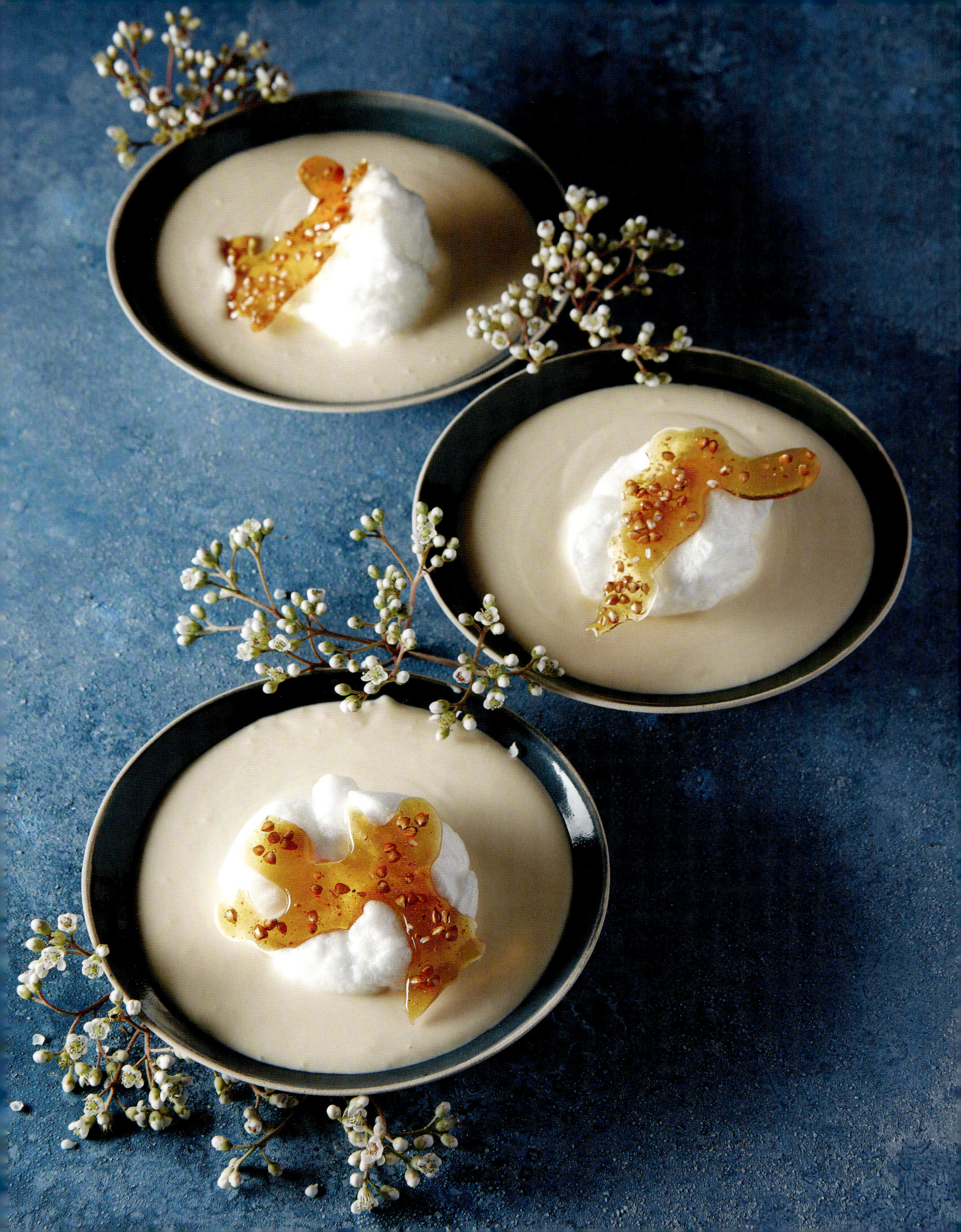

Table des recettes

LÉGUMES

L'artichaut 12
- Artichoïade à la grenade
- Artichauts mozzarella
- Pizza Breizh

Le chou-fleur 20
- Velouté de chou-fleur
- Chou-fleur rémoulade
- Chou-fleur en croûte

La mâche nantaise 28
- Salade nantaise à l'aigre-doux
- Velouté de mâche, chaud-froid au lait ribot
- Kouign patates

Le poireau de Nantes 36
- Poireaux prima verde
- Tarte poire poireaux
- Galette nantaise

Le chou 44
- Chou farci aux châtaignes
- Potée finistérienne
- Makis de chou à la truite fumée

La carotte des sables 52
- Fricassée de poulet, sauce carotte à l'aigre-doux
- Soupe glacée de carottes au lait de coco
- Carottes confites au paprika fumé, croustillant de cacahuètes

L'oignon de Roscoff 60
- Soupe à l'oignon de Roscoff
- Cake marbré au boudin noir
- Oignons de Roscoff rôtis, purée de potimarron

Le coco de Paimpol 68
- Houmous à la coriandre
- Crostini tomate coco
- Riz paimpolais

Le lentin de Saint-Pol 76
- Poêlée de lentins et sablés au sarrasin
- Croque-*aotrou*
- Gigoudène aux lentins

PRODUITS DE LA MER

Le bar de ligne 84
- Bar au fenouil sauvage
- Filet de bar, jus à la bière de sarrasin
- Bar à l'émulsion de sauge

La langoustine 92
- Langoustines en carpaccio
- Gratin de langoustines au curry
- Nage de langoustines, parfum de citronnelle

La moule de bouchot 100
- Moules au cidre
- Salade verte
- Soupe de moules à la capucine

Le homard 108
- Homard à l'armoricaine
- Homard fraîcheur, mousseline au cerfeuil
- Risotto à la bisque de homard

La sardine à l'huile 116
- Tomates farcies
- Rillettes terre mer
- Muffins sardines et noix

La coquille Saint-Jacques 124
- Carpaccio de Saint-Jacques aux légumes de printemps
- Saint-Jacques à la bretonne
- Noix de Saint-Jacques miel gingembre

Les algues 132
- Breizh rolls
- Tartare aux algues
- Acras du pêcheur

Le lieu 140
- Lieu en chaud-froid
- Ceviche de lieu, pamplemousse et fèves
- Lieu à l'unilatéral, parfum de thym citron

Les huîtres 148
- Huîtres marinées, sésame, gingembre
- Huîtres pochées, bouillon d'épinards
- Huîtres farcies aux poireaux et sarrasin

FRUITS

La fraise de Plougastel 156
- Tartare de dorade à la fraise
- Glace à la fraise et crêpe dentelle
- Tarte aux fraises, parfum de violette

La pomme reinette d'Armorique . 164
- Caramel de pomme reinette
- Gâteau brioché aux pommes
- Pommes au four, crumble de pain d'épices

La châtaigne de Redon 172
- Ragoût de châtaignes
- Velouté de châtaignes
- Pain sylvestre

VIANDES

Les volailles de Janzé 180
- Poulet rôti aux algues sous la peau
- Poulet farci à la rennaise
- Blancs de poulet en panure de cèpes

Le porc fermier 188
- Kig-ha-farz
- Filet mignon au cidre, compotée de rhubarbe
- Blanquette à la bière de sarrasin

L'andouille. 196
- Aumônières aux poireaux
- Cocotte de printemps
- Mille-feuille d'andouille

L'agneau de prés-salés. 204
- Côtelette d'agneau, confit d'oignon aux pruneaux
- Gigot rôti au romarin, tomates et ail confits
- Émincé d'agneau, galette d'avoine à la menthe

REMARQUABLES

Le lait ribot et le gwell 212
- Soupe de lait ribot
- Farz aux poires
- Poêlée de cerises au tapioca
- Gwell bowl
- Palets de pommes de terre, condiment au gwell
- Cheese-cake au caramel

Les fromages trappistes 226
- Cromesquis au céleri
- Lotte au Trappe de Timadeuc
- Breizhtiflette

Le sel et le beurre. 234
- Dorade en croûte de sel
- Kouign-amann
- Sablés bretons

Le sarrasin 242
- Galette traditionnelle et galette terre mer
- Taboulé au sarrasin
- Belles-Îles flottantes

Michel et Domitille Langot tiennent à remercier :

Jérôme Le Bihan, notre éditeur, de sa confiance et de sa prévenance pour cette première collaboration avec les Éditions Ouest-France.

Yves Bigot pour sa belle mise en page.

Carine Eckert pour sa patiente et rigoureuse relecture.

Audrey Charré, designer céramiste, pour sa générosité et ses délicates créations qui ont contribué à l'identité du livre.

L'ATELIER 1280•
15 rue Keravel
29200 Brest
http://www.audreycharre.fr/

Jacques Thorel, chef et historien passionné de la cuisine bretonne dont quelques recettes traditionnelles nous ont inspirées dans la réalisation de cet ouvrage.

La mer, le ciel et les gens de Bretagne, des sources inépuisables d'inspiration.

Retrouvez-nous sur le site :
http://inspirations-domitille.fr/

Éditions **OUEST-FRANCE**

Éditeur Jérôme Le Bihan
Collaboration éditoriale Anaïs Maréchal
Conception et mise en page Yves Bigot
Photogravure Graph&ti, Cesson-Sévigné (35)
Impression SEPEC, Péronnas (01) - 08315180807

© 2018, Éditions Ouest-France, Édilarge SA, Rennes
ISBN 978-2-7373-7905-5 • N° d'éditeur 9000.01.02.10.18
Dépôt légal : octobre 2018
Imprimé en France
www.editionsouestfrance.fr

Ouvrage imprimé sur papier Condat matt Périgord

IMPRIM'VERT®